PAT
포스코그룹
온라인 인적성검사

시대에듀

2025 최신판 시대에듀 All-New 포스코그룹 PAT 온라인 인적성검사
최신기출유형 + 모의고사 5회 + 무료PAT특강

Always **with you**

사람의 인연은 길에서 우연하게 만나거나 함께 살아가는 것만을 의미하지는 않습니다.
책을 펴내는 출판사와 그 책을 읽는 독자의 만남도 소중한 인연입니다.
시대에듀는 항상 독자의 마음을 헤아리기 위해 노력하고 있습니다. 늘 독자와 함께하겠습니다.

머리말 PREFACE

포스코그룹은 1968년 포항종합제철회사로 창립하여 자본, 기술, 경험도 없는 무(無)의 상태였지만 한국 철강산업 발전을 위해 노력했다. 지속적인 설비 효율화와 생산성 향상을 통해 1998년 조강생산 기준으로 세계 1위의 철강회사로 발돋움했다. 포스코는 철강에서 비철강으로, 제조에서 서비스로, 전통에서 미래로 사업영역을 확대하여 철강 중심의 사업구조에서 기존사업과 신규사업이 조화를 이루는 미래형 사업구조로 전환하고 있다.

이에 따라 포스코는 기본기가 탄탄하고 직무역량이 우수한 인재를 확보하고자 '신입사원 채용 프로세스'를 직무역량 중심으로 대폭 개편하고, 직무 에세이와 인적성검사(PAT)를 통해 전공에 제한 없이 직군별로 신입사원을 모집하고 있다.

2022년 상반기까지 PAT는 오프라인으로 시행되었으나 2022년 하반기부터는 온라인으로 전환되었다. 또한 2023년 상반기에는 시험영역이 언어이해, 자료해석, 문제해결, 추리 4개 영역으로 축소되었다.

이에 시대에듀는 포스코그룹에 입사하고자 하는 수험생들에게 좋은 길잡이가 되어주고자 다음과 같은 특징을 가진 본서를 출간하게 되었다.

도서의 특징

❶ 2024년 하반기에 시행된 포스코그룹 PAT 기출복원문제로 최근 출제경향을 파악하도록 하였다.

❷ 영역별 대표기출유형과 기출응용문제를 수록하여 단계별로 체계적인 학습이 가능하도록 하였다.

❸ 최종점검 모의고사와 도서 동형 온라인 실전연습 서비스를 함께 제공하여 실전처럼 연습할 수 있도록 하였다.

❹ 인성검사 모의연습과 포스코그룹 실제 면접 기출 질문을 통해 한 권으로 포스코그룹 채용 전반에 대비할 수 있도록 하였다.

끝으로 본서를 통해 포스코그룹 입사를 준비하는 모든 수험생 여러분이 합격의 기쁨을 누리기를 진심으로 바란다.

SDC(Sidae Data Center) 씀

◇ **경영비전**

> 미래를 여는 소재, 초인류를 향한 혁신

◇ **인재상**

> **실천의식과 배려의 마인드를 갖춘 창의적 인재**
>
> 포스코그룹의 임직원은 '실천'의식을 바탕으로 남보다 앞서 솔선하고,
> 겸손과 존중의 마인드로 '배려'할 줄 알며,
> 본연의 업무에 몰입하여 새로운 아이디어를 적용하는 '창의'적 인재를 지향한다.

◇ **행동강령**

실질	실행	실리

◇ **핵심가치**

안전	윤리	신뢰	창의	도전
행복한 일터의 기본	건강한 공존의 원칙	소통과 화합의 토대	더 나은 성과의 원천	성장과 성취의 열정

◇ 전략방향

| 미래기술 기반의
초격차 비즈니스 선도 | 함께 성장하는
역동적 기업문화 구현 |

신뢰받는
ESG 경영체제 구축

◇ 5대 브랜드 및 목표

Together
함께 거래하고 싶은 회사

Challenge
함께 성장하고 싶은 회사

Green
함께 환경을 지키는 회사

Life
함께 미래를 만드는 회사

Community
지역과 함께하는 회사

2024년 하반기 기출분석 ANALYSIS

총평

2024년 상반기 PAT와 동일한 영역으로 출제되었으며 온라인으로 시행됐다. 언어이해의 경우 맞춤법, 동의어·유의어 문제가 새롭게 출제되었으며 하나의 지문에 2개의 문제가 연결된 형태로 다수 출제되었다. 자료해석 영역은 계산기 사용이 불가하므로 눈으로 푸는 연습이 필요하다. 또한 문제해결 영역에서는 신유형 2개가 출제되었으며 추리 영역은 어휘추리 유형이 새롭게 출제되었다. PAT는 매번 다양한 유형의 난해하고 생소한 문제가 출제되어 당황스럽다는 의견이 많다. 따라서 신유형이 계속해서 출제되고 있으므로 최대한 다양한 유형의 문제를 접한다면 도움이 될 것으로 보인다.

◇ 핵심전략

60분 내에 4개의 영역을 왔다 갔다 하며 문제를 풀 수 있으므로 본인이 가장 자신 있는 유형과 자신 없는 유형을 파악하는 것이 도움이 된다. 문제 순서를 미리 정해서 잘 풀리지 않는 문제가 있다면 다른 영역으로 넘어가 먼저 문제를 푸는 전략을 세워야 하며 자신 있는 유형을 먼저 풀고 약한 유형에 나머지 시간을 투자하는 것이 합격의 지름길이다.

모니터 내에서 메모장 외 아무것도 사용할 수 없고, 노트북 웹캠 외에 휴대폰 모니토 앱도 실행시켜 문제 푸는 동안의 모습을 실시간 촬영해야 하므로 화면만 보고 문제 푸는 법을 연습해 두면 실전에서 훨씬 수월할 것이다.

◇ 시험진행

구분	영역	문항 수	시험시간
적성검사	언어이해	15문항	60분
	자료해석	15문항	
	문제해결	15문항	
	추리	15문항	
인성검사		260문항	50분

◇ 영역별 출제비중

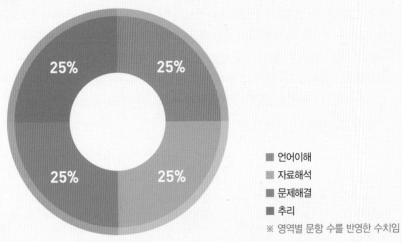

- 언어이해
- 자료해석
- 문제해결
- 추리

※ 영역별 문항 수를 반영한 수치임

◇ 영역별 출제특징

구분	영역		출제특징
적성 검사	언어 이해	어법	• 문장이나 지문에서 잘못 쓰인 단어 · 표현을 찾는 유형
		언어추리	• 제시된 단어의 유의어 또는 반의어를 찾는 유형
		독해	• 철학 · 과학 · 기술 · 민속 등 다양한 분야의 지문을 활용한 주제 찾기, 내용일치, 나열하기, 비판 · 반박하기, 추론하기 등의 유형
	자료 해석	자료해석	• 기본적인 증감폭, 증감 추이, 증감률을 구하는 문제
		수리적 자료 작성	• 제시된 자료를 그래프로 올바르게 변환한 것을 찾는 문제
	문제 해결	대안탐색 및 선택	• 문제 해결에 필요한 사고력을 평가하며 주어진 상황과 정보를 활용하는 문제
		자원관리	• 시간 · 물적 · 인적자원과 관련된 다양한 정보를 활용하여 풀어나가는 문제
		규칙 추론	•좌표평면 문제, 코드 맞추기, 시계 규칙 찾기 유형의 문제와 같이 제시된 규칙을 파악하여 적용하는 문제
	추리	어휘추리	• 제시된 단어의 관계를 파악하여 빈칸에 들어갈 단어를 유추하거나 짝지어진 단어 사이의 관계가 나머지와 다른 것을 찾는 유형
		수추리	• 수 또는 구조형 모양에 따라 나열된 수의 규칙을 찾는 문제
		명제	• 진실게임, 참 · 거짓을 활용하여 풀이하는 문제
		도형추리	• 도형의 좌우 반전, 회전 문제 등 도형의 단계적 변화를 보고 그 규칙을 찾는 문제
		버튼도식	• 제시된 조건을 통해 작동 버튼과 기능을 파악하여 추리하는 유형

신입사원 채용 안내

◇ 채용절차

포스코그룹은 기업문화와 인재상에 부합하는 'Right People'을 선발하고 지원자의 직무 역량을 정확히 파악하기 위해, 2003년부터 '구조적 선발기법'을 통해 인재를 선발하고 있다.

구조적 선발기법이란 체계적인 면접 방법과 평가 기준을 정해진 절차에 따라 사용함으로써, 평가자 간 차이를 최소화하고 목적에 적합한 인재를 선발하는 도구이다. 채용절차는 일반적으로 '서류전형 ➡ 인적성검사(PAT) ➡ 1차 면접 직무역량평가 ➡ 2차 면접 가치적합성평가' 순으로 진행되며, 채용대상에 따라 차이가 있을 수 있다.

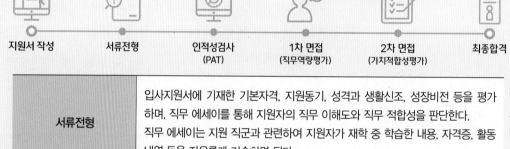

| 지원서 작성 | 서류전형 | 인적성검사 (PAT) | 1차 면접 (직무역량평가) | 2차 면접 (가치적합성평가) | 최종합격 |

서류전형	입사지원서에 기재한 기본자격, 지원동기, 성격과 생활신조, 성장비전 등을 평가하며, 직무 에세이를 통해 지원자의 직무 이해도와 직무 적합성을 판단한다. 직무 에세이는 지원 직군과 관련하여 지원자가 재학 중 학습한 내용, 자격증, 활동 내역 등을 자유롭게 기술하면 된다.
인적성검사(PAT)	신입사원 채용의 경우, 서류전형을 통과한 인원을 대상으로 PAT라는 포스코그룹 인적성검사를 실시한다. 인적성검사(PAT)는 객관적이고 공정한 채용평가를 지향하고 지원자의 직무기초 역량과 창의력, 인성을 검사하는 것이 목적이며 언어이해, 자료해석, 문제해결, 추리 영역으로 구분되어 있다.
직무역량평가	직무역량평가는 1차 실무자 면접이라고 볼 수 있으며, HR/직무/분석발표 면접 및 조별 활동 등으로 구성된다. 이를 통해 지원자의 가치관 및 직무역량수준 등을 종합적으로 평가한다.
가치적합성평가	가치적합성평가는 2차 경영진 면접으로 포스코가 추구하는 인재상에 얼마나 적합한지를 확인하는 단계이다. 본 평가에서는 지원자의 가치관, 직업관 등에 대한 질의응답이 이루어지며 도전정신, 창의력, 조직 적응성, 윤리성 등을 종합적으로 평가한다.

❖ 채용절차는 채용유형 · 직무 · 시기 등에 따라 변동될 수 있으니 반드시 포스코그룹에서 발표하는 채용공고를 확인하기 바랍니다.

온라인 시험 Tip TEST TIP

◇ 필수 준비물
① 신분증 : 주민등록증, 외국인등록증, 여권, 운전면허증 중 하나
② 그 외 : 휴대폰, 휴대폰 거치대, 노트북, 웹캠, 노트북/휴대폰 충전기

◇ 온라인 인적성검사 프로세스
① 전형 안내사항 확인
② 응시자 매뉴얼 숙지/검사 프로그램 다운로드 및 설치
③ 지정 기한 내 사전점검 진행
④ 본 검사 응시

◇ 유의사항
① 시험 시작 최소 30분 전까지 온라인 시험장에 입실하여야 한다.
② 인터넷 연결이 원활하며 최대한 조용히 시험을 치를 수 있는 장소를 확보한다.
③ 사이트 내에서 제공하는 메모장 외에 필기도구는 일절 사용이 불가하며 눈으로만 풀어야 한다.

◇ 알아두면 좋은 Tip
① 원활한 시험 진행을 위해 삼각대와 책상 정리가 필요하다.
② 휴대전화는 방해금지 모드를 설정하는 것이 좋다.
③ 부정행위는 절대 금지된다.
④ 온라인 모의고사로 실전연습을 미리 하는 것이 좋다.
⑤ 휴대폰 · 노트북 등 배터리를 미리 충전해 두는 것이 좋다.
⑥ 온라인 시험에 대한 주의사항 등 응시자 매뉴얼을 확인한다.
⑦ 시험 유형은 계열사별로 차이가 있을 수 있다.

주요 대기업 적중 문제 TEST CHECK

언어이해 ▶ 주제 / 맥락 이해

02 다음 글의 주제로 적절한 것은?

> '새'는 하나의 범주이다. [+동물], [+날 것]과 같이 성분분석을 한다면 우리 머릿속에 떠오른 '새'의
> 의미를 충분히 설명했다고 보기 어렵다. 성분분석 이론의 의미자질 분석은 단순할 뿐이다. 이것이
> 실망스러운 이유는 성분분석 이론의 '새'에 대한 의미 기술이 고작해야 다른 범주, 즉 조류가 아닌
> 다른 동물 범주와 구별해 주는 정도밖에 되지 못했기 때문이다. 아리스토텔레스 이래로 하나의 범주
> 는 경계가 뚜렷한 실재물이며 범주의 구성원은 서로 동등한 자격을 가지고 있다고 믿어왔다. 그리고
> 범주를 구성하는 단위는 자질들의 집합으로 설명될 수 있다고 생각해 왔다. 앞에서 보여준 성분분석
> 이론 역시 그런 고전적인 범주 인식에 바탕을 두고 있다. 어휘의 의미는 의미성분, 곧 의미자질들의
> 총화로 기술될 수 있다고 믿는 것, 그것은 하나의 범주가 필요충분조건으로 이루어졌다는 가정에
> 서만이 가능한 것이었다. 그러나 '새'의 범주를 떠올려 보면 범주의 구성원들끼리 결코 동등한 자격
> 을 가지고 있지 않다. 가장 원형적인 구성원이 있는가 하면, 더 원형적인 것, 주변적인 것도 있는

문제해결 ▶ 대안탐색 및 선택

Easy

04 다음 그림과 같이 O지점부터 D지점 사이에 운송망이 주어졌을 때, 최단 경로에 대한 설명으로
옳지 않은 것은?(단, 구간별 숫자는 거리를 나타낸다)

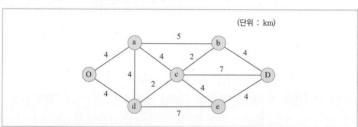

(단위 : km)

① O에서 c까지 최단거리는 6km이다.
② O에서 D까지 a를 경유하는 최단거리는 13km이다.

추리 ▶ 명제

Easy

15 P사의 A ~ F팀은 월요일부터 토요일까지 하루에 2팀씩 함께 회의를 진행한다. 다음 〈조건〉을 참
고할 때, 반드시 참인 것은?(단, 월요일부터 토요일까지 각 팀의 회의 진행 횟수는 서로 같다)

> 조건
> • 오늘은 목요일이고 A팀과 F팀이 함께 회의를 진행했다.
> • B팀은 A팀과 연이은 요일에 회의를 진행하지 않는다.
> • B팀은 오늘을 포함하여 이번 주에는 더 이상 회의를 진행하지 않는다.
> • C팀은 월요일에 회의를 진행했다.
> • D팀과 C팀은 이번 주에 B팀과 한 번씩 회의를 진행한다.
> • A팀과 F팀은 이번 주에 이틀을 연이어 함께 회의를 진행한다.

① E팀은 수요일과 토요일 하루 중에만 회의를 진행한다.
② 화요일에 회의를 진행한 팀은 B팀과 E팀이다.

LG

언어이해 ▶ 나열하기

※ 다음 문단을 논리적 순서대로 바르게 나열한 것을 고르시오. [3~4]

03

(가) 교정 중에는 치아뿐 아니라 교정장치를 부착하고 있기 때문에 교정장치까지 닦아주어야 하는데요. 교정용 칫솔은 가운데 홈이 있어 장치와 치아를 닦을 수 있는 칫솔을 선택하게 되고, 가운데 파여진 곳을 교정장치에 위치시킨 후 옆으로 왔다 갔다 전체적으로 닦아줍니다. 그다음 칫솔을 비스듬히 하여 장치의 위아래를 꼼꼼하게 닦아줍니다.

(나) 치아를 가지런하게 하기 위해 교정하시는 분들 중에 간혹 교정 중에 칫솔질이 잘 되지 않아 충치가 생기고 잇몸이 내려가 버리는 경우를 종종 보곤 합니다. 그러므로 교정 중에는 더 신경 써서 칫솔질을 해야 하죠.

(다) 마지막으로 칫솔질을 할 때 잊지 말아야 할 것은 우리 입안에 치아만 있는 것이 아니므로 혀와 잇몸에 있는 플라그들도 제거해 주셔야 입 냄새도 예방할 수 있다는 것입니다. 올바른 칫솔질 방법으로 건강한 치아를 잘 유지하시길 바랍니다.

(라) 또 장치 때문에 닿이지 않는 부위는 치간 칫솔을 이용해 위아래 오른쪽 왼쪽 넣어 잘 닦아줍니

자료해석 ▶ 자료해석

Hard

11 다음은 2021 ~ 2023년 국가별 이산화탄소 배출량에 대한 자료이다. 이에 대한 설명으로 옳지 않은 것을 〈보기〉에서 모두 고르면?(단, 소수점 둘째 자리에서 반올림한다)

〈국가별 이산화탄소 배출 현황〉

구분		2021년		2022년		2023년	
		총량 (백만 톤)	1인당 (톤)	총량 (백만 톤)	1인당 (톤)	총량 (백만 톤)	1인당 (톤)
아시아	한국	582	11.4	589.2	11.5	600	11.7
	중국	9,145.3	6.6	9,109.2	6.6	9,302	6.7
	일본	1,155.7	9.1	1,146.9	9	1,132.4	8.9
북아메리카	캐나다	557.7	15.6	548.1	15.2	547.8	15
	미국	4,928.6	15.3	4,838.5	14.9	4,761.3	14.6
남아메리카	브라질	453.6	2.2	418.5	2	427.6	2
	페루	49.7	1.6	52.2	1.6	49.7	1.5
	베네수엘라	140.5	4.5	127.4	4	113.7	3.6
	체코	99.4	9.4	101.2	9.6	101.7	9.6
	프랑스	299.6	4.5	301.7	4.5	306.1	4.6
	독일	799.7	8.9	734.5	8.9	718.8	8.7

창의수리 ▶ 금액

15 원가의 20%를 추가한 금액을 정가로 하는 제품을 15% 할인해서 50개를 판매한 금액이 127,500원일 때, 이 제품의 원가는?

① 1,500원
② 2,000원
③ 2,500원
④ 3,000원
⑤ 3,500원

주요 대기업 적중 문제 TEST CHECK

수리 ▶ 자료계산

03 다음은 S기업 영업 A ~ D팀의 분기별 매출액과 분기별 매출액에서 각 영업팀의 구성비를 나타낸 자료이다. A ~ D팀의 연간 매출액이 많은 순서와 1위 팀이 기록한 연간 매출액을 바르게 나열한 것은?

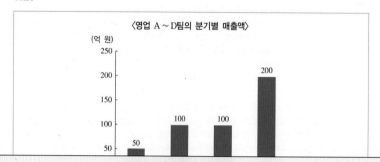

〈영업 A ~ D팀의 분기별 매출액〉

추리 ▶ 도식추리

※ 다음 도식에서 기호들은 일정한 규칙에 따라 문자를 변화시킨다. 물음표에 들어갈 적절한 문자를 고르시오(단, 규칙은 가로와 세로 중 한 방향으로만 적용되며, 모음은 단모음 10개를 기준으로 한다). [1~4]

추리 ▶ 참 또는 거짓

※ 다음 글의 내용이 참일 때 항상 거짓인 것을 고르시오. [24~26]

24

권리와 의무의 주체가 될 수 있는 자격을 권리 능력이라 한다. 사람은 태어나면서 저절로 권리 능력을 갖게 되고 생존하는 내내 보유한다. 그리하여 사람은 재산에 대한 소유권의 주체가 되며, 다른 사람에 대하여 채권을 누리기도 하고 채무를 지기도 한다. 사람들의 결합체인 단체도 일정한 요건을 갖추면 법으로써 부여되는 권리 능력인 법인격을 취득할 수 있다. 단체 중에는 사람들이 일정한 목적을 갖고 결합한 조직체로서 구성원과 구별되어 독자적 실체로서 존재하며, 운영 기구를 두어 구성원의 가입과 탈퇴에 관계없이 존속하는 단체가 있다. 이를 사단(社團)이라 하며, 사단이 갖춘 이러한 성질을 사단성이라 한다. 사단의 구성원은 사원이라 한다. 사단은 법인(法人)으로 등기되어야 법인격이 생기는데, 법인격을 가진 사단을 사단 법인이라 부른다. 반면에 사단성을 갖추고도 법인으로 등기하지 않은 사단은 '법인이 아닌 사단'이라 한다. 사람과 법인만이 권리 능력을 가지며, 사람

SK

언어이해 ▶ 사실적 독해

03 다음 글의 내용으로 적절하지 않은 것은?

생물 농약이란 농작물에 피해를 주는 병이나 해충, 잡초를 제거하기 위해 자연에 있는 생물로 만든 천연 농약을 뜻한다. 생물 농약을 개발한 것은 흙 속에 사는 병원균으로부터 식물을 보호할 목적에 서였다. 뿌리를 공격하는 병원균은 땅속에 살고 있으므로 병원균을 제거하기에 어려움이 있었다. 게다가 화학 농약의 경우 그 성분이 토양에 달라붙어 제 기능을 발휘하지 못하기 때문에 식물 성장 을 돕고 항균 작용을 할 수 있는 미생물에 주목하기 시작한 것이다.

식물 성장을 돕고 항균 작용을 하는 미생물 집단을 '근권미생물'이라 하는데, 여러 종류의 근권미생 물 중 농약으로 쓰기에 가장 좋은 것은 뿌리에 잘 달라붙는 것들이다. 근권미생물의 입장에서 뿌리 주변은 사막의 오아시스와 비슷한 조건이다. 뿌리 주변은 뿌리에서 공급되는 양분과 안락한 서식 환경을 제공받지만, 뿌리 주변에서 멀리 떨어진 곳은 황량한 지역이어서 먹을 것을 찾기가 어렵기 때문이다. 따라서 뿌리 주변에서는 좋은 위치를 선점하기 위해 미생물 간에 치열한 싸움이 벌어지

자료해석 ▶ 자료추론

Hard
15 다음은 우리나라 지역별 가구 수와 1인 가구 수에 대한 자료이다. 이에 대한 설명으로 옳은 것은?

〈지역별 가구 수 및 1인 가구 수〉

(단위 : 천 가구)

구분	전체 가구	1인 가구
서울특별시	3,675	1,012
부산광역시	1,316	367
대구광역시	924	241
인천광역시	1,036	254
광주광역시	567	161
대전광역시	596	178
울산광역시	407	97
경기도	4,396	1,045
강원도	616	202
충청북도	632	201
충청남도	866	272

언어추리 ▶ 진실게임

01 S사 직원들끼리 이번 달 성과급에 대해 이야기를 나누고 있다. 성과급은 반드시 늘거나 줄어들었 고, 직원 중 1명만 거짓말을 하고 있을 때, 항상 참인 것은?

- 직원 A : 나는 이번에 성과급이 늘어났어. 그래도 B만큼은 오르지 않았네.
- 직원 B : 맞아 난 성과급이 좀 늘어났지. D보다 조금 더 늘었어.
- 직원 C : 좋겠다. 오~ E도 성과급이 늘어났네.
- 직원 D : 무슨 소리야! E는 C와 같이 성과급이 줄어들었는데.
- 직원 E : 그런 것보다 D가 A보다 성과급이 조금 올랐는데?

① 직원 A의 성과급이 오른 사람 중 가장 적다.
② 직원 B의 성과급이 가장 많이 올랐다.

도서 200% 활용하기 STRUCTURES

1 기출복원문제로 출제경향 파악

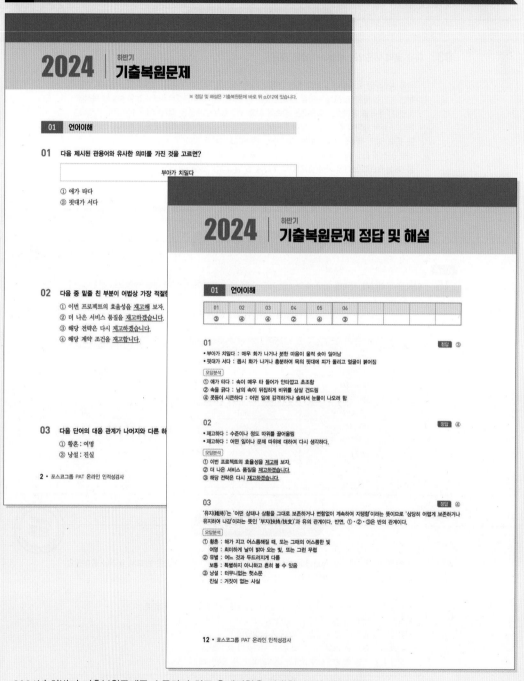

▶ 2024년 하반기 기출복원문제를 수록하여 최근 출제경향을 파악할 수 있도록 하였다.

▶ 기출복원문제를 바탕으로 학습을 시작하기 전에 자신의 실력을 판단할 수 있도록 하였다.

2 이론점검, 대표기출유형, 기출응용문제로 영역별 학습

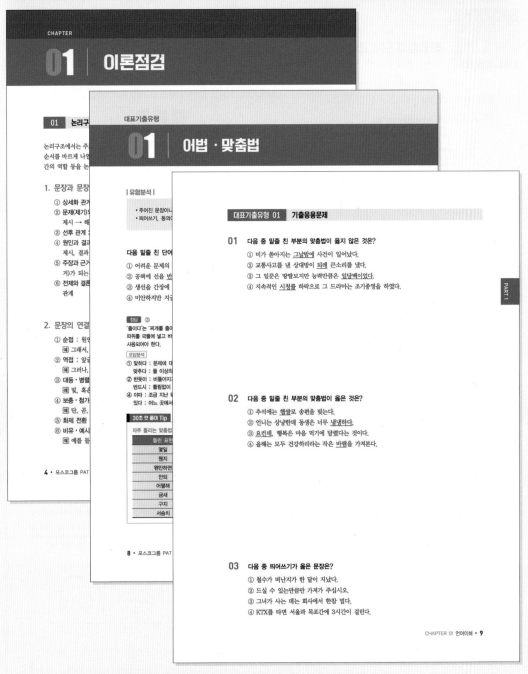

CHAPTER

01 이론점검

대표기출유형

01 어법 · 맞춤법

01 논리구

논리구조에서는 주
순서를 바르게 나열
간의 역할 등을 논

1. 문장과 문장

① 상세화 관계
② 문제(제기)9
    제시 → 해
③ 선후 관계 :
④ 원인과 결
    제시, 결과
⑤ 주장과 근거
    기)가 되는
⑥ 전제와 결론
    관계

2. 문장의 연결

① 순접 : 원인
    예 그래서,
② 역접 : 앞글
    예 그러나,
③ 대등 · 병렬
    예 및, 혹은
④ 보충 · 첨가
    예 단, 곧,
⑤ 화제 전환
⑥ 비유 · 예시
    예 예를 들

4 · 포스코그룹 PAT

유형분석

• 주어진 문장이나
• 띄어쓰기, 동의어

다음 밑줄 친 단어

① 어려운 문제의
② 공책에 선을 반
③ 생선을 간장에
④ 미안하지만 지금

정답 ③
'돌이다'는 '찌개를 돌이어
따위를 국물에 넣고 바
사용되어야 한다.

오답분석
① 맞히다 : 문제에 대
    맞추다 : 둘 이상의
② 반듯이 : 비뚤어지지
    반드시 : 틀림없이
④ 이따 : 조금 지난 뒤
    있다 : 어느 곳에서

30초 컷 풀이 Tip

자주 틀리는 맞춤법

틀린 표현
몇일
웬지
왠만하면
안되
어떻해
금새
구지
서슴치

8 · 포스코그룹 PAT

대표기출유형 01 기출응용문제

01 다음 중 밑줄 친 부분의 맞춤법이 옳지 않은 것은?

① 비가 쏟아지는 <u>그날밤</u>에 사건이 일어났다.
② 교통사고를 낸 상대방이 <u>되레</u> 큰소리를 냈다.
③ 그 일꾼은 땅딸보지만 능력만큼은 <u>일당백</u>이었다.
④ 지속적인 <u>시청률</u> 하락으로 그 드라마는 조기종영을 하였다.

02 다음 중 밑줄 친 부분의 맞춤법이 옳은 것은?

① 추석에는 <u>햅쌀</u>로 송편을 빚는다.
② 언니는 상냥한데 동생은 너무 <u>냉냉하다</u>.
③ <u>요컨데</u>, 행복은 마음 먹기에 달렸다는 것이다.
④ 올해는 모두 건강하리라는 작은 <u>바램</u>을 가져본다.

03 다음 중 띄어쓰기가 옳은 문장은?

① 철수가 떠난지가 한 달이 지났다.
② 드실 수 있는만큼만 가져가 주십시오.
③ 그녀가 사는 데는 회사에서 한참 멀다.
④ KTX를 타면 서울과 목포간에 3시간이 걸린다.

▶ 출제되는 영역에 대한 이론점검, 대표기출유형과 기출응용문제를 수록하였다.
▶ 최근 출제되는 유형을 체계적으로 학습하고 점검할 수 있도록 하였다.

도서 200% 활용하기 STRUCTURES

3 최종점검 모의고사 + 도서 동형 온라인 실전연습 서비스로 반복 학습

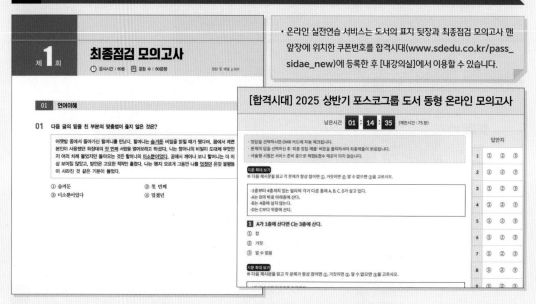

- 온라인 실전연습 서비스는 도서의 표지 뒷장과 최종점검 모의고사 맨 앞장에 위치한 쿠폰번호를 합격시대(www.sdedu.co.kr/pass_sidae_new)에 등록한 후 [내강의실]에서 이용할 수 있습니다.

▶ 실제 시험과 유사하게 구성된 최종점검 모의고사 3회분을 통해 마무리를 하도록 하였다.
▶ 이와 동일하게 구성된 온라인 실전연습 서비스로 실제 시험처럼 연습하도록 하였다.

4 인성검사부터 면접까지 한 권으로 대비하기

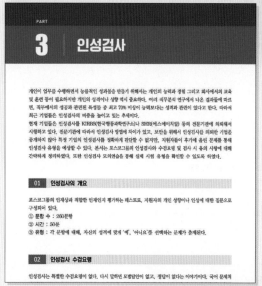

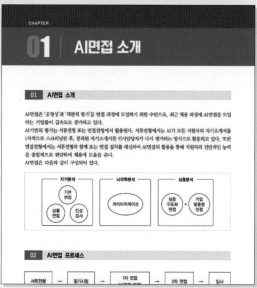

▶ 인성검사 모의연습을 통해 포스코그룹의 인재상에 부합하는지 판별할 수 있도록 하였다.
▶ 면접 기출 질문을 통해 실제 면접에서 나오는 질문에 미리 대비할 수 있도록 하였다.

5 Easy & Hard로 난이도별 시간 분배 연습

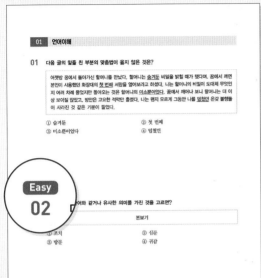

▶ Easy & Hard 표시로 문제별 난이도에 따라 시간을 적절하게 분배하여 풀이하는 연습이 가능하도록 하였다.

6 정답 및 오답분석으로 풀이까지 완벽 마무리

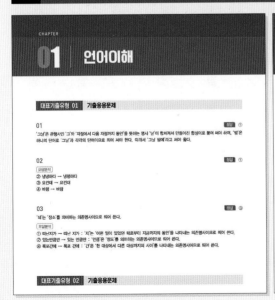

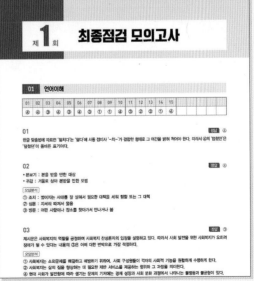

▶ 정답에 대한 상세한 해설과 오답분석을 통해 혼자서도 체계적인 학습이 가능하도록 하였다.

학습플랜 STUDY PLAN

1주 완성 학습플랜

본서에 수록된 전 영역을 단기간에 끝낼 수 있도록 구성한 학습플랜이다. 한 번에 전 영역을 공부하지 않고, 한 영역을 집중적으로 공부할 수 있도록 하였다. 인성검사 및 필기시험에 대한 기초 학습은 되어 있으나, 학습 계획 세우기에 자신이 없는 분들이나 미리 시험에 대비하지 못해 단시간에 많은 분량을 봐야 하는 수험생에게 추천한다.

ONE WEEK STUDY PLAN

	1일 차 ☐	2일 차 ☐	3일 차 ☐
Start!	_____월_____일	_____월_____일	_____월_____일

4일 차 ☐	5일 차 ☐	6일 차 ☐	7일 차 ☐
_____월_____일	_____월_____일	_____월_____일	_____월_____일

STUDY CHECK BOX

구분	1일 차	2일 차	3일 차	4일 차	5일 차	6일 차	7일 차
기출복원문제							
PART 1							
제1회 최종점검 모의고사							
제2회 최종점검 모의고사							
제3회 최종점검 모의고사							
다회독 1회							
다회독 2회							
다회독 3회							
오답분석							

스타디 체크박스 활용법

1주 완성 학습플랜에서 계획한 학습량을 어느 정도 실천하였는지 표시하여 자신의 학습량을 효율적으로 관리한다.

구분	1일 차	2일 차	3일 차	4일 차	5일 차	6일 차	7일 차
PART 1	언어이해	X	X	완료			

이 책의 차례 CONTENTS

Add+

2024년 하반기
기출복원문제

※ 정답 및 해설은 기출복원문제 바로 뒤 p.012에 있습니다.

01   언어이해

01 다음 제시된 관용어와 유사한 의미를 가진 것을 고르면?

> 부아가 치밀다

① 애가 타다

② 속을 긁다

③ 핏대가 서다

④ 콧등이 시큰하다

02 다음 중 밑줄 친 부분이 어법상 가장 적절한 것은?

① 이번 프로젝트의 효율성을 <u>재고해</u> 보자.

② 더 나은 서비스 품질을 <u>재고하겠습니다.</u>

③ 해당 전략은 다시 <u>제고하겠습니다.</u>

④ 해당 계약 조건을 <u>재고합니다.</u>

03 다음 단어의 대응 관계가 나머지와 다른 하나는?

① 황혼 : 여명

② 유별 : 보통

③ 낭설 : 진실

④ 유지 : 부지

04 다음 A와 B의 토론 주제로 가장 적절한 것은?

> A : 동성결혼 합법화는 사회에 여러 장점을 가져옵니다. 성소수자들의 기본적 권리를 보장함으로 써 차별을 줄이고 더 평등한 사회를 만들 수 있기 때문입니다. 실제로 동성결혼을 합법화한 국가들에서는 성소수자에 대한 사회적 수용도가 높아졌다는 연구 결과가 있습니다.
>
> B : 저는 오히려 동성결혼이 사회분열을 초래할 수 있다고 생각합니다. 우리 사회에는 아직 전통적 가치관을 중시하는 사람들이 많으며, 급격한 변화는 이들의 강한 반발을 불러일으킬 수 있습니 다. 실제로 일부 국가에서는 동성결혼 합법화 이후 보수층의 반발로 사회적 갈등이 심화된 사 례가 있습니다.
>
> A : 그러나 장기적으로 볼 때, 다양성을 인정하는 것이 현대 사회의 흐름입니다. 점진적인 변화와 교육을 통해 사회적 수용도를 높일 수 있습니다. 예를 들어 네덜란드나 스페인 같은 국가들은 초기의 반발을 극복하고 현재는 동성결혼이 자연스럽게 받아들여지고 있습니다.
>
> B : 하지만 우리 사회의 특수성을 고려해야 합니다. 서구와는 다른 문화적, 종교적 배경을 가진 우 리나라에서는 더 큰 혼란이 야기될 수 있습니다. 또한 동성결혼 합법화에 따른 법적, 제도적 변화가 가져올 복잡한 문제들을 해결하기 위해서는 충분한 사회적 합의와 준비 과정이 필요합 니다.
>
> A : 동의합니다만, 소수자의 기본적 권리 보장을 위한 노력은 계속되어야 합니다. 사회적 합의를 위한 대화와 동시에, 성소수자에 대한 차별 해소와 인식 개선을 위한 정책적 노력이 병행되어 야 합니다. 이를 통해 점진적으로 변화를 이끌어낸다면 결과적으로 더 포용적이고 안정된 사회 를 만들 수 있을 것입니다.

① 동성 부부의 자녀 입양을 허용해야 하는가?
② 동성결혼 합법화가 사회통합과 안정에 기여할 수 있는가?
③ 동성결혼 금지는 성소수자에 대한 차별로, 평등권 침해인가?
④ 상속, 의료보험 등 법적 보호를 위해 동성결혼 제도화가 필요한가?

디지털 시대에 접어들면서 우리의 일상 곳곳에는 데이터가 스며들어있다. 은행 거래, 쇼핑 내역, 의료 기록 등 우리의 모든 활동이 데이터로 기록되고 있다. 그런데 이렇게 쌓인 개인정보를 우리가 얼마나 알고 활용하고 있을까? 여기서 등장한 개념이 바로 '마이데이터'이다. 마이데이터는 개인이 자신의 정보를 직접 관리하고 활용할 수 있게 하는 혁신적인 패러다임이다.

마이데이터의 핵심은 개인정보 주권이다. 즉, 개인이 자신의 데이터에 대한 결정권을 가지고 원하는 대로 관리하고 이용할 수 있다는 것이다. 기존에는 기업이나 기관이 개인정보를 수집하고 활용했다면 마이데이터 체계에서는 정보의 주체인 개인이 중심이 된다. 개인은 자신의 데이터를 열람하고, 수정하며 제3자에게 제공할지 여부를 결정할 수 있다.

실생활에서 마이데이터는 이미 다양한 형태로 활용되고 있다. 금융 분야에서는 여러 은행 계좌의 거래 내역을 한 곳에서 관리하거나, 신용정보를 통합해 맞춤형 대출 상품을 추천받을 수 있다. 의료 분야에서는 환자가 자신의 진료기록을 쉽게 확인하고 다른 병원으로 이동할 때 활용할 수 있다. 또한 소비패턴 분석을 통해 개인에게 맞는 상품이나 서비스를 추천받을 수도 있다.

마이데이터의 장점은 다양하다. 첫째, 개인의 정보 주권을 강화한다. 둘째, 맞춤형 서비스를 받을 수 있어 편의성이 높아진다. 셋째, 기업 간 데이터 공유로 혁신적인 서비스 개발이 가능해진다. 넷째, 정보의 투명성과 신뢰성이 높아져 금융사기 등의 위험을 줄일 수 있다. 마지막으로 개인이 자신의 데이터를 활용해 새로운 가치를 창출할 수 있다.

하지만 마이데이터 이용 시 주의해야 할 점도 있다. 개인정보 유출 위험에 항상 경계해야 하며 데이터 제공 시 그 목적과 범위를 명확히 확인해야 한다. 또한 과도한 데이터 공유로 인한 프라이버시 침해 가능성도 고려해야 한다. 마이데이터 서비스 이용 약관을 꼼꼼히 살펴보고, 필요 이상의 정보를 제공하지 않도록 주의해야 한다.

마이데이터는 개인정보 활용의 새로운 지평을 열고 있다. 이는 단순히 기술의 변화가 아닌 개인의 권리와 책임에 대한 인식 변화를 의미한다. 앞으로 마이데이터가 더욱 확산되면서 우리의 일상은 더욱 편리해지고, 개인화된 서비스를 누릴 수 있을 것이다. 그러나 이와 동시에 개인정보 보호에 대한 인식과 주의도 함께 높아져야 한다. 따라서 마이데이터 시대에는 _____

05 다음 중 윗글의 주제로 가장 적절한 것은?

① 디지털 시대의 데이터 활용과 개인정보 보호의 균형
② 마이데이터 패러다임의 등장 배경과 그 사회적 영향
③ 개인정보 주권 강화를 통한 데이터 경제의 패러다임
④ 개인정보 주권을 위한 마이데이터의 활용 및 유의점

06 다음 중 윗글의 빈칸에 들어갈 내용으로 가장 적절한 것은?

① 자신에 대한 정보가 외부로 새어나가지 않도록 주의해야 한다.
② 신뢰할 수 있는 마이데이터 기관에 자신의 정보를 위탁해야 한다.
③ 내 정보의 주인으로서 권리와 주권을 행사하고 책임을 다해야 한다.
④ 다양한 곳에서 자신의 정보를 활용할 수 있도록 적극적으로 공개해야 한다.

01 다음은 연도별 아르바이트 소득에 대한 자료이다. 이에 대한 설명으로 옳은 것은?(단, 비율은 소수점 둘째 자리에서 반올림한다)

〈아르바이트 월 소득 및 시급〉

(단위 : 원, 시간)

구분	2020년	2021년	2022년	2023년	2024년
월평균 소득	669,000	728,000	733,000	765,000	788,000
평균 시급	6,030	6,470	7,530	8,350	8,590
주간 평균 근로 시간	21.8	22.3	22.4	19.8	18.9

① 2021 ~ 2024년 동안 전년 대비 주간 평균 근로 시간의 증감 추이는 월평균 소득의 증감 추이와 같다.

② 전년 대비 2022년 평균 시급 증가액은 전년 대비 2023년 증가액의 3배 이상이다.

③ 평균 시급이 높아질수록 주간 평균 근로 시간은 줄어든다.

④ 2023년 대비 2024년 월평균 소득 증가율은 평균 시급 증가율보다 높다.

02 다음은 주요 젖병회사 브랜드인 D사 · G사 · U사의 연도별 판매율을 나타낸 자료이다. 이에 대한 설명으로 옳지 않은 것은?

〈젖병회사별 판매율〉

(단위 : %)

구분	2020년	2021년	2022년	2023년	2024년
D사	52	55	61	58	69
G사	14	19	21	18	20
U사	34	26	18	24	11

① D사와 G사의 판매율 증감 추이는 동일하다.

② D사와 G사의 판매율이 가장 높은 연도는 동일하다.

③ D사의 판매율이 가장 높은 연도는 U사의 판매율이 가장 낮았다.

④ G사의 판매율이 가장 낮은 연도는 U사의 판매율이 가장 높았다.

03 다음은 연령별 선물환거래 금액 비율을 나타낸 자료이다. 이에 대한 설명으로 옳은 것은?

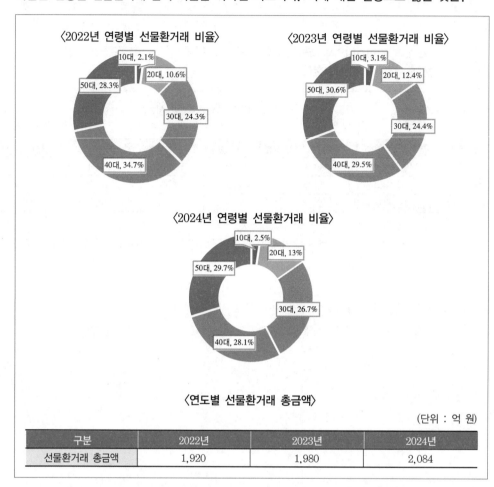

〈2022년 연령별 선물환거래 비율〉

〈2023년 연령별 선물환거래 비율〉

〈2024년 연령별 선물환거래 비율〉

〈연도별 선물환거래 총금액〉

(단위 : 억 원)

구분	2022년	2023년	2024년
선물환거래 총금액	1,920	1,980	2,084

① 2023 ~ 2024년의 전년 대비 10대와 20대의 선물환거래 금액 비율 증감 추이는 같다.

② 2023년 대비 2024년 50대 선물환거래 금액 증가량은 13억 원 이상이다.

③ 2023 ~ 2024년 동안 전년 대비 매년 40대 선물환거래 금액은 지속적으로 감소하고 있다.

④ 2024년 10 ~ 40대 선물환거래 금액 총비율은 2023년 50대 비율의 2.5배 이상이다.

01 P시는 소규모 도서관의 발전을 지원하기 위해 도서관 지원 사업 후보를 선정할 예정이다. 다음 배점 기준을 바탕으로 지원 사업 후보를 결정할 때, 선정되는 도서관은?

〈P시 도서관 지원 사업 후보〉

구분	도서관 면적	도서 소장 권수	월 평균 이용자 수	이용자 만족도
A도서관	3,210m²	10,658권	4,214명	하
B도서관	1,670m²	7,215권	4,170명	중
C도서관	1,260m²	7,812권	2,108명	상
D도서관	2,140m²	6,247권	2,262명	중

〈P시 도서관 지원 사업 배점 기준〉

구분	도서관 면적	도서 소장 권수	월 평균 이용자 수	이용자 만족도
1점	3,000m² 이상	10,000권 이상	3,000명 미만	하
2점	2,000m² 이상	8,000권 이상	3,000명 이상	중
3점	1,500m² 이상	5,000권 이상	4,000명 이상	상
4점	1,500m² 미만	5,000권 미만	5,000명 이상	–

※ 항목별 배점을 합산하여 점수가 가장 높은 도서관을 선정함
※ 점수가 같은 경우 이용자 만족도가 높은 도서관을 선정함

① A도서관
② B도서관
③ C도서관
④ D도서관

02 도형을 이동 및 변환시키는 작동 단추의 기능은 다음과 같다. 〈보기〉의 순서대로 작동 단추를 눌렀을 때, 도형이 있는 위치 및 모양으로 옳은 것은?

작동 단추	기능
◁ / ▷	도형을 왼쪽 / 오른쪽으로 1칸 옮긴다.
△ / ▽	도형을 위쪽 / 아래쪽으로 1칸 옮긴다.
♣	도형을 시계 방향으로 90° 회전시킨다.
⊙	도형의 색을 반전시킨다.
✕	도형의 열과 행의 위치를 바꾼다[[예] (D, 3) → (C, 4)].

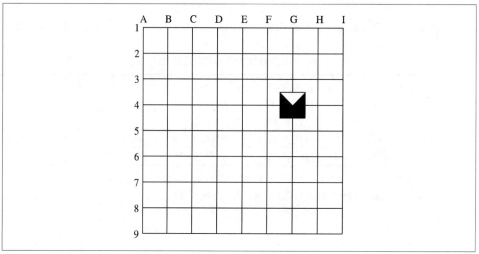

보기

◁ ◁ △ ◁ ⊙ △ ▷ ▷ ▷ ♣ ✕ △ △ ♣

	모양	위치		모양	위치
①		(B, 4)	②		(B, 5)
③		(B, 5)	③		(C, 6)

03 제시된 규칙에 따라 시침과 분침이 변화한다. 〈보기〉의 시계가 왼쪽에서 오른쪽으로 변화했을 때, 적용된 규칙으로 옳은 것은?

• 시침과 분침은 다음 규칙에 따라 위치가 변한다(단, 시침과 분침은 정확한 숫자만을 가리키며 서로 영향을 주지 않는다).

구분	규칙
♩	시침을 시계 방향으로 30°, 분침을 시계 방향으로 120° 회전한다.
♪	시침을 반시계 방향으로 60°, 분침을 반시계 방향으로 90° 회전한다.
♫	시침과 분침이 가리키는 위치를 서로 바꾼다.
♬	시침과 분침의 위치를 모두 상하 대칭한다.

보기

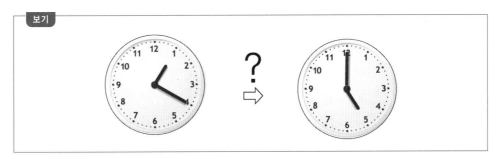

① ♩♩♫
② ♪♩♫
③ ♫♩♬
④ ♬♬♪

01 다음 제시된 단어를 일정 기준에 따라 연관 지을 수 있다고 할 때, 빈칸에 들어갈 단어로 적절한 것은?

불고기   김치찜   (   )

① 초밥   ② 잡채
③ 탕수육   ④ 마파두부

02 일정한 규칙으로 수를 나열할 때, 빈칸에 들어갈 수로 알맞은 것은?

345   307   269   231   193   (   )

① 151   ② 153
③ 155   ④ 157

03 일정한 규칙으로 수를 나열할 때, A×B의 값으로 알맞은 것은?

(A)   2   1   3   4   (B)

① −9   ② −7
③ 1   ④ 7

04 민지, 아름, 진희, 희정, 세영은 상영시간에 맞춰 영화관에 도착하는 순서대로 각자 상영관에 입장하였다. 다음 대화에서 한 사람이 거짓말을 하고 있을 때, 가장 마지막으로 영화관에 도착한 사람은?(단, 다섯 명 모두 다른 시간에 도착하였다)

• 민지 : 나는 마지막에 도착하지 않았어. 다음에 분명 누군가가 왔어.
• 아름 : 내가 가장 먼저 영화관에 도착했어. 진희의 말은 진실이야.
• 진희 : 나는 두 번째로 영화관에 도착했어.
• 희정 : 나는 세 번째로 도착했고, 진희는 내가 도착한 다음에서야 왔어.
• 세영 : 나는 영화가 시작한 뒤에야 도착했어. 나는 마지막으로 도착했어.

---

① 민지
② 아름
③ 진희
④ 세영

05 다음 규칙을 바탕으로 제시된 도형을 변환하려 한다. 〈보기〉의 왼쪽 도형에서 버튼을 눌렀더니 오른쪽 도형으로 변형되었을 때, 작동 버튼의 순서를 바르게 나열한 것은?

작동 버튼	기능
◆	도형을 좌우 반전한다.
♥	짝수가 적힌 곳의 색을 바꾼다(흰색 ↔ 하늘색).
■	2번과 5번이 적힌 곳의 색을 바꾼다(흰색 ↔ 하늘색).
★	1번과 4번의 숫자를 바꾼다.

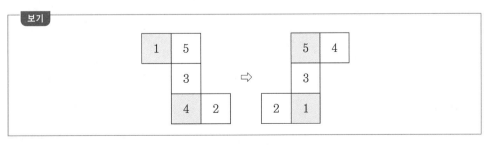

① ★■◆♥
② ♥■◆★
③ ♥◆★■
④ ◆♥★■

01 언어이해

01	02	03	04	05	06				
③	④	④	②	④	③				

01

정답 ③

• 부아가 치밀다 : 매우 화가 나거나 분한 마음이 울컥 솟아 일어남
• 핏대가 서다 : 몹시 화가 나거나 흥분하여 목의 핏대에 피가 몰리고 얼굴이 붉어짐

[오답분석]

① 애가 타다 : 속이 매우 타 들어가 안타깝고 초조함
② 속을 긁다 : 남의 속이 뒤집히게 비위를 살살 건드림
④ 콧등이 시큰하다 : 어떤 일에 감격하거나 슬퍼서 눈물이 나오려 함

02

정답 ④

• 제고하다 : 수준이나 정도 따위를 끌어올림
• 재고하다 : 어떤 일이나 문제 따위에 대하여 다시 생각하다.

[오답분석]

① 이번 프로젝트의 효율성을 <u>제고</u>해 보자.
② 더 나은 서비스 품질을 <u>제고</u>하겠습니다.
③ 해당 전략은 다시 <u>재고</u>하겠습니다.

03

정답 ④

'유지(維持)'는 '어떤 상태나 상황을 그대로 보존하거나 변함없이 계속하여 지탱함'이라는 뜻이므로 '상당히 어렵게 보존하거나 유지하여 나감'이라는 의미의 '부지(扶持/扶支)'와 유의 관계이다. 반면, ①·②·③은 반의 관계이다.

[오답분석]

① 황혼 : 해가 지고 어스름해질 때. 또는 그때의 어스름한 빛
   여명 : 희미하게 날이 밝아 오는 빛. 또는 그런 무렵
② 유별 : 여느 것과 두드러지게 다름
   보통 : 특별하지 아니하고 흔히 볼 수 있음
③ 낭설 : 터무니없는 헛소문
   진실 : 거짓이 없는 사실

04

A는 동성결혼의 합법화가 차별을 줄이고 평등한 사회를 만들 수 있다고 주장하는 반면, B는 동성결혼의 합법화가 오히려 사회분열을 초래할 수 있다고 주장하고 있다. 따라서 A와 B의 토론 주제로 가장 적절한 것은 '동성결혼 합법화가 사회통합과 안정에 기여할 수 있는가?'이다.

오답분석

①·④ 해당 주제는 제시된 토론에서 다루고 있지 않다.
③ A는 동성결혼의 합법화가 성소수자들의 기본적 권리를 보장하고 차별을 줄일 것이라고 주장하고 있지만, 동성결혼의 금지 자체가 토론 주제로 언급되고 있지는 않다.

05

제시문은 마이데이터의 개념을 소개하고, 그 핵심인 개인정보 주권에 대해 설명하고 있다. 또한 금융, 의료 등 실생활에서의 활용사례를 제시하고, 마이데이터의 다양한 장점과 주의해야 할 점들을 논의하고, 마이데이터의 미래 전망과 개인의 책임에 대해 언급하고 있다. 따라서 전체적인 구조와 내용을 포괄적으로 반영하고 있는 ④가 글의 주제로 가장 적절하다.

오답분석

① 제시문의 일부 요소만을 다루고 있어 전체를 대표하기에는 부족하다.
② 마이데이터의 등장 배경을 중심으로 하고 있어 제시문의 전반적인 내용을 포괄하지 못한다.
③ 개인정보 주권과 데이터 경제에 초점을 맞추고 있어 제시문의 다른 중요한 측면들을 놓치고 있다.

06

제시문의 빈칸은 결론 부분으로서 앞의 내용을 총괄하여 정리하는 문장이 들어가야 한다. 마이데이터의 핵심 개념은 '데이터 주권'으로 개인이 자신의 정보에 대한 통제권과 결정권을 가지고 관리하는 것을 의미한다. 따라서 ③이 빈칸에 들어갈 내용으로 가장 적절하다.

오답분석

① 정보 보호의 중요성을 강조하지만 마이데이터의 적극적 활용 측면을 반영하지 못하므로 적절하지 않다.
② 개인정보의 제3자 위임은 마이데이터의 취지와 맞지 않으므로 적절하지 않다.
④ 무분별한 공개를 통해 개인정보 보호를 간과하고 있으므로 적절하지 않다.

01	02	03							
④	②	②							

01

정답 ④

- 2023년 대비 2024년 월평균 소득 증가율 : $\frac{788,000-765,000}{765,000}\times100 ≒ 3.0\%$

- 평균 시급 증가율 : $\frac{8,590-8,350}{8,350}\times100 ≒ 2.9\%$

따라서 평균 시급 증가율보다 월평균 소득 증가율이 더 높다.

오답분석

① 2021 ~ 2024년 동안 전년 대비 주간 평균 근로 시간은 2022년까지 증가하다가 2023년부터 감소하며, 월평균 소득의 경우 지속적으로 증가한다.

② 전년 대비 2022년 평균 시급 증가액은 7,530-6,470=1,060원이며, 전년 대비 2023년 증가액은 8,350-7,530=820원이다.

따라서 전년 대비 2022년 평균 시급 증가액은 전년 대비 2023년 증가액의 $\frac{1,060}{820} ≒ 1.3$배이므로 3배 미만이다.

③ 2021 ~ 2022년은 전년 대비 평균 시급은 높아졌고, 주간 평균 근로 시간도 길어졌다.

02

정답 ②

D사의 판매율이 가장 높은 연도는 2024년, G사의 판매율이 가장 높은 연도는 2022년으로 동일하지 않다.

오답분석

① D사와 G사는 2023년도만 감소하여 판매율 증감 추이가 같다.

③ D사의 판매율이 가장 높은 연도는 2024년이고, U사의 판매율이 가장 낮은 연도도 2024년으로 동일하다.

④ G사의 판매율이 가장 낮은 연도는 2020년이고, U사의 판매율이 가장 높은 연도도 2020년으로 동일하다.

03

정답 ②

- 2023년 50대 선물환거래 금액 : 1,980×0.306=605.88억 원
- 2024년 50대 선물환거래 금액 : 2,084×0.297=618.948억 원

따라서 2023년 대비 2024년 50대 선물환거래 금액 증가량은 618.948-605.88=13.068억 원으로 13억 원 이상이다.

오답분석

① 2023 ~ 2024의 전년 대비 10대의 선물환거래 금액 비율 증감 추이는 '증가 – 감소'이고, 20대는 '증가 – 증가'이다.

③ 2022 ~ 2024년의 40대 선물환거래 금액은 다음과 같다.
- 2022년 : 1,920×0.347=666.24억 원
- 2023년 : 1,980×0.295=584.1억 원
- 2024년 : 2,084×0.281=585.604억 원

따라서 2024년의 40대 선물환거래 금액은 전년 대비 매년 지속적으로 감소하지 않았다.

④ 2024년 10 ~ 40대 선물환거래 금액 총비율은 2.5+13+26.7+28.1=70.3%로 2023년 50대 비율의 2.5배인 30.6×2.5=76.5%보다 낮다.

01	02	03							
③	②	②							

01

정답 ③

도서관별로 제시된 정보를 배점 기준에 따라 점수를 산정하면 다음과 같다.

구분	도서관 면적	도서 소장 권수	월 평균 이용자 수	이용자 만족도	총점
A도서관	1점	1점	3점	1점	6점
B도서관	3점	3점	3점	2점	11점
C도서관	4점	3점	1점	3점	11점
D도서관	2점	3점	1점	2점	8점

B도서관과 C도서관의 점수가 11점으로 같지만, C도서관이 이용자 만족도가 더 높으므로 P시 도서관 지원 사업 후보로 C도서관이 선정된다.

02

정답 ②

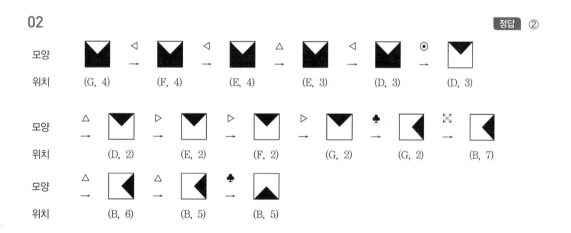

03

정답 ②

1시 20분 → ♪ → 11시 5분 → ♩ → 12시 25분 → ♫ → 5시 정각

오답분석

① 1시 20분 → ♩ → 2시 40분 → ♩ → 3시 정각 → ♫ → 12시 15분
③ 1시 20분 → ♫ → 4시 5분 → ♩ → 5시 25분 → ♫ → 1시 5분
④ 1시 20분 → ♫ → 4시 5분 → ♬ → 2시 25분 → ♪ → 12시 10분

01	02	03	04	05					
②	③	②	④	①					

01

정답 ②

불고기, 김치찜, 잡채는 '한식'으로 연관 지을 수 있다.

02

정답 ③

앞의 항에 38을 빼는 수열이다.
따라서 (   )=193−38=155이다.

03

정답 ②

세 번째 항부터 $(n-2)$항+$(n-1)$항=n항, $n \geq 3$의 규칙을 가지고 있다.
따라서 A=−1, B=7이므로 A×B=−7이다.

04

정답 ④

먼저 거짓말은 한 사람만 하는데 진희와 희정의 말이 서로 다르므로, 둘 중 한 명이 거짓말을 하고 있음을 알 수 있다. 이때, 반드시 진실인 아름의 말에 따라 진희의 말은 진실이 되므로 결국 희정이가 거짓말을 하고 있음을 알 수 있다. 따라서 영화관에는 아름 − 진희 − 민지 − 희정 − 세영 순서로 도착하였으므로, 가장 마지막에 도착한 사람은 세영이다.

05

정답 ①

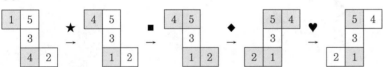

PART 1

대표기출유형

언어이해

합격 Cheat Key

PAT의 언어이해 영역은 지원자의 어휘력 및 글에 대한 독해력과 언어적 추론능력, 논리적 사고력을 요구하는 유형이 출제된다. 글의 핵심 내용을 이해하는 능력과 글에 명시적으로 드러나지 않은 부분에 대한 추론능력 등 전반적인 독해력을 평가하며, 풍부한 어휘력과 논리력은 물론 시간 안배와 속독 능력 또한 중요한 요인으로 작용한다.

PAT에서는 어법·맞춤법, 유의어·반의어, 주제 / 맥락 이해, 언어추리, 언어구사 등의 유형이 출제된다. 어법·맞춤법, 유의어·반의어는 한글 맞춤법 규정과 어휘 의미를 바르게 파악하고 있는지 평가하는 유형이다. 주제 / 맥락 이해는 글의 맥락을 이해하여 주제, 제목을 찾는 유형이다. 언어추리는 글의 내용을 바탕으로 논리적인 추론을 하는 유형이며, 언어구사는 글에 나타난 견해에 대하여 적절한 반응이나 타당한 비판을 하는 유형이다.

이외에도 주어진 글의 내용과 일치하거나 일치하지 않는 것 고르기, 나열하기, 빈칸 추론하기 등 다양한 유형의 독해 문제가 출제되고 있다.

┤ 학습 포인트 ├

- 다양한 분야의 지문이 제시되므로 평소에 여러 분야의 도서나 신문 기사 등을 읽어둔다.
- 독해의 경우 단기간의 학습으로 성적을 올릴 수 있는 부분이 아니므로 평소 독서를 통해 꾸준히 연습해야 한다.
- 무작정 제시문을 읽고 문제를 풀기보다는, 문제와 선택지를 먼저 읽고 지문에서 찾아야 할 내용이 무엇인지를 파악한 후 글을 읽는다면 시간을 절약할 수 있다.

01 이론점검

01 논리구조

논리구조에서는 주로 단락과 문장 간의 관계나 글 전체의 논리적 구조를 정확히 파악했는지를 묻는다. 글의 순서를 바르게 나열하는 유형이 출제되고 있다. 제시문의 전체적인 흐름을 바탕으로 각 문단의 특징, 단락 간의 역할 등을 논리적으로 구조화할 수 있는 능력을 길러야 한다.

1. 문장과 문장 간의 관계

① **상세화 관계** : 주지 → 구체적 설명(비교, 대조, 유추, 분류, 분석, 인용, 예시, 비유, 부연, 상술 등)
② **문제(제기)와 해결 관계** : 한 문장이 문제를 제기하고, 다른 문장이 그 해결책을 제시하는 관계(과제 제시 → 해결 방안, 문제 제기 → 해답 제시)
③ **선후 관계** : 한 문장이 먼저 발생한 내용을 담고, 다음 문장이 나중에 발생한 내용을 담고 있는 관계
④ **원인과 결과 관계** : 한 문장이 원인이 되고, 다른 문장이 그 결과가 되는 관계(원인 제시 → 결과 제시, 결과 제시 → 원인 제시)
⑤ **주장과 근거 관계** : 한 문장이 필자가 말하고자 하는 바(주지)가 되고, 다른 문장이 그 문장의 증거(근거)가 되는 관계(주장 제시 → 근거 제시, 의견 제안 → 의견 설명)
⑥ **전제와 결론 관계** : 앞 문장에서 조건이나 가정을 제시하고, 뒤 문장에서 이에 따른 결론을 제시하는 관계

2. 문장의 연결 방식

① **순접** : 원인과 결과, 부연 설명 등의 문장 연결에 쓰임
　예 그래서, 그리고, 그러므로 등
② **역접** : 앞글의 내용을 전면적 또는 부분적으로 부정
　예 그러나, 그렇지만, 그래도, 하지만 등
③ **대등 · 병렬** : 앞뒤 문장의 대비와 반복에 의한 접속
　예 및, 혹은, 또는, 이에 반하여 등
④ **보충 · 첨가** : 앞글의 내용을 보다 강조하거나 부족한 부분을 보충하기 위해 다른 말을 덧붙이는 문맥
　예 단, 곧, 즉, 더욱이, 게다가, 왜냐하면 등
⑤ **화제 전환** : 앞글과는 다른 새로운 내용을 이야기하기 위한 문맥
⑥ **비유 · 예시** : 앞글에 대해 비유적으로 다시 말하거나 구체적인 예를 보임
　예 예를 들면, 예컨대, 마치 등

3. 원리 접근법

앞뒤 문장의 중심 의미 파악	→	앞뒤 문장의 중심 내용이 어떤 관계인지 파악	→	문장 간의 접속어, 지시어의 의미와 기능	→	문장의 의미와 관계성 파악
각 문장의 의미를 어떤 관계로 연결해서 글을 전개하는지 파악해야 한다.		지문 안의 모든 문장은 서로 논리적 관계성이 있다.		접속어와 지시어를 음미하는 것은 독해의 길잡이 역할을 한다.		문단의 중심 내용을 알기 위한 기본 분석 과정이다.

---

02   논리적 이해

1. 전제의 추론

전제의 추론은 원칙적으로 주어진 내용의 이면에 내포되어 있는 이미 옳다고 인정된 사실을 유추하는 유형이다.
① 먼저 주장이 무엇인지 명확하게 파악해야 한다.
② 주장이 성립하기 위해서 논리적으로 필요한 요건이 무엇인지 생각해 본다.
③ 선택지 중 주장과 논리적으로 인과 관계를 형성할 수 있는 조건을 찾아낸다.

2. 결론의 추론

주어진 내용을 명확히 이해한 다음, 이를 근거로 이끌어낼 수 있는 올바른 결론이나 관련 사항을 논리적인 관점에서 찾는 문제 유형이다. 이와 같은 문제는 평상시 비판적이고 논리적인 관점으로 글을 읽는 연습을 충분히 해두어야 유리하다고 볼 수 있다.

3. 주제의 추론

주제와 관련된 추론 문제는 적성검사에서 자주 출제되는 유형으로서 글의 표제, 부제, 주제, 주장, 의도를 파악하는 형태의 문제와 같은 유형이다. 이러한 유형의 문제는 주제를 글의 첫 문단이나 마지막 문단을 통해서 찾을 수 있으며, 그렇지 않더라도 문단의 병렬·대등 관계를 파악하면 쉽게 찾을 수 있다. 여러 문단에서 공통된 주제를 추론할 때는 각각의 제시문을 먼저 요약한 뒤, 핵심 키워드를 찾은 다음 이를 토대로 주제문을 가려내어 하나의 주제를 유추하면 된다. 따라서 평소에 제시문을 읽고, 핵심 키워드를 찾아 문장을 구성하는 연습을 많이 해두어야 한다. 또한 겉으로 드러난 주제나 정보를 찾는 데 그치지 않고 글 속에 숨겨진 의도나 정보를 찾기 위해 꼼꼼히 관찰하는 태도가 필요하다.

1. 동의어 · 유의어

(1) 동의어 : 두 개 이상의 어휘가 서로 소리는 다르나 의미가 같은 경우를 말한다. 동의어라 할지라도 방언적 · 계층적 · 함축적 차이를 드러내기 때문에 일상용어에서 둘 이상의 단어가 동의어로 사용되는 경우는 거의 없고, 다만 학술 용어에서 드물게 사용된다. 동의어는 크게 절대적 동의어와 상대적 동의어로 나눌 수 있다.

　　① **절대적 동의어** : 개념과 연상, 주제가 동일하고, 모든 문맥에서 치환이 가능하다. 절대적 동의어는 두 어휘소가 의미 차이 없이 모든 문맥에서 치환될 수 있을 때만 가능하지만, 일반적으로 완전한 동의어는 거의 없다. '산울림'과 '메아리'는 절대적 동의어의 예이다.

　　② **상대적 동의어** : 문맥상 치환은 가능하지만 개념 의미만 동일하다. '아버지'와 '아빠'가 상대적 동의어의 예이며, 이를 유의어라고 부르기도 한다.

(2) 유의어 : 두 개 이상의 어휘가 서로 소리는 다르나 의미가 비슷한 경우를 말한다. 유의 관계의 대부분은 동일성을 전제로 한다. 예를 들어 '과부'와 '미망인'은 '남편을 잃고 혼자 사는 여자'라는 같은 뜻으로, 동의어이다. '뚜렷한'은 '엉클어지거나 흐리지 않고 아주 분명함'으로 '산뜻하고 뚜렷하여 다른 것과 혼동되지 아니한'의 '선명한'과 비슷한 뜻으로, 유의어이다.

2. 반의어

반의어(反意語)는 둘 이상의 단어에서 의미가 서로 짝을 이루어 대립하는 경우, 즉 어휘의 의미가 서로 대립하는 단어를 말하며, 이러한 어휘들의 관계를 반의 관계라고 한다. 한 쌍의 단어가 반의어가 되려면, 두 어휘 사이에 공통적인 의미 요소가 있으면서도 동시에 하나의 의미 요소만 서로 달라야 한다. 반의어는 반드시 한 쌍으로만 존재하는 것이 아니라, 다의어(多義語)이면 그에 따라 반의어가 여러 개로 달라질 수 있다. 즉, 하나의 단어에 대하여 여러 개의 반의어가 있을 수 있다. 예를 들어 '남자'와 '여자'는 둘 다 '사람'이라는 공통 요소가 있지만, '성(性)'이라는 다른 의미 요소가 있고, '벗다'는 '입다, 쓰다, 신다, 차다'라는 여러 개의 반의어가 있을 수 있다.

반의어에는 상보 반의어와 정도 반의어, 관계 반의어, 방향 반의어가 있다.

(1) 상보 반의어 : 한쪽 말을 부정하면 다른 쪽 말이 되는 반의어이며, 중간항은 존재하지 않는다. '있다'와 '없다'가 대표적인 상보적 반의어이며, '있다'와 '없다' 사이의 중간 상태는 존재할 수 없다.

(2) 정도 반의어 : 한쪽 말을 부정하면 반드시 다른 쪽 말이 되는 것이 아니며, 중간항을 갖는 반의어이다. '크다'와 '작다'가 대표적인 정도 반의어이며, 크지도 작지도 않은 중간이라는 중간항을 갖는다.

(3) 관계 반의어 : 관계 반의어는 상대가 존재해야만 자신이 존재할 수 있는 반의어이다. '부모'와 '자식'이 대표적인 관계 반의어의 예이다.

(4) 방향 반의어 : 동작의 진행 방향이 대립되는 데서 생겨난, 즉 맞선 방향을 전제로 해 관계나 이동의 측면에서 대립하는 단어의 쌍이 방향 반의어이며, '위'와 '아래'가 방향 반의어의 예이다.

3. 다의어

하나의 소리가 둘 이상의 다르면서도 서로 연관된 의미를 가지고 있는 어휘들의 관계를 '다의 관계'라고 하고, 다의 관계에 있는 어휘를 '다의어'라고 한다. 다의어는 그 단어가 지니는 기본적인 뜻 이외에 문맥에 따라 다른 뜻으로 쓰인다.

(1) 특징

① 낱말의 의미들 사이에는 상호 연관성이 있다.
② 다의어에는 하나의 중심 의미가 있다.
③ 여러 개의 주변 의미를 가진다.

> **자주 출제되는 문제 유형**
> ㉠ 철수는 숲 속에서 길을 잃고 한참을 헤매었다.
> ㉡ 종적을 감춘 성수를 찾을 길이 없다.
> ㉢ 그는 출장 가는 길에 고향에 들렀다.

㉠의 '길'은 '걷거나 탈것을 타고 어느 곳으로 가는 노정(路程)'으로, 기본적인 의미의 '길'이고, ㉡의 '길'은 '방법이나 수단'의 의미이고, ㉢은 '어떠한 일을 하는 도중이나 기회'를 의미한다. 즉, 다의어는 하나의 단어 형태가 여러 가지의 의미를 지니는 단어이다.

4. 동음이의어

두 개 이상의 단어가 우연히 같은 소리를 가지고 있으나, 의미가 다른 어휘들의 관계를 '동음이의 관계'라고 하고, 동음이의 관계에 있는 어휘를 '동음이의어'라고 한다. 동음이의어는 낱말의 의미들 사이에 상호 연관성이 없다. 동음이의어는 문맥과 상황에 따라 구별할 수 있으며, 말소리의 길고 짧음으로 구별할 수 있다. 또한 보충하여 쓴 한자를 통해 의미를 구별할 수 있다.

> **자주 출제되는 문제 유형**
> ㉠ 그는 배가 나와 걷기 힘들었다.
> ㉡ 태풍 때문에 배가 뜨지 못했다.
> ㉢ 아람이는 물이 많고 단 배를 좋아한다.

㉠의 '배'는 '사람이나 동물의 몸에 있는 곳'이고, ㉡의 '배'는 '사람이나 짐 따위를 싣고 물 위로 떠다니도록 만든 물건'이고, ㉢의 '배'는 '배나무의 열매'를 의미한다.

5. 상·하위어

두 개의 어휘 중에서 하나의 의미가 다른 하나의 의미를 포함하고 있을 때, 포함하는 어휘의 관계를 '상위 관계'라고 하며, 상위 관계에 있는 어휘를 '상위어'라고 하고, 포함되는 어휘의 관계를 '하위 관계'라고 하며, 하위 관계에 있는 어휘를 '하위어'라고 한다. 즉, 단어 A의 의미가 다른 단어 B의 의미 전체를 포함할 때 단어 A를 상위어라고 하고 단어 B를 하위어라고 한다. 예를 들어 '과일'은 '사과'의 '상위어'이며, '사과'는 '과일'의 '하위어'이고, '사과'는 '풋사과'의 '상위어'이고, '풋사과'는 '사과'의 '하위어'이다.

01 | 어법·맞춤법

| 유형분석 |

- 주어진 문장이나 지문에서 잘못 쓰인 단어·표현을 바르게 고칠 수 있는지 평가한다.
- 띄어쓰기, 동의어·유의어·다의어 또는 관용적 표현 등을 찾는 문제가 출제될 가능성이 있다.

다음 밑줄 친 단어 중 문맥상 쓰임이 옳지 않은 것은?

① 어려운 문제의 답을 <u>맞혀야</u> 높은 점수를 받을 수 있다.

② 공책에 선을 <u>반듯이</u> 긋고 그 선에 맞춰 글을 쓰는 연습을 해.

③ 생선을 간장에 10분 동안 <u>졸이면</u> 요리가 완성된다.

④ 미안하지만 지금은 바쁘니까 <u>이따가</u> 와서 얘기해.

정답 ③

'졸이다'는 '찌개를 졸이다.'와 같이 국물의 양을 적어지게 하는 것을 의미한다. 반면에 '조리다'는 '양념을 한 고기나 생선, 채소 따위를 국물에 넣고 바짝 끓여서 양념이 배어들게 하다.'의 의미를 지닌다. 따라서 ③의 경우 문맥상 '졸이다'가 아닌 '조리다'가 사용되어야 한다.

오답분석

① 맞히다 : 문제에 대한 답을 틀리지 않게 하다.
  맞추다 : 둘 이상의 일정한 대상들을 나란히 놓고 비교하여 살피다.

② 반듯이 : 비뚤어지거나 기울거나 굽지 않고 바르게
  반드시 : 틀림없이 꼭, 기필코

④ 이따 : 조금 지난 뒤에
  있다 : 어느 곳에서 떠나거나 벗어나지 않고 머물다. 또는 어떤 상태를 계속 유지하다.

30초 컷 풀이 Tip

자주 틀리는 맞춤법

틀린 표현	옳은 표현	틀린 표현	옳은 표현
몇일	며칠	선생으로써	선생으로서
웬지	왠지	그리고 나서	그러고 나서
왠만하면	웬만하면	미소를 띄다	미소를 띠다
안되	안돼	돼고 싶다	되고 싶다
어떻해	어떻게 해 / 어떡해	병이 낳았다	병이 나았다
금새	금세	내일 뵈요	내일 봬요
구지	굳이	고르던지 말던지	고르든지 말든지
서슴치	서슴지	합격하길 바래요	합격하길 바라요

01 다음 중 밑줄 친 부분의 맞춤법이 옳지 않은 것은?

① 비가 쏟아지는 <u>그날밤</u>에 사건이 일어났다.

② 교통사고를 낸 상대방이 <u>되레</u> 큰소리를 냈다.

③ 그 일꾼은 땅딸보지만 능력만큼은 <u>일당백</u>이었다.

④ 지속적인 <u>시청률</u> 하락으로 그 드라마는 조기종영을 하였다.

02 다음 중 밑줄 친 부분의 맞춤법이 옳은 것은?

① 추석에는 <u>햅쌀</u>로 송편을 빚는다.

② 언니는 상냥한데 동생은 너무 <u>냉냉하다</u>.

③ <u>요컨데</u>, 행복은 마음 먹기에 달렸다는 것이다.

④ 올해는 모두 건강하리라는 작은 <u>바램</u>을 가져본다.

`Easy`

03 다음 중 띄어쓰기가 옳은 문장은?

① 철수가 떠난지가 한 달이 지났다.

② 드실 수 있는만큼만 가져가 주십시오.

③ 그녀가 사는 데는 회사에서 한참 멀다.

④ KTX를 타면 서울과 목포간에 3시간이 걸린다.

02 | 유의어 · 반의어

| 유형분석 |

• 제시된 단어와 같은 또는 다른 의미를 가진 단어를 구분할 수 있는지 평가한다.

다음 제시된 단어와 같거나 유사한 의미를 가진 단어는?

허름하다

① 동조하다　　　　　　　　　　　② 극명하다

③ 결연하다　　　　　　　　　　　④ 너절하다

정답　④

• 허름하다 : 값이 좀 싼 듯하다.
• 너절하다 : 허름하고 지저분하다.

오답분석

① 동조하다 : 남의 주장에 자기의 의견을 일치시키거나 보조를 맞추다.
② 극명하다 : 속속들이 똑똑하게 밝히다.
③ 결연하다 : 마음가짐이나 행동에 있어 태도가 움직일 수 없을 만큼 확고하다.

30초 컷 풀이 Tip

어휘의 상관 관계
1) 동의 관계 : 두 개 이상의 어휘가 소리는 다르나 의미가 같은 경우
2) 유의 관계 : 두 개 이상의 어휘가 소리는 다르나 의미가 비슷한 경우
3) 반의 관계 : 두 개 이상의 어휘의 의미가 서로 대립하는 경우
4) 상하 관계 : 어휘의 의미적 계층 구조에서 한쪽이 의미상 다른 쪽을 포함하거나 다른 쪽에 포함되는 의미 관계
5) 부분 관계 : 한 어휘가 다른 어휘의 부분이 되는 관계
6) 인과 관계 : 원인과 결과의 관계
7) 순서 관계 : 위치의 상하 관계, 시간의 흐름 관계

※ 다음 제시된 단어와 같거나 유사한 의미를 가진 단어를 고르시오. [1~2]

`Easy`

01

수단

① 수긍   ② 수요

③ 사유   ④ 방법

02

저속

① 저해   ② 저급

③ 가난   ④ 통쾌

03 다음 제시된 단어와 반대되는 의미를 가진 단어는?

원리

① 통용   ② 이론

③ 응용   ④ 현상

03 | 주제 / 맥락 이해

| 유형분석 |

- 제시된 글의 중심 내용을 정확히 판단할 수 있는지 평가하는 유형이다.
- 경제·경영·철학·역사·예술·과학 등 다양한 분야와 관련된 지문이 제시되므로 평소에 폭넓은 독서를 해두어야 한다.

다음 글의 주제로 가장 적절한 것은?

> 힘 있는 나라를 가지고 싶어 하는 것은 인류의 공통적인 염원이다. 이것은 시간의 고금(古今)을 가리지 아니하고 공간의 동서(東西)를 따질 것이 없는 한결같은 진리다. 그래서 위대하지 아니한 나라에서 태어난 사람은 태어난 나라를 위대하게 만들기 위하여 혼신의 힘을 기울인다. 보잘것없는 나라의 국민이 된다는 것은 내세울 것 없는 집안의 후손인 것 이상으로 우리를 슬프게 한다. 세계 여러 나라 사람이 모인 곳에 간다고 가정해 보자. 누가 여기서 가장 큰소리치면서 위세 당당하게 처신할 것인가? 얼핏 생각하면 이목구비가 시원하게 생긴 사람, 지식과 화술이 뛰어난 사람, 교양과 인품이 훌륭한 사람, 외국어에 능통한 사람이 돋보일 것처럼 생각된다. 실제로 그런 사람들이 국제 무대에서 뛰어난 활약을 하는 것은 사실이다. 그래서 사람은 스스로 다듬고 기르는 것이 아닌가? 그러나 실제에 있어서 어떤 사람으로 하여금 국제 사회에서 돋보이게 하는 것은 그가 등에 업고 있는 조국의 국력이다.

① 배움에 힘쓰자.
② 일등 국민을 본받자.
③ 역경을 이겨내자.
④ 국력을 키우자.

정답 ④

제시문은 국제 사회에서의 개인의 위상과 국력의 관계를 통하여 '국력의 중요성'을 말하고 있다. 따라서 글의 주제로 적절한 것은 ④이다.

30초 컷 풀이 Tip

글의 중심이 되는 내용은 주로 글의 맨 앞이나 맨 뒤에 위치한다. 따라서 글의 맨 첫 문단과 마지막 문단을 먼저 확인해 보고 필요한 경우 그 문단을 보충해 주는 부분을 읽어가면서 주제를 파악해 나간다.

※ 다음 글의 제목으로 가장 적절한 것을 고르시오. [1~2]

Easy

01

> 우리 사회는 타의 추종을 불허할 정도로 빠르게 변화하고 있다. 가족정책도 4인 가족 중심에서 1
> ~ 2인 가구 중심으로 변해야 하며 청년실업률과 비정규직화, 독거노인의 증가를 더 이상 개인의 문
> 제가 아닌 사회문제로 다뤄야 하는 시기이다. 여러 유형의 가구와 생애주기 변화, 다양해지는 수요
> 에 맞춘 공동체 주택이야말로 최고의 주거복지사업이다. 공동체 주택은 공동의 목표와 가치를 가진
> 사람들이 커뮤니티를 이뤄 사회문제에 공동으로 대처해 나가도록 돕고, 나아가 지역사회와도 연결
> 시키는 작업을 진행하고 있다.
> 임대료 부담으로 작품활동이나 생계에 어려움을 겪는 예술인을 위한 공동주택, 1인 창업과 취업을
> 위해 골몰하는 청년을 위한 주택, 지속적인 의료서비스가 필요한 환자나 고령자를 위한 의료안심주
> 택은 모두 시민의 삶의 질을 높이고 선별적 복지가 아닌 복지사회를 이루기 위한 노력의 일환이다.
> 혼자가 아닌 '함께 가는' 길에 더 나은 삶이 있기 때문에 오늘도 수요자 맞춤형 공공주택은 수요자에
> 맞게 진화하고 있다.

① 주거난에 대비하는 주거복지정책
② 4차 산업혁명과 주거복지
③ 선별적 복지정책의 긍정적 결과
④ 다양성을 수용하는 주거복지정책

02

> 요한 제바스티안 바흐는 '경건한 종교음악가'로서 천직을 다하기 위한 이상적인 장소를 라이프치히
> 라고 생각하여 27년 동안 그곳에서 열심히 칸타타를 써나갔다고 알려졌다. 그러나 실은 7년째에
> 라이프치히의 칸토르(교회의 음악감독)직으로는 가정을 꾸리기에 수입이 충분치 못해서 다른 일을
> 하기도 했고 다른 궁정에 자리를 알아보기도 했다. 그것이 계기가 되어 칸타타를 쓰지 않게 되었다
> 는 사실이 최근의 연구에서 밝혀졌다. 또한 볼프강 아마데우스 모차르트의 경우에는 비극적으로 막
> 을 내린 35년이라는 짧은 생애에 걸맞게 '하늘이 이 위대한 작곡가의 죽음을 비통해하듯' 천둥 치고
> 진눈깨비 흩날리는 가운데 장례식이 행해졌고 그 때문에 그의 묘지는 행방을 알 수 없게 되었다고
> 하는데, 그 후 이러한 이야기는 빈 기상대에 남아 있는 기상자료와 일치하지 않는다는 사실도 밝혀
> 졌다. 게다가 만년에 엄습해 온 빈곤에도 불구하고 다수의 걸작을 남기고 세상을 떠난 모차르트가
> 실제로는 그 정도로 수입이 적지는 않았다는 사실도 드러나 최근에는 도박벽으로 인한 빈곤설을 주
> 장하는 학자까지 등장하게 되었다.

① 음악가들의 쓸쓸한 최후
② 미화된 음악가들의 이야기와 그 진실
③ 음악가들을 괴롭힌 근거 없는 소문들
④ 음악가들의 명성에 가려진 빈곤한 생활

03 다음 글의 중심 내용으로 가장 적절한 것은?

대부분의 동물에게 후각은 생존에 필수적인 본능으로 진화되었다. 수컷 나비는 몇 km 떨어진 곳에 있는 암컷 나비의 냄새를 맡을 수 있고, 돼지는 15cm 깊이의 땅 속에 숨어있는 송로버섯의 냄새를 맡을 수 있다. 그중에서도 가장 예민한 후각을 가진 동물은 개나 다람쥐처럼 냄새 분자가 가라앉은 땅에 코를 바짝 댄 채 기어다니는 짐승이다. 때문에 지구상의 거의 모든 포유류의 공통점은 '후각'의 발달이라고 할 수 있다.

여기서 주목할 만한 점은 만물의 영장이라 하는 인간이 후각 기능만큼은 대부분의 포유류보다 한참 뒤떨어진 수준이라는 사실이다. 개는 2억 2,000만 개의 후각세포를 갖고 있고, 토끼는 1억 개를 갖고 있는 반면, 인간은 500만 개의 후각세포를 갖고 있을 뿐이며, 그마저도 실제로 기능하는 것은 평균 375개 정도라고 알려져 있다.

이처럼 인간의 진화 과정에서 유독 후각이 퇴화한 이유는 무엇일까? 새는 지면에서 멀리 떨어진 곳에 활동 영역이 있기 때문에 맡을 수 있는 냄새가 제한적이다. 자연스레 그들은 후각기관을 퇴화시키는 대신 시각기관을 발달시켰다. 인간 역시 직립보행 이후에는 냄새를 맡고 구별하는 능력보다는 시야의 확보가 생존에 더 중요해졌고, 점차 시각 정보에 의존하기 시작하면서 후각은 자연스레 퇴화한 것이다.

따라서 인간의 후각 정보를 관장하는 후각 중추는 이처럼 대폭 축소된 후각 기능을 반영이라도 하듯 아주 작다. 뇌 전체의 0.1% 정도에 지나지 않는 후각 중추는 감정을 관장하는 변연계의 일부이고, 언어 중추가 있는 대뇌 지역과는 직접적인 연결이 없다. 따라서 후각은 시각이나 청각을 통해 감지한 요소에 비해 언어로 분석해서 묘사하기가 어려우며, 감정이 논리적 사고와 같이 정밀하고 체계적이지 못한 것처럼, 후각도 체계적이지 않다. 인간이 후각을 언어로 표현하는 것은 시각을 언어로 표현하는 것보다 세밀하지 못하며, 동일한 냄새에 대한 인지도 현저히 떨어진다는 사실은 이미 다양한 연구를 통해 증명되었다.

그러나 후각과 뇌 변연계의 연결고리는 여전히 제법 강력하다. 냄새는 감정과 욕망을 넌지시 암시하고 불러일으킨다. 또한 냄새는 일단 우리의 뇌 속에 각인되면 상당히 오랫동안 지속되고, 이와 관련된 기억들을 상기시킨다. 언어로 된 기억은 기록의 힘을 빌리지 않고는 오래 남겨두기 어렵지만, 냄새로 이루어진 기억은 작은 단서만 있으면 언제든 다시 꺼낼 수 있다. 뿐만 아니라 후각은 청각이나 시각과 달리, 차단할 수 없는 유일한 감각이기도 하다. 하루에 2만 번씩 숨을 쉴 때마다 후각은 계속해서 작동하고 있고, 지금도 우리에게 영향을 끼치고 있다.

① 후각은 다른 모든 감각을 지배하는 상위 기능을 담당한다.
② 인간은 선천적인 뇌구조로 인해 후각이 발달하지 못했다.
③ 모든 동물은 정밀한 감각을 두 가지 이상 갖기 어렵다.
④ 인간은 진화하면서 필요에 따라 후각을 퇴화시켰다.

04 다음 (가) ~ (라) 문단의 핵심 내용으로 적절하지 않은 것은?

> (가) 우리는 최근 "사회가 많이 깨끗해졌다."라는 말을 많이 듣는다. 실제 우리의 일상생활은 정말 많이 깨끗해졌다. 과거에 비하면 일상생활에서 뇌물이 오가는 경우가 거의 없어진 것이다. 그런데 왜 부패인식지수가 나아지기는커녕 도리어 나빠지고 있을까? 일상생활과 부패인식지수가 전혀 다른 모습을 보이는 이유는 어디에 있을까?
>
> (나) 부패인식지수가 산출되는 과정에서 그 물음의 답을 찾을 수 있다. 부패인식지수는 국제투명성기구에서 매년 조사하여 발표하고 있는 세계적으로 가장 권위 있는 부패 지표로, 지수는 국제적인 조사 및 평가를 실시하고 있는 여러 기관의 조사 결과를 바탕으로 산출된다. 각 기관의 조사 항목과 조사 대상은 서로 다르지만, 주요 항목은 공무원의 직권 남용 억제 기능, 공무원의 공적 권력의 사적 이용, 공공서비스와 관련한 뇌물 등으로 공무원의 뇌물과 부패에 초점이 맞추어져 있다.
>
> (다) 부패인식지수를 이해하는 데 주목해야 할 또 하나의 중요한 점은 부패인식지수 계산에 사용된 각 지수의 조사 대상이다. 조사에 따라 약간의 차이가 있기는 하지만 조사는 주로 해당 국가나 해당 국가와 거래하고 있는 고위 기업인과 전문가들을 대상으로 이루어진다. 일반 시민이 아닌 기업 활동에서 공직자들과 깊숙한 관계를 맺고 있어 공직자들의 행태를 누구보다 잘 알고 있을 것으로 추정되는 사람들의 의견을 대상으로 하는 것이다. 결국 부패인식지수는 고위 기업경영인과 전문가들이 내리는 공직 사회의 뇌물과 부패에 대한 평가라 할 수 있다.
>
> (라) 그렇다면 부패인식지수를 개선하는 방법은 무엇일까? 그간 정부는 공무원행동강령, 청탁금지법, 부패방지기구 설치 등 많은 제도적인 노력을 기울여왔다. 이러한 정부의 노력에도 불구하고 정부 반부패 정책은 대부분 효과가 없는 것으로 보인다. 정부 노력에 대한 일반 시민들의 시선도 차갑기만 하다. 결국 법과 제도적 장치는 우리 사회에 만연한 연줄 문화 앞에서 힘을 쓰지 못하고 있는 것으로 해석할 수 있다.

① (가) : 일상 속 부패에 대한 인식과 부패인식지수의 상반되는 경향에 대한 의문
② (나) : 공공분야에 맞추어진 부패인식지수의 산출 과정
③ (다) : 특정 계층으로 집중된 부패인식지수의 조사 대상
④ (라) : 부패인식지수의 효과적인 개선 방안

04 | 언어추리

| 유형분석 |

- 글의 내용을 바탕으로 논리적으로 추론할 수 있는지를 묻는 유형이다.
- 글의 전체적인 내용과 세부적인 내용을 정확하게 알고 있어야 풀이할 수 있는 유형이다.
- 독해 유형 중 난도가 높은 편에 속한다.
- 오답의 근거가 명확한 선택지를 답으로 고른다.

다음 글을 읽고 추론한 내용으로 적절하지 않은 것은?

1994년 미국의 한 과학자는 흥미로운 실험 결과를 발표하였다. 정상 유전자를 가진 쥐에게 콜레라 독소를 주입하자 심한 설사로 죽었다. 그러나 낭포성 섬유증 유전자를 한 개 가진 쥐에게 독소를 주입하자 설사 증상은 보였지만 그 정도는 반감했다. 낭포성 섬유증 유전자를 두 개 가진 쥐는 독소를 주입해도 전혀 증상을 보이지 않았다. 낭포성 섬유증 유전자를 가진 사람은 장과 폐로부터 염소이온을 밖으로 퍼내는 작용을 정상적으로 하지 못한다. 그 과학자는 이에 따라 1800년대 유럽을 강타했던 콜레라의 대유행에서 살아남은 사람은 낭포성 섬유증 유전자를 가졌을 것이라고 추측하였다. 반면 콜레라 독소는 장에서 염소이온을 비롯한 과다한 염분을 분비하게 하고, 이로 인해 물을 과다하게 배출시켜 설사를 일으킨다.

① 과다한 염소이온 분비는 설사를 일으킨다.
② 장과 폐에서 염소이온을 밖으로 퍼내는 작용을 하지 못하면 생명이 위험하다.
③ 콜레라 독소는 장으로부터 염소이온을 비롯한 염분을 과다하게 분비하게 한다.
④ 낭포성 섬유증 유전자는 콜레라 독소가 과도한 설사를 일으키는 것을 방지한다.

정답 ②

제시문에서 낭포성 섬유증 유전자를 가진 사람이 장과 폐에서 염소이온을 밖으로 퍼내는 작용을 정상적으로 하지 못한다고는 했으나, 그 덕분에 콜레라 독소에서 살아남았다. 따라서 해당 작용을 하지 못함으로 인해 생명이 위험했는지는 알 수 없다.

오답분석

①·③ 마지막 문장에 의하면 콜레라 독소는 염소이온을 비롯한 과다한 염분을 분비하게 하고, 이로 인해 물을 과다하게 배출시켜 설사를 일으킨다.
④ 낭포성 섬유증 유전자를 가진 쥐에게 콜레라 독소를 주입했을 때 가벼운 설사 증상을 보이거나 증상이 전혀 없었다는 내용에서 낭포성 섬유증 유전자는 콜레라 독소가 과도한 설사를 일으키는 것을 방지함을 알 수 있다.

30초 컷 풀이 Tip

추론적 독해는 글에 드러나지 않은 부분을 추론하여 답을 도출해야 하기 때문에 사실적 독해 유형에 비해 난도가 높다고 느끼는 경우가 많다. 그러나 글의 세부적인 내용에 대한 이해가 기반이 된다는 점에서 본질은 같으므로, 선택지를 먼저 읽은 후 관련 내용을 확인하여 선택지의 적절성을 판단해 답을 고르도록 한다.

Easy

01 다음 글을 읽고 추론한 내용으로 적절하지 않은 것은?

> 비만 환자의 경우 식사 조절을 통한 섭취량 감소가 중요하므로 적절한 식이요법이 필요하다. 먼저 환자의 표준 체중에 대한 기초대사량과 활동대사량을 파악하고, 이에 따라 3대 영양소인 단백질과 지방, 탄수화물의 섭취량을 조절해야 한다.
>
> 표준 체중은 남성의 경우 $\{키(m)\}^2 \times 22kg$으로 계산하고, 여성의 경우에는 $\{키(m)\}^2 \times 21kg$으로 계산한다. 성인의 하루 기초대사량은 $1kcal \times (표준 체중) \times 24$로 계산하고, 활동대사량은 활동의 정도에 따라 기초대사량에 0.2배(정적 활동), 0.4배(보통 활동), 0.8배(격심한 활동)를 곱한다. 기초대사량에 활동대사량을 합한 값이 성인이 하루에 필요로 하는 칼로리가 된다.
>
> 필요한 칼로리가 정해지면 우선 단백질의 섭취량을 계산하고, 나머지를 지방과 탄수화물로 배분한다. 성인의 하루 단백질 섭취량은 표준 체중을 기준으로 0.8 ~ 1.2g/kg(평균 1.13g/kg)이며, 비만 환자가 저열량 식이 조절을 하는 경우에는 1.2 ~ 1.5g/kg(평균 1.35g/kg)으로 계산한다. 지방은 전체 필요 칼로리 중 20% 이하로 섭취하는 것이 좋으며 콜레스테롤은 하루 300mg 이하로 제한하는 것이 좋다. 탄수화물의 경우 섭취량이 부족하면 단백질을 분해하여 포도당을 생성하게 되므로 케톤산증을 유발할 수 있다. 따라서 총 섭취 칼로리의 55 ~ 60% 정도의 섭취를 권장하며 반드시 최소 100g 정도의 탄수화물을 섭취해야 한다.

① 신장 178cm인 성인 남성의 표준 체중은 약 69.7kg이 된다.

② 주로 정적 활동을 하는 남성의 표준 체중이 73kg이라면 하루에 필요한 칼로리는 2,102.4kcal이다.

③ 표준 체중이 55kg인 성인 여성의 경우 하루 평균 62.15g의 단백질을 섭취하는 것이 좋다.

④ 주로 보통 활동을 하는 성인 남성의 하루 기초대사량이 1,728kcal라면 하루 500g 이하의 지방을 섭취하는 것이 좋다.

다음 글의 ㉠과 ㉡이 모방하는 군집 현상의 특성을 바르게 짝지은 것은?

다양한 생물체의 행동 원리를 관찰하여 모델링한 알고리즘을 생체모방 알고리즘이라 한다. 날아다니는 새 떼, 야생 동물 떼, 물고기 떼 그리고 박테리아 떼 등과 같은 생물 집단에서 쉽게 관찰할 수 있는 군집 현상에 대한 연구가 최근 활발히 진행되고 있다. 군집 현상은 무질서한 개체들이 외부 작용 없이 스스로 질서화된 상태로 변해가는 현상을 총칭하며 분리성, 정렬성, 확장성, 결합성의 네 가지 특성을 나타낸다.

첫째, 분리성은 각 개체가 서로 일정한 간격을 유지하여 독립적 공간을 확보하는 특성을 의미하고 둘째, 정렬성은 각 개체가 다수의 개체들이 선택하는 경로를 이용하여 자신의 이동 방향을 결정하는 특성을 의미하며 셋째, 확장성은 개체수가 증가해도 군집의 형태를 유지하는 특성을 의미한다. 마지막으로 결합성은 각 개체가 주변 개체들과 동일한 행동을 하는 특성을 의미한다.

㉠ 알고리즘 A는 시력이 없는 개미 집단이 개미집으로부터 멀리 떨어져 있는 먹이를 가장 빠른 경로를 통해 운반하는 행위로부터 영감을 얻어 개발된 알고리즘이다. 개미가 먹이를 발견하면 길에 남아 있는 페로몬을 따라 개미집으로 먹이를 운반하게 된다. 이러한 방식으로 개미 떼가 여러 경로를 통해 먹이를 운반하다 보면 개미집과 먹이와의 거리가 가장 짧은 경로에 많은 페로몬이 쌓이게 된다. 개미는 페로몬이 많은 쪽의 경로를 선택하여 이동하는 특징이 있어 일정 시간이 지나면 개미 떼는 가장 짧은 경로를 통해서 먹이를 운반하게 된다. 이 알고리즘은 통신망 설계, 이동체 경로 탐색, 임무 할당 등의 다양한 최적화 문제에 적용되어 왔다.

㉡ 알고리즘 B는 반딧불이들이 반짝거릴 때 초기에는 각자의 고유한 진동수에 따라 반짝거리다가 점차 시간이 지날수록 상대방의 반짝거림에 맞춰 결국엔 한 마리의 거대한 반딧불이처럼 반짝거리는 것을 지속하는 현상에서 영감을 얻어 개발된 알고리즘이다. 개체들이 초기 상태에서는 각자 고유의 진동수에 따라 진동하지만, 점차 상호 작용을 통해 그 고유의 진동수에 변화가 생기고 결국에는 진동수가 같아지는 특성을 반영한 것이다. 이 알고리즘은 집단 동기화 현상을 효과적으로 모델링하는 데 적용되어 왔다.

	㉠	㉡
①	정렬성	결합성
②	확장성	정렬성
③	분리성	결합성
④	결합성	분리성

03 다음 글을 읽고 추론한 내용으로 가장 적절한 것은?

> 조선이 임진왜란 중에도 필사적으로 보존하고자 한 서적이 바로 조선왕조실록이다. 실록은 원래 서울의 춘추관과 성주·충주·전주 4곳의 사고(史庫)에 보관되었으나, 임진왜란 이후 전주 사고의 실록만 온전한 상태였다. 전란이 끝난 후 단 1벌 남은 실록을 다시 여러 벌 등서하자는 주장이 제기되었다. 우여곡절 끝에 실록 인쇄가 끝난 시기는 1606년이었다. 재인쇄 작업의 결과 원본을 포함해 모두 5벌의 실록을 갖추게 되었다. 원본은 강화도 마니산에 봉안하고 나머지 4벌은 서울의 춘추관과 평안도 묘향산, 강원도의 태백산과 오대산에 봉안했다.
>
> 이 5벌 중에서 서울 춘추관의 것은 1624년 이괄의 난 때 불에 타 없어졌고, 묘향산의 것은 1633년 후금과의 관계가 악화되자 전라도 무주의 적상산에 사고를 새로 지어 옮겼다. 강화도 마니산의 것은 1636년 병자호란 때 청군에 의해 일부 훼손되었던 것을 현종 때 보수하여 숙종 때 강화도 정족산에 다시 봉안했다. 결국 내란과 외적 침입으로 인해 5곳 가운데 1곳의 실록은 소실되었고, 1곳의 실록은 장소를 옮겼으며, 1곳의 실록은 손상을 입었던 것이다.
>
> 정족산, 태백산, 적상산, 오대산 4곳의 실록은 그 후 안전하게 지켜졌다. 그러나 일본이 다시 여기에 손을 대었다. 1910년 조선 강점 이후 일제는 정족산과 태백산에 있던 실록을 조선총독부로 이관하고, 적상산의 실록은 구황궁 장서각으로 옮겼으며 오대산의 실록은 일본 동경제국대학으로 반출했다. 일본으로 반출한 것은 1923년 관동 대지진 때 거의 소실되었다. 정족산과 태백산의 실록은 1930년에 경성제국대학으로 옮겨져 지금까지 서울대학교에 보존되어 있다. 한편 장서각의 실록은 6·25 전쟁 때 북한으로 옮겨져 현재 김일성종합대학에 소장되어 있다.

① 재인쇄하였던 실록은 모두 5벌이다.
② 태백산에 보관하였던 실록은 현재 일본에 있다.
③ 현재 한반도에 남아 있는 실록은 모두 4벌이다.
④ 현존하는 실록 중에서 가장 오래된 것은 서울대학교에 있다.

05 | 언어구사

| 유형분석 |

- 어떠한 견해에 대하여 적절한 반응을 보이거나 타당한 비판을 하는 유형이다.
- 글의 전체적인 주제를 정확히 이해하는 것이 중요하다.

다음 글의 ㉠에 대해 제기할 수 있는 반론으로 가장 적절한 것은?

기업은 상품의 사회적 마모를 촉진시키는 주체이다. 생산과 소비가 지속되어야 이윤을 남길 수 있기 때문에 하나의 상품을 생산해서 그 상품의 물리적 마모가 끝날 때까지를 기다렸다가는 그 기업은 망하기 십상이다. 이러한 상황에서 늘 수요에 비해 과잉생산을 하는 기업이 살아남을 수 있는 길은 상품의 사회적 마모를 짧게 해서 사람들로 하여금 계속 소비하게 만드는 것이다.

그래서 ㉠ <u>기업들은 더 많은 이익을 내기 위해서는 상품의 성능을 향상하기보다는 디자인을 변화시키는 것이 더 바람직하다고 생각한다.</u> 산업이 발달하여 상품의 성능이나 기능, 내구성이 이전보다 더욱 향상되었는데도 불구하고 상품의 생명이 이전보다 더 짧아지는 것은 어떻게 생각하면 자본주의 상품이 지닌 모순이라고 할 수 있다. 섬유의 질은 점점 좋아지지만 그 옷을 입는 기간은 이에 비해서 점점 짧아지게 되는 것이 바로 자본주의 상품이 지니고 있는 모순이다. 산업이 계속 발달하여 상품의 성능이 향상되는데도 상품의 사회적인 마모 기간이 누군가에 의해서 엄청나게 짧아지고 있다. 상품의 질은 향상되고 내가 버는 돈은 늘어가는 것 같은데 늘 무엇인가 부족한 듯한 느낌이 드는 것도 이것과 관련이 있다.

① 상품의 성능은 그대로 두어도 향상될 수 있는가?
② 디자인에 대한 소비자들의 취향이 바뀌는 것을 막을 방안은 있는가?
③ 상품의 성능 향상을 등한시하며 디자인만 바꾼다고 소비가 증가할 것인가?
④ 사회적 마모 기간이 점차 짧아지면 디자인을 개발하는 것이 기업에 도움이 되겠는가?

정답 ③

㉠은 기업들이 더 많은 이익을 내기 위해 '디자인의 향상'에 몰두하는 것이 바람직하다는 판단이다. 즉, '상품의 사회적 마모를 짧게 해서 소비를 계속 증가시키기 위한' 방안인데, 이것에 대한 반론이 되기 위해서는 ㉠의 주장이 지니고 있는 문제점을 비판하여야 한다. ㉠이 지니고 있는 가장 큰 문제점은 '과연 성능 향상 없는 디자인 변화가 소비를 촉진시킬 수 있는 것인가?'가 되어야 한다. 디자인 변화는 분명히 상품의 소비를 촉진시킬 수 있는 효과적 방법 중 하나이지만 '성능이나 기능, 내구성'의 향상이 전제되지 않았을 때는 효과를 내기엔 힘들기 때문이다.

30초 컷 풀이 Tip

문제의 난도를 높이기 위해 글의 후반부에 주장을 뒷받침할 수 있는 근거를 제시하고 선택지에 그 근거에 대한 반박을 실어놓는 경우가 있다. 하지만 여기서 기억해야 할 것은 제시문의 '주장'에 대한 반박을 찾는 것이지, 이를 뒷받침하기 위해 제시된 '근거'에 대한 반박을 찾는 것이 아니라는 점이다. 그 근거는 얼핏 글의 주장처럼 보이기도 하는데 이는 주장의 설득력을 높이기 위한 '세부적인 사항'일 뿐이란 사실을 반드시 기억해야 한다.

01　다음 글의 주장에 대한 반박으로 가장 적절한 것은?

> 우리는 우리가 생각한 것을 말로 나타낸다. 또 다른 사람의 말을 듣고, 그 사람이 무슨 생각을 가지고 있는가를 짐작한다. 그러므로 생각과 말은 서로 떨어질 수 없는 깊은 관계를 가지고 있다.
>
> 그러면 말과 생각이 얼마만큼 깊은 관계를 가지고 있을까? 이 문제를 놓고 사람들은 오랫동안 여러 가지 생각을 하였다. 그 가운데 가장 두드러진 것이 두 가지 있다. 하나는 말과 생각이 서로 꼭 달라붙은 쌍둥이인데 한 놈은 생각이 되어 속에 감추어져 있고 다른 한 놈은 말이 되어 사람 귀에 들리는 것이라는 생각이다. 다른 하나는 생각이 큰 그릇이고 말은 생각 속에 들어가는 작은 그릇이어서 생각에는 말 이외에도 다른 것이 더 있다는 생각이다.
>
> 이 두 가지 생각 가운데서 앞의 것은 조금만 깊이 생각해 보면 틀렸다는 것을 즉시 깨달을 수 있다. 우리가 생각한 것은 거의 대부분 말로 나타낼 수 있지만, 누구든지 가슴 속에 응어리진 어떤 생각이 분명히 있기는 한데 그것을 어떻게 말로 표현해야 할지 애태운 경험을 가지고 있을 것이다. 이것 한 가지만 보더라도 말과 생각이 서로 안팎을 이루는 쌍둥이가 아님은 쉽게 판명된다.
>
> 인간의 생각이라는 것은 매우 넓고 큰 것이며, 말이란 결국 생각의 일부분을 주워 담는 작은 그릇에 지나지 않는다. 그러나 아무리 인간의 생각이 말보다 범위가 넓고 큰 것이라고 하여도 그것을 가능한 한 말로 바꾸어 놓지 않으면 그 생각의 위대함이나 오묘함이 다른 사람에게 전달되지 않기 때문에 생각이 형님이요, 말이 동생이라고 할지라도 생각은 동생의 신세를 지지 않을 수가 없게 되어 있다.

① 말이 통하지 않아도 생각은 얼마든지 전달될 수 있다.

② 생각을 드러내는 가장 직접적인 수단은 말이다.

③ 말은 생각이 바탕이 되어야 생산될 수 있다.

④ 말과 생각은 서로 영향을 주고받는 긴밀한 관계를 유지한다.

02 다음 중 ㉠의 관점에서 ㉡의 관점을 비판한 것으로 가장 적절한 것은?

사람들은 누구나 정의로운 사회에 살기를 원한다. 그렇다면 정의로운 사회란 무엇일까?

㉠ 롤스는 개인의 자유를 보장하면서도 사회적 약자를 배려하는 사회가 정의로운 사회라고 말한다. 롤스는 정의로운 사회가 되기 위해서는 세 가지 조건을 만족해야 한다고 주장한다. 첫 번째 조건은 사회 원칙을 정하는 데 있어서 사회 구성원 간의 합의 과정이 있어야 한다는 것이다. 이러한 합의를 통해 정의로운 세계의 규칙 또는 기준이 만들어진다고 보았다. 두 번째 조건은 사회적 약자의 입장을 고려해야 한다는 것이다. 롤스는 인간의 출생, 신체, 지위 등에는 우연의 요소가 많은 영향을 미칠 수 있다고 본다. 따라서 누구나 우연에 의해 사회적 약자가 될 수 있기 때문에 사회적 약자를 차별하는 것은 정당하지 못한 것이 된다. 마지막 조건은 개인이 정당하게 얻은 소유일지라도 그 이익의 일부는 사회적 약자에게 돌아가야 한다는 것이다. 왜냐하면 사회적 약자가 될 가능성은 누구에게나 있으므로 자발적 기부나 사회적 제도를 통해 사회적 약자의 처지를 최대한 배려하는 것이 사회 전체로 볼 때 공정하고 정의로운 것이기 때문이다. 롤스는 개인의 자유를 중시하는 한편 사람들이 공정한 규칙에 합의하는 과정도 중시하며, 자연적·사회적 불평등을 복지를 통해 보완해야 한다고 주장한다.

공리주의자인 ㉡ 벤담은 최대 다수의 최대 행복이 정의로운 것이라 주장했다. 따라서 다수의 최대 행복이 보장된다면 소수의 불행은 정당한 것이 되고, 반대로 다수의 불행이 나타나는 상황은 정의롭지 못한 것이 된다. 벤담은 걸인과 마주치는 대다수의 사람들은 부정적 감정을 느끼기 때문에 거리에서 걸인을 사라지게 해야 한다며, 걸인들을 모두 모아 한곳에서 생활시키는 강제 수용소 설치를 제안했다.

---

① 다수의 처지를 배려할 때 사회 전체의 행복이 증가한다.

② 개인을 위해 다수가 희생하는 것은 정의롭지 않다.

③ 개인의 이익만을 중시하는 것은 정의롭지 않다.

④ 개인의 자유를 침해하는 것은 정의롭지 않다.

03 다음 글에 대한 반론으로 가장 적절한 것은?

> 최근 들어 도시의 경쟁력 향상을 위한 새로운 전략의 하나로 창조 도시에 대한 논의가 활발하게 진행되고 있다. 창조 도시는 창조적 인재들이 창의성을 발휘할 수 있는 환경을 갖춘 도시이다. 즉, 창조 도시는 인재들을 위한 문화 및 거주 환경의 창조성이 풍부하며, 혁신적이고도 유연한 경제 시스템을 구비하고 있는 도시인 것이다.
> 창조 도시의 주된 동력을 창조 산업으로 볼 것인가 창조 계층으로 볼 것인가에 대해서는 견해가 다소 엇갈리고 있다. 창조 산업을 중시하는 관점에서는 창조 산업이 도시에 인적·사회적·문화적·경제적 다양성을 불어넣음으로써 도시의 재구조화를 가져오고 나아가 부가가치와 고용을 창출한다고 주장한다. 창의적 기술과 재능을 소득과 고용의 원천으로 삼는 창조 산업의 예로는 광고, 디자인, 출판, 공연 예술, 컴퓨터 게임 등이 있다.
> 창조 계층을 중시하는 관점에서는 개인의 창의력으로 부가가치를 창출하는 창조 계층이 모여서 인재 네트워크인 창조 자본을 형성하고, 이를 통해 도시는 경제적 부를 축적할 수 있는 자생력을 갖게 된다고 본다. 따라서 창조 계층을 끌어들이고 유지하는 것이 도시의 경쟁력을 제고하는 관건이 된다. 이러한 창조 계층에는 과학자, 기술자, 예술가, 건축가, 프로그래머, 영화 제작자 등이 포함된다.

① 창조 산업의 산출물은 그것에 대한 소비자의 수요와 가치 평가를 예측하기 어렵다.
② 창조 도시를 통해 효과적으로 인재를 육성할 수 있다.
③ 창조 산업을 통해 도시를 새롭게 구조화할 수 있다.
④ 광고 등의 산업을 중심으로 부가가치를 창출해 낼 수 있다.

06 | 나열하기

| 유형분석 |

- 글의 내용과 흐름을 잘 파악하고 있는지를 평가하는 유형이다.
- 나열하기 유형에서 가장 중요한 것은 지시어와 접속어이므로, 접속어의 쓰임에 대해 정확히 알고 있어야 하며 지시어가 가리키는 것이 무엇인지 잘 파악해야 한다.

다음 문장을 논리적 순서대로 바르게 나열한 것은?

(가) 인간이 타고난 그대로의 자연스러운 본능이 성품이며, 인간이 후천적인 노력을 통하여 만들어 놓은 것이 인위이다.

(나) 따라서 인간의 성품은 악하나 인위로 인해 선하게 된다.

(다) 즉, 배고프면 먹고 싶고 피곤하면 쉬고 싶은 것이 성품이라면 배고파도 어른에게 양보하고 피곤해도 어른을 대신해 일하는 것은 인위이다.

(라) 그러므로 자연스러운 본능을 따르게 되면 반드시 다투고 빼앗는 결과를 초래하게 되지만, 스승의 교화를 받아 예의 법도를 따르게 되면 질서가 유지된다.

① (가) – (나) – (라) – (다)

② (가) – (다) – (나) – (라)

③ (가) – (다) – (라) – (나)

④ (가) – (라) – (다) – (나)

정답 ③

제시문은 성품과 인위를 정의하고 이것에 대한 구체적인 예를 통해 인간의 원래 성품과 선하게 되는 원리를 설명하는 글이다. 따라서 '(가) 성품과 인위의 정의 – (다) 성품과 인위의 예 – (라) 성품과 인위의 결과 – (나) 이를 통해 알 수 있는 인간의 성질' 순으로 나열하는 것이 적절하다.

30초 컷 풀이 Tip

- 각 문단에 위치한 지시어와 접속어를 살펴본다. 문두에 접속어가 오거나 문장 중간에 지시어가 나오는 경우 글의 첫 번째 문단이 될 수 없다.
- 각 문단의 첫 문장과 마지막 문장에 집중하면서 글의 순서를 하나씩 맞춰 나간다.
- 선택지를 참고하여 문단의 순서를 생각해 보는 것도 시간을 단축하는 좋은 방법이 될 수 있다.

※ 다음 문장 또는 문단을 논리적 순서대로 바르게 나열한 것을 고르시오. [1~3]

Easy

01

(가) 그렇기 때문에 남녀 고용 평등의 확대를 위해 채용 목표제를 강화할 필요가 있다.

(나) 우리나라 대졸 이상 여성의 고용 비율은 OECD 국가 중 최하위인데 이는 채용 과정에서 여성이 부당한 차별을 받는 경우가 많다는 것을 보여준다.

(다) 우리나라 남녀 전체의 평균 고용 비율 격차는 31.8%p로 남성에 비해 여성의 고용 비율이 현저히 낮다.

(라) 강화된 법규가 준수될 수 있도록 정부의 계도와 감독 기능을 강화해야 할 것이다.

(마) 고용 시 여성에게 일정 비율을 할애하는 것은 남성에 대한 역차별이라는 주장이 있기는 하지만 남녀 고용 평등이 어느 정도 실현될 때까지 여성에 대한 배려는 불가피하다.

① (나) – (가) – (다) – (라) – (마) 　② (나) – (라) – (다) – (가) – (마)
③ (다) – (가) – (마) – (나) – (라) 　④ (다) – (라) – (가) – (나) – (마)

02

(가) 논리 실증주의자와 포퍼는 지식을 수학 지식이나 논리학 지식처럼 경험과 무관한 것과 과학적 지식처럼 경험에 의존하는 것으로 구분한다. 그 과학적 지식은 과학적 방법에 의해 누적된다고 주장하며 가설이 과학적 지식의 후보가 된다고 보았다.

(나) 하지만 콰인은 가설만 가지고서 예측을 논리적으로 도출할 수 없다고 본다. 예를 들어 새로 발견된 금속 M은 열을 받으면 팽창한다는 가설만 가지고는 열을 받은 M이 팽창할 것이라는 예측을 이끌어낼 수 없다. 먼저 지금까지 관찰한 모든 금속은 열을 받으면 팽창한다는 기존의 지식과 M에 열을 가했다는 조건 등이 필요하다는 것이다.

(다) 그들은 가설로부터 논리적으로 도출된 예측을 관찰이나 실험 등의 경험을 통해 맞는지 틀리는지 판단함으로써 그 가설을 시험하는 과학적 방법을 제시한다. 논리 실증주의자는 예측이 맞을 경우에, 포퍼는 예측이 틀리지 않는 한, 그 예측을 도출한 가설이 하나씩 새로운 지식으로 추가된다고 주장한다.

(라) 이렇게 예측은 가설, 기존의 지식, 여러 조건 등을 모두 합쳐야만 논리적으로 도출된다는 것이다. 그러므로 예측이 거짓으로 밝혀지면 정확히 무엇 때문에 예측에 실패한 것인지 알 수 없다는 것이다. 이로부터 콰인은 개별 가설뿐만 아니라 기존의 지식과 여러 조건 등을 모두 포함하는 전체 지식이 경험을 통한 시험의 대상이 된다는 총체주의를 제안한다.

① (가) – (나) – (다) – (라) 　② (가) – (나) – (라) – (다)
③ (가) – (다) – (나) – (라) 　④ (가) – (다) – (라) – (나)

(가) 하지만 영화를 볼 때 소리를 없앤다면 어떤 느낌이 들까? 아마 내용이나 분위기, 인물의 심리 등을 파악하기 힘들 것이다. 이런 점을 고려할 때 영화 속 소리는 영상과 분리해서 생각할 수 없는 필수 요소라고 할 수 있다. 소리는 영상 못지않게 다양한 기능이 있기 때문에 현대 영화감독들은 영화 속 소리를 적극적으로 활용하고 있다.

(나) 이와 같이 영화 속 소리는 다양한 기능을 수행하기 때문에 영화의 예술적 상상력을 빼앗는 것이 아니라 오히려 더 풍부하게 해준다. 그래서 현대 영화에서 소리를 빼고 작품을 완성한다는 것은 생각하기 어려운 일이 되었다.

(다) 영화의 소리에는 대사, 음향 효과, 음악 등이 있으며 이러한 소리들은 영화에서 다양한 기능을 수행한다. 우선 영화 속 소리는 다른 예술 장르의 표현 수단보다 더 구체적이고 분명하게 내용을 전달하는 데 도움을 줄 수 있다. 그리고 줄거리 전개에 도움을 주거나 작품의 상징적 의미를 전달할 뿐만 아니라 주제 의식을 강조하는 역할을 하기도 한다. 또 영상에 현실감을 줄 수 있으며, 영상의 시공간적 배경을 확인시켜 주는 역할도 한다. 또한 영화 속 소리는 영화의 분위기를 조성하고 인물의 내면 심리도 표현할 수 있다.

(라) 유성영화가 등장했던 1920년대 후반에 유럽의 표현주의나 형식주의 감독들은 영화 속의 소리에 대한 부정적인 견해가 컸다. 그들은 가장 영화다운 장면은 소리 없이 움직이는 그림으로만 이루어진 장면이라고 믿었다. 그래서 그들은 영화 속 소리가 시각 매체인 영화의 예술적 효과와 영화적 상상력을 빼앗을 것이라고 내다보았다.

① (다) – (가) – (라) – (나)   ② (다) – (나) – (가) – (라)
③ (라) – (가) – (다) – (나)   ④ (라) – (나) – (다) – (가)

04 다음 제시된 문단에 이어질 문단을 논리적 순서대로 바르게 나열한 것은?

> 미적 판단은 대상에 대한 경험에서 생겨나며 감상자의 주관적 반응에 밀접하게 관련되기 때문에 동일한 대상에 대한 미적 판단은 감상자에 따라 다양하게 나타날 수 있다. 이러한 미적 판단의 차이로 인해 실재론자와 반실재론자 간에 열띤 논쟁이 벌어지기도 한다.

(가) 예컨대 '베토벤의 운명 교향곡이 웅장하다.'는 판단이 객관적 참이라면 '웅장함'이라는 미적 속성이 실재한다는 식이다. 이 경우 '웅장하다'는 미적 판단은 '웅장함'이라는 객관적으로 실재하는 미적 속성에 대한 기술이다. 동일한 미적 대상에 대한 감상자들 간의 판단이 일치하지 않는 것은 그 미적 판단 간에 옳고 그름이 존재한다는 것이며, 그 옳고 그름의 여부는 실재하는 미적 속성에 대한 확인을 통해 밝힐 수 있다.

(나) 그러나 반실재론자들은 미적 판단이 단순한 객관적 실재의 기술이라기보다는 이미 주관적 평가가 개입된 경우가 많다는 점을 근거로 실재론에 반론을 제기한다. 이들의 주장에 따르면 미적 판단은 감상자의 주관적 반응에 의존하는 것으로, 앞에서 언급된 '웅장함'이라는 미적 속성은 '웅장하다'는 미적 판단을 내리는 감상자에 의해 발견되는 것이다.

(다) 실재론자들은 '미적 속성이 존재한다는 전제하에 이것이 대상에 실재한다.'는 주장을 내세우면서 미적 판단의 객관성을 지지한다. 이들에 의하면 미적 속성 P에 대한 진술인 미적 판단 J가 객관적으로 참일 때, 미적 속성 P가 실재한다.

(라) 이 주장은 미적 판단의 주관성과 경험성에 주목한다는 점에서 미적 판단의 다양성을 설명하는 데 용이하다. 이에 따르면 미적 판단의 불일치란 굳이 해소해야 하는 문제적 현상이라기보다는 개인의 다양한 경험, 취미와 감수성의 차이에 따라 발생하는 자연스러운 현상이다.

① (다) – (가) – (나) – (라)   ② (다) – (나) – (가) – (라)

③ (다) – (나) – (라) – (가)   ④ (다) – (라) – (나) – (가)

CHAPTER 02

자료해석

합격 Cheat Key

PAT의 자료해석 영역은 지원자의 자료분석능력과 계산능력을 평가한다. 제시된 자료를 바탕으로 수치를 계산하거나 자료를 올바르게 분석할 수 있는지, 제시된 자료를 바탕으로 앞으로의 흐름을 예측하거나 다른 형태의 자료로 변환하여 이해할 수 있는지 등을 평가한다. 또한 자료에 제시된 수치 사이의 관계를 파악하여 빈칸을 추리하는 빈칸 채우기 문제가 출제되므로 평소에 충분히 연습하는 것이 중요하다.

자료해석은 사칙연산, 통계, 확률의 의미를 정확하게 이해하고, 이를 업무에 적용하는 능력을 평가한다. 이를 평가하기 위해 PAT에서는 기초연산, 도표 / 수리자료 이해 및 분석, 수리적 자료 작성 유형이 출제된다. 기초연산 유형에서는 제시된 자료에서 수치의 관계를 파악하여 빈칸을 채우거나 문제에서 구하고자 하는 값을 계산하는 문제가 출제된다. 도표 / 수리자료 이해 및 분석 유형에서는 자료를 분석하고 해석하는 문제가 출제되며, 수리적 자료 작성 유형에서는 제시된 자료를 다른 형태의 자료로 변환하는 문제가 출제된다. 도표, 그래프 등 실생활에서 접할 수 있는 통계자료를 제시해 주고 필요한 정보를 선별적으로 판단・분석하는 능력을 평가한다. 실제 업무에서 표나 그래프 등 통계자료를 해석하고 활용할 줄 아는 능력이 필수적이기 때문에 자료해석의 비중이 점점 늘어나는 추세이다. 또한 대부분의 기업에서 도표분석, 즉 자료해석 유형의 문제가 많이 출제되고 있기 때문에 기초연산과 기초통계에 관한 공식의 암기와 자료해석능력을 기를 수 있는 꾸준한 연습이 필요하다.

┤ 학습 포인트 ├

- 통계에서의 사건이 동시에 발생하는지 혹은 개별적으로 발생하는지 구분해야 한다.
- 자료의 해석은 자료에서 즉시 확인할 수 있는 지문부터 확인한다.
- 표, 꺾은선그래프, 막대그래프, 원그래프 등 다양한 형태의 자료를 눈에 익힌다. 그래야 실제 시험에서 자료가 제시되었을 때 중점을 두고 파악해야 할 부분이 더욱 선명하게 보일 것이다.
- 제시되는 정보의 양이 매우 많으므로 시간을 절약하기 위해서는 질문을 읽은 후 바로 자료 분석에 들어가는 것보다는, 선택지를 먼저 읽고 필요한 정보만 추출하여 답을 찾는 것이 좋다.

02 | 이론점검

01 기초통계능력

(1) 통계

집단현상에 대한 구체적인 양적 기술을 반영하는 숫자. 특히, 사회집단 또는 자연집단의 상황을 숫자로 나타낸다.

예 서울 인구의 생계비, 한국 쌀 생산량의 추이, 추출 검사한 제품 중 불량품의 개수 등

(2) 통계치

① 빈도 : 어떤 사건이 일어나거나 증상이 나타나는 정도
② 빈도 분포 : 빈도를 표나 그래프로 종합적이면서도 일목요연하게 표시하는 것
③ 평균 : 모든 자료 값의 합을 자료의 개수로 나눈 값
④ 백분율 : 전체의 수량을 100으로 볼 때의 비율

(3) 통계의 계산

① 범위 : (최댓값) − (최솟값)

② 평균 : $\dfrac{(\text{자료 값의 총합})}{(\text{자료의 개수})}$

③ 분산 : $\dfrac{[\{(\text{관찰값}) - (\text{평균})\}^2 \text{의 총합}]}{(\text{자료의 개수})}$

※ (편차) = (관찰값) − (평균)

④ 표준편차 : $\sqrt{\text{분산}}$ (평균으로부터 얼마나 떨어져 있는가를 나타냄)

(1) 꺾은선(절선)그래프

① 시간적 추이(시계열 변화)를 표시하는 데 적합하다.

  예 연도별 매출액 추이 변화 등

② 경과·비교·분포를 비롯하여 상관관계 등을 나타낼 때 사용한다.

〈중학교 장학금, 학비감면 수혜현황〉

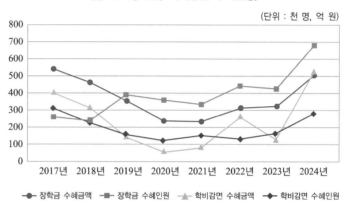

(2) 막대그래프

① 비교하고자 하는 수량을 막대 길이로 표시하고, 그 길이를 비교하여 각 수량 간의 대소 관계를 나타내는 데 적합하다.

  예 영업소별 매출액, 성적별 인원분포 등

② 가장 간단한 형태로 내역·비교·경과·도수 등을 표시하는 용도로 사용한다.

〈연도별 암 발생 추이〉

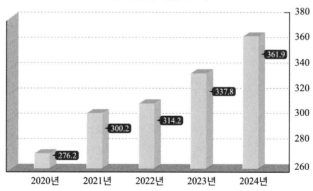

(3) 원그래프

① 내역이나 내용의 구성비를 분할하여 나타내는 데 적합하다.

예 제품별 매출액 구성비 등

② 원그래프를 정교하게 작성할 때는 수치를 각도로 환산해야 한다.

〈S국의 가계 금융자산 구성비〉

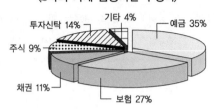

(4) 점그래프

① 지역분포를 비롯하여 도시, 지방, 기업, 상품 등의 평가나 위치, 성격을 표시하는 데 적합하다.

예 광고비율과 이익률의 관계 등

② 종축과 횡축에 두 요소를 두고, 보고자 하는 것이 어떤 위치에 있는가를 알고자 할 때 사용한다.

〈OECD 국가의 대학졸업자 취업률 및 경제활동인구 비중〉

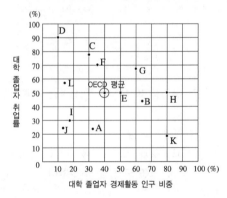

(5) 층별그래프

① 합계와 각 부분의 크기를 백분율로 나타내고 시간적 변화를 보는 데 적합하다.

② 합계와 각 부분의 크기를 실수로 나타내고 시간적 변화를 보는 데 적합하다.

　　예 상품별 매출액 추이 등

③ 선의 움직임보다는 선과 선 사이의 크기로써 데이터 변화를 나타내는 그래프이다.

〈우리나라 세계유산 현황〉

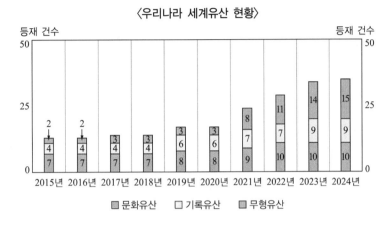

(6) 레이더 차트(거미줄 그래프)

① 다양한 요소를 비교할 때, 경과를 나타내는 데 적합하다. 예 매출액의 계절변동 등

② 비교하는 수량을 직경, 또는 반경으로 나누어 원의 중심에서의 거리에 따라 각 수량의 관계를 나타내는 그래프이다.

〈외환위기 전후 한국의 경제상황〉

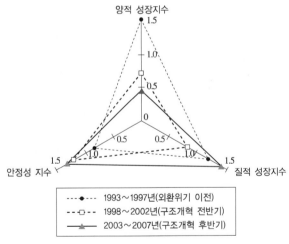

01 | 자료계산

| 유형분석 |

- 자료상에 주어진 공식을 활용하는 계산문제와 증감률, 비율, 합, 차 등을 활용한 문제가 출제된다.
- 많은 문제가 출제되지는 않지만, 숫자가 큰 경우가 많으므로 정확한 수치와 제시된 조건을 꼼꼼히 확인하여 실수를 하지 않는 것이 중요하다.

부동산 취득세 세율이 다음과 같을 때, 실 매입비가 6억 7천만 원인 $92m^2$ 아파트의 거래금액은?(단, 만 원 단위 미만은 절사한다)

〈표준세율〉

(단위 : %)

구분		취득세	농어촌특별세	지방교육세
6억 원 이하 주택	$85m^2$ 이하	1	비과세	0.1
	$85m^2$ 초과	1	0.2	0.1
6억 원 초과 9억 원 이하 주택	$85m^2$ 이하	2	비과세	0.2
	$85m^2$ 초과	2	0.2	0.2
9억 원 초과 주택	$85m^2$ 이하	3	비과세	0.3
	$85m^2$ 초과	3	0.2	0.3

※ (아파트 거래금액)×[1+(표준세율)]=(실 매입비)
※ (표준세율)=(취득세율)+(농어촌특별세율)+(지방교육세율)

① 65,429만 원
② 65,800만 원
③ 67,213만 원
④ 67,480만 원

정답 ①

$92m^2$의 6억 원 초과 9억 원 이하 주택의 표준세율은 0.02+0.002+0.002=0.024이다.

거래금액을 x원이라고 하자.

$x \times (1+0.024)=670,000,000$

→ $1.024x=670,000,000$

∴ $x=654,296,875$

따라서 만 원 단위 미만은 절사한다고 하였으므로 제시된 아파트의 거래금액은 65,429만 원이다.

30초 컷 풀이 Tip

1. 정확한 값을 계산하려고 하기보다 어림값을 활용하여 계산한다.

   예 $\dfrac{300}{980} ≒ \dfrac{300}{1,000}=0.3$

2. 자료계산에서 단위를 놓쳐 잘못 계산하기 쉬우므로 단위를 잘 확인하고 계산에 필요한 단위로 환산하는 것이 중요하다.

단위	환산
길이	1cm=10mm, 1m=100cm, 1km=1,000m
넓이	$1cm^2=100mm^2$, $1m^2=10,000cm^2$, $1km^2=1,000,000m^2$
부피	$1cm^3=1,000mm^3$, $1m^3=1,000,000cm^3$, $1km^3=1,000,000,000m^3$
들이	$1mL=1cm^3$, $1dL=100cm^3=100mL$, $1L=1,000cm^3=10dL$
무게	1kg=1,000g, 1t=1,000kg=1,000,000g
시간	1분=60초, 1시간=60분=3,600초

01 다음은 P전자 A매장의 월별 방문 손님 수에 대한 자료이다. 남자 손님 수가 가장 많은 달은 몇 월인가?

⟨월별 A매장 방문 손님 수⟩

(단위 : 명)

구분	1월	2월	3월	4월	5월
전체 손님 수	56	59	57	56	53
여자 손님 수	23	29	34	22	32

① 1월   ② 2월

③ 3월   ④ 4월

02 다음은 연도별 P시 A ~ C동의 버스정류장 개수에 대한 자료이다. 빈칸에 들어갈 수로 옳은 것은? (단, 버스정류장 개수는 매년 일정한 규칙으로 변화한다)

⟨연도별 버스정류장 개수 변화⟩

(단위 : 개)

구분	A동	B동	C동
2018년	64	51	43
2019년	66	50	42
2020년	63	49	( )
2021년	69	53	36
2022년	61	58	39
2023년	70	57	31
2024년	62	52	44

① 24   ② 37

③ 46   ④ 69

※ 다음은 P카페의 커피 종류별 하루 평균 판매량 비율과 한 잔당 가격에 대한 자료이다. 이어지는 질문에 답하시오. **[3~4]**

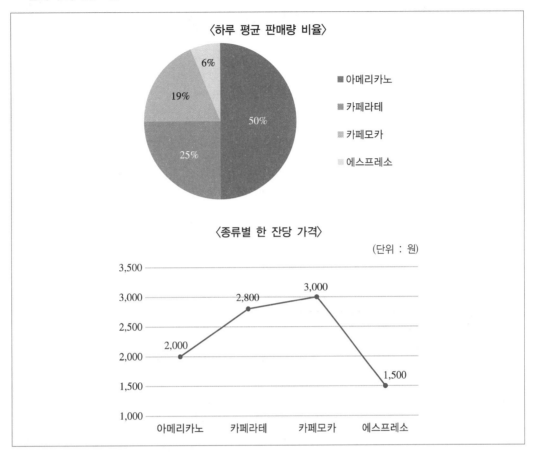

〈하루 평균 판매량 비율〉

■ 아메리카노
■ 카페라테
■ 카페모카
■ 에스프레소

〈종류별 한 잔당 가격〉
(단위 : 원)

Easy

03 P카페가 하루 평균 200잔의 커피를 판매한다고 할 때, 카페라테는 에스프레소보다 하루에 몇 잔이 더 팔리는가?

① 38잔
② 40잔
③ 41잔
④ 42잔

04 P카페에서 오늘 총 180잔을 팔았다고 할 때, 아메리카노의 오늘 매출은?(단, 매출량은 하루 평균 판매량 비율을 따른다)

① 150,000원
② 165,000원
③ 180,000원
④ 200,000원

02 | 도표 / 수리자료 이해 및 분석

| 유형분석 |

- 자료를 보고 해석하거나 추론한 내용을 고르는 문제가 출제된다.
- 증감 추이, 증감률, 증감폭 등의 간단한 계산이 포함되어 있다.
- %, %p 등의 차이점을 알고 적용할 수 있어야 한다.
  %(퍼센트) : 어떤 양이 전체(100)에 대해서 얼마를 차지하는가를 나타내는 단위
  %p(퍼센트 포인트) : %로 나타낸 수치가 이전 수치와 비교했을 때 증가하거나 감소한 양

다음은 지방자치단체 재정력 지수에 대한 자료이다. 이에 대한 설명으로 옳은 것은?

〈지방자치단체 재정력 지수〉

구분	2022년	2023년	2024년	평균
서울	1.106	1.088	1.010	1.068
부산	0.942	0.922	0.878	0.914
대구	0.896	0.860	0.810	0.855
인천	1.105	0.984	1.011	1.033
광주	0.772	0.737	0.681	0.730
대전	0.874	0.873	0.867	0.871
울산	0.843	0.837	0.832	0.837
경기	1.004	1.065	1.032	1.034
강원	0.417	0.407	0.458	0.427
충북	0.462	0.446	0.492	0.467
충남	0.581	0.693	0.675	0.650
전북	0.379	0.391	0.404	0.393
전남	0.319	0.330	0.320	0.323

※ 매년 지방자치단체의 기준 재정수입액이 기준 재정수요액에 미치지 않는 경우, 중앙정부는 그 부족만큼의 지방교부세를 당해 연도에 지급함

※ (재정력 지수)＝(기준 재정수입액)÷(기준 재정수요액)

① 3년간 재정력 지수가 지속적으로 상승한 지방자치단체는 전북이 유일하다.

② 2024년의 서울 재정력 지수 대비 전북 재정력 지수의 비율은 30% 미만이다.

③ 3년간 지방교부세를 지원받은 적이 없는 지방자치단체는 서울, 인천, 경기 3곳이다.

④ 3년간 대전과 울산의 기준 재정수입액이 매년 서로 동일하다면 기준 재정수요액은 대전이 울산보다 항상 많다.

지방자치단체별로 재정력 지수의 상승, 하락 사항을 정리하면 다음과 같다.

구분	2022년 대비 2023년	2023년 대비 2024년
서울	하락	–
부산	하락	–
대구	하락	–
인천	하락	–
광주	하락	–
대전	하락	–
울산	하락	–
경기	상승	하락
강원	하락	–
충북	하락	–
충남	상승	하락
전북	상승	상승
전남	상승	하락

3년간 재정력 지수가 지속적으로 상승한 지방자치단체는 전북이 유일하다고 하였으므로 우선 전북부터 재정력 지수가 지속적으로 상승하였는지 확인한다. 전북은 3년간 재정력 지수가 지속적으로 상승하였으므로 나머지 지방자치단체 중 3년간 재정력 지수가 상승하는 지방자치단체가 있는지 파악하여 전북이 유일한지를 확인한다. 3년간이므로 2022년 대비 2023년에 상승한 지방만 2023년 대비 2024년에 상승했는지 확인한다.

따라서 전북이 유일하므로 ①은 옳은 설명이다.

오답분석

② 2024년의 서울 재정력 지수 대비 전북 재정력 지수의 비율은 $\frac{0.404}{1.010} \times 100 = 40\%$로 30% 이상이다.

③ 기준 재정수입액이 수요액보다 작으면 정부의 지원을 받는데 기준 재정수입액이 수요액보다 작으면 재정력 지수는 1 미만이다. 인천의 경우 2023년에 재정력 지수가 1 미만이므로 정부의 지원을 받은 적이 있다.

④ 기준 재정수입액이 동일하면 재정력 지수가 클수록 기준 재정수요액이 적다. 따라서 대전은 울산보다 기준 재정수요액이 항상 적다.

30초 컷 풀이 Tip

1. 간단한 선택지부터 해결하기
   계산이 필요 없거나 생각하지 않아도 되는 선택지를 먼저 해결한다.
   예 ③은 제시된 수치의 증감 추이를 판단하는 문제이므로 가장 먼저 풀이 가능하다.
2. 옳은 것 / 옳지 않은 것 헷갈리지 않게 표시하기
   자료해석은 옳은 것 또는 옳지 않은 것을 찾는 문제가 출제된다. 문제마다 매번 바뀌므로 이를 확인하는 것은 매우 중요하다. 따라서 선택지에 표시할 때에도 선택지가 옳지 않은 내용이라서 '×' 표시를 했는지, 옳은 내용이지만 문제가 옳지 않은 것을 찾는 문제라 '×' 표시를 했는지 헷갈리지 않도록 표시 방법을 정해야 한다.
3. 제시된 자료를 통해 계산할 수 있는 값인지 확인하기
   제시된 자료만으로 계산할 수 없는 값을 묻는 선택지인지 먼저 판단해야 한다. 문제를 읽고 바로 계산부터 하면 함정에 빠지기 쉽다.

01　다음은 업종별 해외 현지 자회사 법인 현황에 대한 자료이다. 이에 대한 설명으로 옳지 않은 것은?

〈업종별 해외 현지 자회사 법인 현황〉

(단위 : 개, %)

구분	사례 수	진출 형태별					
		단독법인	사무소	합작법인	지분투자	유한회사	무응답
전체	387	47.6	20.4	7.8	1.0	0.8	22.4
주조	4	36.0	36.0	–	–	–	28.0
금형	92	35.4	44.4	14.9	1.7	–	3.5
소성가공	30	38.1	–	15.2	–	–	46.7
용접	128	39.5	13.1	–	1.7	–	45.7
표면처리	133	66.4	14.8	9.0	–	2.4	7.3
열처리	–	–	–	–	–	–	–

① 단독법인 형태의 소성가공 업체의 수는 10개 이상이다.

② 모든 업종에서 단독법인 형태로 진출한 현지 자회사 법인의 비율이 가장 높다.

③ 표면처리 업체의 해외 현지 자회사 법인 중 유한회사의 형태인 업체는 2곳 이상이다.

④ 전체 업체 중 용접 업체의 해외 현지 자회사 법인의 비율은 30% 이상이다.

02

다음은 최근 5개년 동안 아동의 비만율을 나타낸 자료이다. 이에 대한 〈보기〉의 설명 중 옳은 것을 모두 고르면?

〈아동 비만율〉

(단위 : %)

구분	2020년	2021년	2022년	2023년	2024년
유아 (만 6세 미만)	11	10.8	10.2	7.40	5.8
어린이 (만 6세 이상 만 13세 미만)	9.8	11.9	14.5	18.2	19.7
청소년 (만 13세 이상 만 19세 미만)	18	19.2	21.5	24.7	26.1

보기

ㄱ. 모든 아동의 비만율은 전년 대비 증가하고 있다.
ㄴ. 어린이 비만율은 유아 비만율보다 크고, 청소년 비만율보다 작다.
ㄷ. 2020년 대비 2024년 청소년 비만율의 증가율은 45%이다.
ㄹ. 2024년과 2022년의 비만율 차이가 가장 큰 아동은 어린이이다.

① ㄱ, ㄷ   ② ㄱ, ㄹ
③ ㄴ, ㄷ   ④ ㄷ, ㄹ

03 다음은 2024년 P기업 직능별 인력 현황에 대한 자료이다. 이에 대하여 올바르게 설명한 사람을 〈보기〉에서 모두 고르면?(단, 비율은 소수점 둘째 자리에서 반올림한다)

〈P기업 직능별 인력 현황〉

(단위 : 명, %)

구분	전체		기업체		연구기관	
	인원	비율	인원	비율	인원	비율
연구기술직	4,117	59.6	3,242	54.1	875	95.6
사무직	1,658	24	1,622	27.1	36	3.9
생산직	710	10.3	710	11.9	0	0
기타	419	6.1	414	6.9	5	0.5
합계	6,904	100	5,988	100	916	100

보기

김사원 : 기업체의 연구기술직 인원은 기업체 사무직 인원의 2배 이상이다.
이주임 : 전체 연구기술직 인력 중 기업체 연구기술직 인력이 차지하는 비율은 70% 이상이다.
박주임 : 연구기관의 사무직 인력이 전체 사무직 인력 중 차지하는 비율은 3.9%이다.
김대리 : 전체 인력 중 기타로 분류된 인원은 사무직 인원의 25% 이상이다.

① 김사원, 이주임
② 김사원, 박주임
③ 이주임, 박주임
④ 이주임, 김대리

04 다음은 한국직업방송 만족도 평가에 대한 연구보고서이다. 이에 대한 설명으로 옳지 않은 것은?

<한국직업방송 만족도 평가>

한국직업방송 시청경험자를 대상으로 실시한 만족도 평가에서 다음과 같은 결과가 나왔다. 교육적이며 공익적인 가치를 선도해 나가는 프로그램을 제공했는가를 중점으로 평가한 유익성 항목에서 E방송의 만족도가 가장 높았고, 내용면에서는 실생활 정보 및 세상을 이해하는데 도움을 주는 프로그램으로 W TV와 E방송이 뽑혔다. MC의 진행 능력은 Y뉴스 TV, O TV가 상위권이었으며, 마지막으로 프로그램이 적합한 시간대에 편성되고, 프로그램을 다양한 채널에서 시청 가능한 여부를 묻는 편의성은 E방송과 O TV의 만족도가 높았다.

<직업방송 관련 채널 만족도>

(단위 : 점)

구분	W TV	Y뉴스 TV	O TV	J방송	E방송
유익성	3.4	3.5	3.5	3.8	3.8
내용	4.2	3.4	3.0	3.0	4.1
진행	3.5	4.5	4.3	3.1	3.8
편의성	3.1	3.4	4.0	3.2	4.0

※ 5점 척도(1점=전혀 그렇지 않다, 5점=매우 그렇다)

<평가 항목별 가중치>

구분	유익성	내용	진행	편의성
가중치	0.3	0.2	0.1	0.4

※ 각 채널 만족도 점수는 가중치를 적용하여 합한 값임

① W TV의 내용 만족도는 4.2로 가장 높지만, 가중치를 적용한 전체 만족도는 E방송이 3.94로 가장 높다.
② 만족도 점수는 J방송이 Y뉴스 TV보다 0.21점 낮다.
③ 만족도 평가 항목의 중요도는 '편의성 – 유익성 – 내용 – 진행' 순서로 중요하다.
④ 평가 항목 중 모든 채널의 전체 만족도가 4점 이상인 것은 1가지 이상이다.

03 | 수리적 자료 작성

| 유형분석 |

- 제시된 표나 그래프의 수치를 그래프로 바르게 변환한 것을 묻는 유형이다.
- 복잡한 표가 제시되지 않으므로 수의 크기만을 판단하여 풀이할 수 있다.
- 정확한 수치가 제시되지 않을 수 있으므로 그래프의 높낮이나 넓이를 판단하여 풀이해야 한다.
- 제시된 표나 그래프의 수치를 계산하여 변환하는 유형도 출제될 수 있다.

다음은 연도별 치킨전문점의 개·폐업점 수에 대한 자료이다. 이를 바르게 나타낸 그래프는?

〈연도별 치킨전문점 개·폐업점 수〉

(단위 : 개)

구분	개업점 수	폐업점 수	구분	개업점 수	폐업점 수
2013년	3,449	1,965	2019년	3,252	2,873
2014년	3,155	2,121	2020년	3,457	2,745
2015년	4,173	1,988	2021년	3,620	2,159
2016년	4,219	2,465	2022년	3,244	3,021
2017년	3,689	2,658	2023년	3,515	2,863
2018년	3,887	2,785	2024년	3,502	2,758

①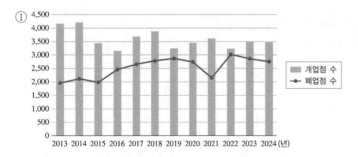

②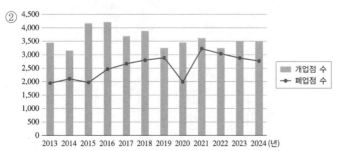

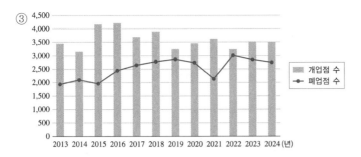

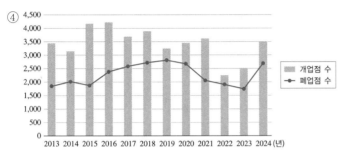

정답 ③

제시된 자료의 개업점 수와 폐업점 수의 증감 추이를 나타내면 다음과 같다.

구분	2013년	2014년	2015년	2016년	2017년	2018년	2019년	2020년	2021년	2022년	2023년	2024년
개업점 수	–	감소	증가	증가	감소	증가	감소	증가	증가	감소	증가	감소
폐업점 수	–	증가	감소	증가	증가	증가	증가	감소	감소	증가	감소	감소

이와 일치하는 추이를 보이고 있는 ③의 그래프가 적절하다.

오답분석

① 2013 ~ 2014년 개업점 수가 자료보다 높고, 2015 ~ 2016년 개업점 수는 낮다.

② 2020년 폐업점 수는 자료보다 낮고, 2021년의 폐업점 수는 높다.

④ 2022 ~ 2023년 개업점 수와 폐업점 수가 자료보다 낮다.

30초 컷 풀이 Tip

1. 수치를 일일이 확인하는 것보다 해당 풀이처럼 증감 추이를 먼저 판단해서 선택지를 1차적으로 거르고 나머지 선택지 중 그래프 모양이 크게 차이 나는 곳의 수치를 확인하면 빠르게 풀이할 수 있다.
2. 막대 그래프가 자료로 제시되는 경우 막대의 가운데 부분을 연결하면 꺾은선 그래프가 된다.

01 다음은 라임사태 판매 현황에 대한 자료이다. 이를 토대로 작성한 판매사별 판매액 그래프로 옳은 것은?(단, 모든 그래프의 단위는 '억 원'이다)

> 최근 논란이 된 라임사태 관련 라임자산운용 상품은 총 4조 3천억 원 규모가 판매되었다고 알려졌다. 해당 상품 판매사 20여 곳 중 판매 비중이 큰 순서대로 판매사 4곳을 나열하면 D사 – W사 – S사 – K사 순으로, 이 중 상위 3개사의 판매액 합계는 전체의 40%를 차지하는 것으로 나타났다. 더구나 최근 판매사 평가에서 해당 3개사의 펀드 판매 실태가 불량한 것으로 알려져 각별한 주의가 필요할 것으로 판단된다.

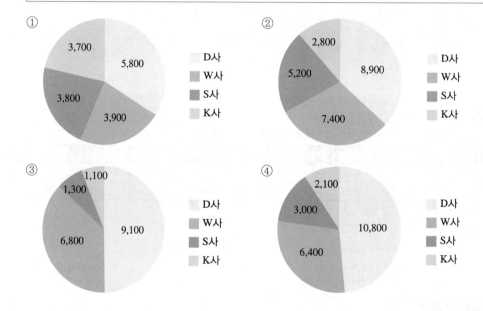

02 다음은 2015 ~ 2024년 중국의 의료 빅데이터 예상 시장 규모에 대한 자료이다. 이를 바탕으로 전년 대비 성장률에 대한 그래프를 바르게 나타낸 것은?(단, 소수점 둘째 자리에서 반올림한다)

〈중국 의료 빅데이터 예상 시장 규모〉

(단위 : 억 위안)

구분	2015년	2016년	2017년	2018년	2019년	2020년	2021년	2022년	2023년	2024년
규모	9.6	15.0	28.5	45.8	88.5	145.9	211.6	285.6	371.4	482.8

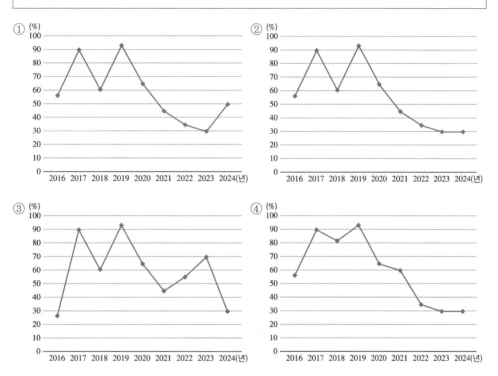

다음은 1 ~ 500회차까지 복권 당첨번호 통계자료이다. 이를 나타낸 그래프로 옳지 않은 것은?(단, 비율은 소수점 둘째 자리에서 반올림한다)

〈복권 당첨번호 당첨 횟수〉

번호	1	2	3	4	5	6	7	8	9
색상	노랑	노랑	노랑	노랑	노랑	노랑	노랑	노랑	노랑
횟수	68	73	28	68	44	49	84	74	47

번호	10	11	12	13	14	15	16	17	18	19
색상	파랑	파랑	파랑	파랑	파랑	파랑	파랑	파랑	파랑	파랑
횟수	44	38	68	74	83	73	78	44	53	51

번호	20	21	22	23	24	25	26	27	28	29
색상	빨강	빨강	빨강	빨강	빨강	빨강	빨강	빨강	빨강	빨강
횟수	39	78	80	102	78	70	99	73	35	74

번호	30	31	32	33	34	35	36	37	38	39
색상	회색	회색	회색	회색	회색	회색	회색	회색	회색	회색
횟수	59	66	74	48	52	93	89	111	98	90

번호	40	41	42	43	44	45
색상	초록	초록	초록	초록	초록	초록
횟수	95	48	44	51	63	50

※ 1번대(1 ~ 9), 10번대(10 ~ 19), 20번대(20 ~ 29), 30번대(30 ~ 39), 40번대(40 ~ 45)
※ 복권 당첨번호는 회차마다 6개임

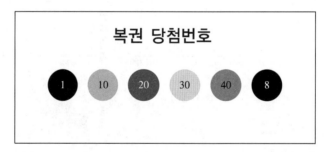

복권 당첨번호

① 번호 구간별 당첨 횟수

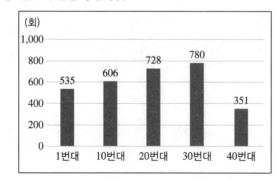

② 전체 당첨횟수 대비 구간별 당첨 횟수 비율

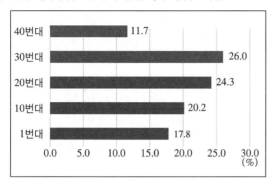

③ 색상별 당첨 횟수

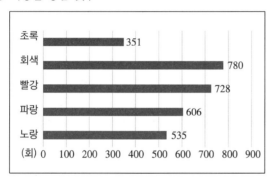

④ 전체 당첨횟수 대비 색상별 당첨 횟수 비율

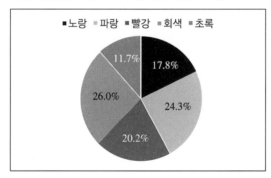

문제해결

합격 Cheat Key

문제해결 영역은 대다수의 기업 채용과정에서 평가하고 있으나 많은 수험생들은 중요도를 크게 인지하지 못하여 문제해결은 집중하지 않는 실수를 하고 있다. 다른 영역보다 더 많은 노력이 필요할 수는 있지만 그렇기에 차별화를 가진 득점 영역이므로 포기하지 말고 꾸준하게 노력해야 한다.

문제해결과 자원관리 유형에서는 업무를 수행하면서 여러 가지 문제 상황이 발생하였을 때, 창의적이고 논리적인 사고를 통하여 이를 올바르게 인식하고 적절히 해결하는 능력을 평가한다.

┤ 학습 포인트 ├

• 질문의 의도를 정확하게 파악해야 한다. 문제해결은 문제에서 무엇을 묻고 있는지 정확하게 파악하여 풀이 방향을 설정하는 것이 가장 효율적인 방법이다. 특히 조건이 주어지고 답을 찾는 창의적, 분석적인 문제가 주로 출제되고 있기 때문에 처음에 정확한 풀이 방향 설정이 되지 않는다면 시간만 허비하고 결국 문제도 풀지 못하게 되므로 첫 번째로 문제의도 파악에 집중해야 한다.

• 중요한 정보는 확인하기 쉽도록 표시해 둔다. 위에 말한 정확한 문제의도 파악을 하기 위해서는 문제에서 중요한 정보는 반드시 표시나 메모를 하여 하나의 조건, 단서도 잊고 넘어가는 일이 없도록 해야 한다. 실제 시험에서는 시간의 압박과 긴장감으로 정보를 잘못 적용하거나 잊고 지나쳐 틀리는 실수가 많이 발생하므로 사전에 충분한 연습이 필요하다.

• 반복 풀이를 통해 취약 유형을 철저하게 학습한다.

03 | 이론점검

01 문제해결능력

1. 문제의 의의

(1) 문제와 문제점

문제	업무를 수행함에 있어서 답을 요구하는 질문이나 의논하여 해결해야 하는 사항
문제점	문제의 원인이 되는 사항으로 문제해결을 위해서 조치가 필요한 대상

난폭운전으로 전복사고가 일어난 경우는 '사고의 발생'이 문제이며, '난폭운전'은 문제점이다.

(2) 문제의 유형

① 기능에 따른 분류 : 제조 문제, 판매 문제, 자금 문제, 인사 문제, 경리 문제, 기술상 문제
② 시간에 따른 분류 : 과거 문제, 현재 문제, 미래 문제
③ 해결방법에 따른 분류 : 논리적 문제, 창의적 문제

(3) 발생형 문제, 탐색형 문제, 설정형 문제

구분	내용
발생형 문제 (보이는 문제)	• 우리 눈앞에 발생되어 걱정하고 해결하기 위해 고민하는 문제를 말하며 원인지향적인 문제라고도 함 • 일탈 문제 : 어떤 기준을 일탈함으로써 생기는 문제 • 미달 문제 : 기준에 미달하여 생기는 문제
탐색형 문제 (찾는 문제)	• 현재의 상황을 개선하거나 효율을 높이기 위한 문제를 말하며 문제를 방치하면 뒤에 큰 손실이 따르거나 해결할 수 없게 되는 것 • 잠재 문제 : 문제가 잠재되어 인식하지 못하다가 결국 문제가 확대되어 해결이 어려운 문제 • 예측 문제 : 현재는 문제가 아니지만 계속해서 현재 상태로 진행할 경우를 가정하고 앞으로 일어날 수 있는 문제 • 발견 문제 : 현재는 문제가 없으나 좋은 제도나 기법, 기술을 발견하여 개선, 향상할 수 있는 문제
설정형 문제 (미래의 문제)	• 장래의 경영전략을 통해 앞으로 어떻게 할 것인가 하는 문제 • 새로운 목표를 설정함에 따라 일어나는 문제로서 목표지향적 문제라고도 함 • 지금까지 경험한 바가 없는 문제로 많은 창조적인 노력이 요구되므로 창조적 문제라고도 함

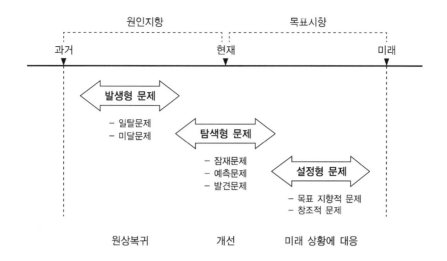

2. 문제해결의 의의

(1) 문제해결이란?

목표와 현상을 분석하고, 분석 결과를 토대로 주요 과제를 도출한 뒤, 바람직한 상태나 기대되는 결과가 나타나도록 최적의 해결책을 찾아 실행, 평가해 가는 활동을 말한다.

(2) 문제해결에 필요한 기본요소

① 체계적인 교육훈련
② 창조적 스킬의 습득
③ 전문영역에 대한 지식 습득
④ 문제에 대한 체계적인 접근

3. 문제해결에 필요한 기본적 사고

(1) 전략적 사고

현재 당면하고 있는 문제와 해결 방법에만 집착하지 말고, 그 문제와 해결 방안이 상위 시스템 또는 다른 문제와 어떻게 연결되어 있는지를 생각하는 것이 필요하다.

(2) 분석적 사고

전체를 각각의 요소로 나누어 그 요소의 의미를 도출한 다음 우선순위를 부여하고 구체적인 문제해결 방법을 실행하는 것이 요구된다.

문제의 종류	요구되는 사고
성과 지향의 문제	기대하는 결과를 명시하고 효과적으로 달성하는 방법을 사전에 구상하고 실행에 옮길 것
가설 지향의 문제	현상 및 원인분석 전에 지식과 경험을 바탕으로 일의 과정이나 결과, 결론을 가정한 다음 검증 후 사실일 경우 다음 단계의 일을 수행할 것
사실 지향의 문제	일상 업무에서 일어나는 상식, 편견을 타파하여 객관적 사실로부터 사고와 행동을 출발할 것

(3) 발상의 전환

사물과 세상을 바라보는 인식의 틀을 전환하여 새로운 관점에서 바로 보는 사고를 지향하는 것이 필요하다.

(4) 내·외부자원의 효과적 활용

기술, 재료, 방법, 사람 등 필요한 자원 확보 계획을 수립하고 내·외부자원을 효과적으로 활용하도록 해야 한다.

4. 문제해결의 장애요소

- 문제를 철저하게 분석하지 않는 것
- 고정관념에 얽매이는 것
- 쉽게 떠오르는 단순한 정보에 의지하는 것
- 너무 많은 자료를 수집하려고 노력하는 것

5. 제3자를 통한 문제해결

종류	내용
소프트 어프로치	• 대부분의 기업에서 볼 수 있는 전형적인 스타일 • 조직 구성원들이 같은 문화적 토양을 가짐 • 직접적인 표현보다는 암시를 통한 의사전달 • 제3자 : 결론을 미리 그려가면서 권위나 공감에 의지함 • 결론이 애매하게 산출되는 경우가 적지 않음
하드 어프로치	• 조직 구성원들이 상이한 문화적 토양을 가짐 • 직설적인 주장을 통한 논쟁과 협상 • 논리, 즉 사실과 원칙에 근거한 토론 • 제3자 : 지도와 설득을 통해 전원이 합의하는 일치점 추구 • 이론적으로는 가장 합리적인 방법 • 창조적인 아이디어나 높은 만족감을 이끌어내기 어려움
퍼실리테이션	• 그룹이 나아갈 방향을 알려주고, 공감을 이룰 수 있도록 도와주는 것 • 제3자 : 깊이 있는 커뮤니케이션을 통해 창조적인 문제해결 도모 • 창조적인 해결방안 도출, 구성원의 동기와 팀워크 강화 • 퍼실리테이터의 줄거리대로 결론이 도출되어서는 안 됨

1. 창의적 사고의 의의

(1) 창의적 사고란?

당면한 문제를 해결하기 위해 이미 알고 있는 경험과 지식을 해체하여 다시 새로운 정보로 결합함으로써 새로운 아이디어를 다시 도출하는 것이다.

(2) 창의적 사고의 특징

- 발산적(확산적) 사고
- 새롭고 유용한 아이디어를 생산해 내는 정신적인 과정
- 기발하거나, 신기하며 독창적인 것
- 유용하고 적절하며, 가치가 있는 것
- 기존의 정보들을 새롭게 조합시킨 것

2. 창의적 사고의 개발 방법

(1) 자유 연상법 – 생각나는 대로 자유롭게 발상 – 브레인스토밍

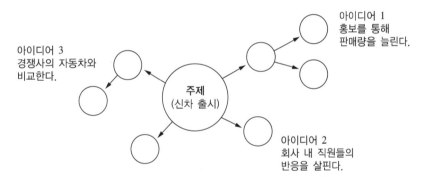

(2) 강제 연상법 – 각종 힌트와 강제적으로 연결지어서 발상 – 체크리스트

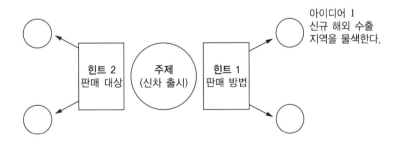

(3) 비교 발상법 – 주제의 본질과 닮은 것을 힌트로 발상 – NM법, Synectics

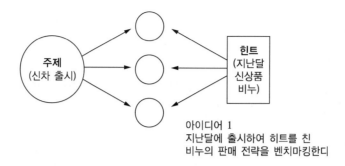

아이디어 1
지난달에 출시하여 히트를 친
비누의 판매 전략을 벤치마킹한디

(4) 브레인스토밍 진행 방법

- 주제를 구체적이고 명확하게 정한다.
- 구성원의 얼굴을 볼 수 있는 좌석 배치와 큰 용지를 준비한다.
- 구성원들의 다양한 의견을 도출할 수 있는 사람을 리더로 선출한다.
- 구성원은 다양한 분야의 사람들로 5 ~ 8명 정도로 구성한다.
- 발언은 누구나 자유롭게 할 수 있도록 하며, 모든 발언 내용을 기록한다.
- 아이디어에 대한 평가는 비판해서는 안 된다.

3. 논리적 사고

(1) 논리적 사고란?

사고의 전개에 있어서 전후의 관계가 일치하고 있는가를 살피고, 아이디어를 평가하는 능력을 말한다.

(2) 논리적 사고의 5요소

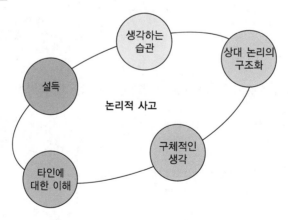

(3) 논리적 사고를 개발하기 위한 방법

① 피라미드 기법

보조 메시지들을 통해 주요 메인 메시지를 얻고, 다시 메인 메시지를 종합한 최종적인 정보를 도출해 내는 방법이다.

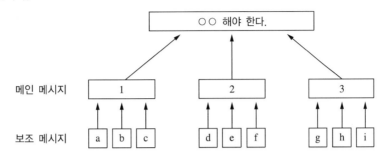

② So What 기법

"그래서 무엇이지?" 하고 자문자답하는 의미로 눈앞에 있는 정보로부터 의미를 찾아내어 가치 있는 정보를 이끌어내는 사고이다. "So What?"은 "어떻게 될 것인가?", "어떻게 해야 한다."라는 내용이 포함되어야 한다. 다음은 이에 대한 사례이다.

[상황]

ㄱ. 우리 회사의 자동차 판매 대수가 사상 처음으로 전년 대비 마이너스를 기록했다.

ㄴ. 우리나라의 자동차 업계 전체는 일제히 적자 결산을 발표했다.

ㄷ. 주식 시장은 몇 주간 조금씩 하락하는 상황에 있다.

[So What?을 사용한 논리적 사고의 예]

a. 자동차 판매의 부진

b. 자동차 산업의 미래

c. 자동차 산업과 주식시장의 상황

d. 자동차 관련 기업의 주식을 사서는 안 된다.

e. 지금이야말로 자동차 관련 기업의 주식을 사야 한다.

[해설]

a. 상황 ㄱ만 고려하고 있으므로 So What의 사고에 해당하지 않는다.

b. 상황 ㄷ을 고려하지 못하고 있으므로 So What의 사고에 해당하지 않는다.

c. 상황 ㄱ ~ ㄷ을 모두 고려하고는 있으나 자동차 산업과 주식시장이 어떻게 된다는 것을 알 수 없으므로 So What의 사고에 해당하지 않는다.

d · e. "주식을 사지 마라(사라)."는 메시지를 주고 있으므로 So What의 사고에 해당한다.

---

4. 비판적 사고

(1) 비판적 사고란?

어떤 주제나 주장 등에 대해서 적극적으로 분석하고 종합하며 평가하는 능동적인 사고를 말한다. 이는 문제의 핵심을 중요한 대상으로 하며, 지식과 정보를 바탕으로 합당한 근거에 기초를 두고 현상을 분석, 평가하는 사고이다. 비판적 사고를 개발하기 위해서는 지적 호기심, 객관성, 개방성, 융통성, 지적 회의성, 지적 정직성, 체계성, 지속성, 결단성, 다른 관점에 대한 존중과 같은 합리적인 태도가 요구된다.

(2) 비판적 사고에 필요한 태도

① 문제의식

문제의식을 가지고 있다면 주변에서 발생하는 사소한 것에서도 정보를 수집하고 새로운 아이디어를 끊임없이 생산해 낼 수 있다.

② 고정관념 타파

지각의 폭을 넓히는 일은 정보에 대한 개방성을 가지고 편견을 갖지 않는 것으로 이를 위해서는 고정 관념을 타파하는 것이 중요하다.

03　문제처리능력

1. 문제 인식

(1) 문제 인식 절차

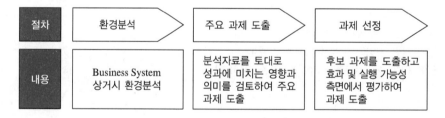

절차	환경분석	주요 과제 도출	과제 선정
내용	Business System 상거시 환경분석	분석자료를 토대로 성과에 미치는 영향과 의미를 검토하여 주요 과제 도출	후보 과제를 도출하고 효과 및 실행 가능성 측면에서 평가하여 과제 도출

(2) 환경 분석

① 3C 분석

사업환경을 구성하고 있는 요소인 자사, 경쟁사, 고객을 3C라고 한다.

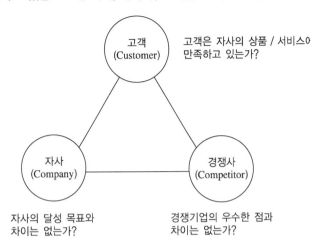

② SWOT 분석

㉠ 의의 : 기업내부의 강점, 약점과 외부환경의 기회, 위협요인을 분석 평가하고 이들을 서로 연관 지어 전략을 개발하고 문제해결 방안을 개발하는 방법이다.

		내부 환경요인	
		강점 (Strengths)	약점 (Weaknesses)
외부 환경 요인	기회 (Opportunities)	SO 내부 강점과 외부 기회 요인을 극대화	WO 외부 기회를 이용하여 내부 약점을 강점으로 전환
	위협 (Threats)	ST 외부 위협을 최소화하기 위해 내부 강점을 극대화	WT 내부 약점과 외부 위협을 최소화

㉡ SWOT 분석방법

외부환경 분석	• 좋은 쪽으로 작용하는 것은 기회, 나쁜 쪽으로 작용하는 것은 위협으로 분류 • 언론매체, 개인 정보망 등을 통하여 입수한 상식적인 세상의 변화 내용을 시작으로 당사자에게 미치는 영향을 순서대로, 점차 구체화 • 인과관계가 있는 경우 화살표로 연결 • 동일한 Data라도 자신에게 긍정적으로 전개되면 기회로, 부정적으로 전개되면 위협으로 구분 • 외부환경분석 시에는 SCEPTIC 체크리스트를 활용 ① Social(사회), ② Competition(경쟁), ③ Economic(경제), ④ Politic(정치), ⑤ Technology(기술), ⑥ Information(정보), ⑦ Client(고객)
내부환경 분석	• 경쟁자와 비교하여 나의 강점과 약점을 분석 • 강점과 약점의 내용 : 보유하거나 동원 가능하거나 활용 가능한 자원 • 내부환경분석에는 MMMITI 체크리스트를 활용 ① Man(사람), ② Material(물자), ③ Money(돈), ④ Information(정보), ⑤ Time(시간), ⑥ Image(이미지)

ⓒ SWOT 전략 수립 방법

내부의 강점과 약점을, 외부의 기회와 위협을 대응시켜 기업 목표 달성을 위한 SWOT 분석을 바탕으로 구축한 발전 전략의 특성은 다음과 같다.

SO전략	외부환경의 기회를 활용하기 위해 강점을 사용하는 전략 선택
ST전략	외부환경의 위협을 회피하기 위해 강점을 사용하는 전략 선택
WO전략	자신의 약점을 극복함으로써 외부환경의 기회를 활용하는 전략 선택
WT전략	약점을 보완해 미래의 위협에 대응하거나 비상시 대처하기 위한 전략 선택

(3) 주요 과제 도출

과제 도출을 위해서는 다양한 과제 후보안을 다음 그림과 같은 표를 이용해서 하는 것이 체계적이며 바람직하다. 주요 과제 도출을 위한 과제안 작성 시 과제안 간의 동일한 수준, 표현의 구체성, 기간 내 해결 가능성 등을 확인해야 한다.

(4) 과제 선정

과제안 중 효과 및 실행 가능성 측면을 평가하여 가장 우선순위가 높은 안을 선정하며, 우선순위 평가 시에는 과제의 목적, 목표, 자원현황 등을 종합적으로 고려하여 평가한다.

(5) 과제안 평가기준

과제해결의 중요성, 과제착수의 긴급성, 과제해결의 용이성을 고려하여 여러 개의 평가 기준을 동시에 설정하는 것이 바람직하다.

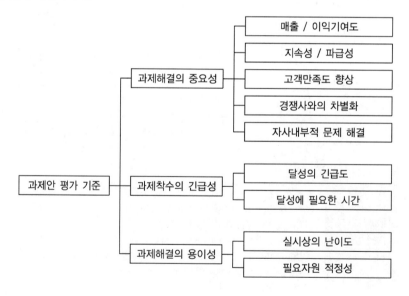

2. 문제 도출

(1) 세부 절차

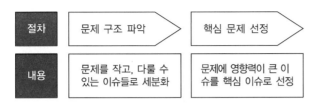

절차	문제 구조 파악	핵심 문제 선정
내용	문제를 작고, 다룰 수 있는 이슈들로 세분화	문제에 영향력이 큰 이슈를 핵심 이슈로 선정

(2) 문제 구조 파악

전체 문제를 개별화된 세부 문제로 쪼개는 과정으로 문제의 내용 및 부정적인 영향 등을 파악하여 문제의 구조를 도출해 내는 것이다. 이를 위해서는 문제가 발생한 배경이나 문제를 일으키는 원인을 분명히 해야 하며, 문제의 본질을 다양하고 넓은 시야로 보아야 한다.

(3) Logic Tree

주요 과제를 나무모양으로 분해, 정리하는 기술로, 제한된 시간 동안 문제의 원인을 깊이 파고든다든지, 해결책을 구체화할 때 유용하게 사용된다. 이를 위해서는 전체 과제를 명확히 해야 하며 분해해 가는 가지의 수준을 맞춰야 하고, 원인이 중복되거나 누락되지 않고 각각의 합이 전체를 포함해야 한다.

3. 원인 분석

(1) 세부 절차

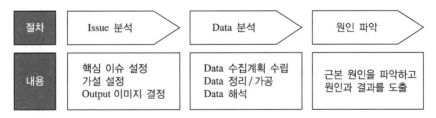

절차	Issue 분석	Data 분석	원인 파악
내용	핵심 이슈 설정 가설 설정 Output 이미지 결정	Data 수집계획 수립 Data 정리 / 가공 Data 해석	근본 원인을 파악하고 원인과 결과를 도출

(2) Issue 분석

① 핵심이슈 설정

업무에 가장 크게 영향을 미치는 문제로 선정하며, 사내외 고객 인터뷰 등을 활용한다.

② 가설 설정

이슈에 대해 자신의 직관, 경험 등에 의존하여 일시적인 결론을 예측하는 것이며, 설정된 가설은 관련자료 등을 통해 검증할 수 있어야 하고, 논리적이며 객관적이어야 한다.

③ Output 이미지 결정

가설검증계획에 따라 분석 결과를 미리 이미지화하는 것이다.

(3) Data 분석

① Data 수집계획 수립

데이터 수집 시에는 목적에 따라 수집 범위를 정하고, 전체 자료의 일부인 표본을 추출하는 전통적인 통계학적 접근과 전체 데이터를 활용한 빅데이터 분석을 구분해야 한다. 이때, 객관적인 사실을 수집해야 하며 자료의 출처를 명확히 밝힐 수 있어야 한다.

② Data 정리 / 가공

데이터 수집 후에는 목적에 따라 수집된 정보를 항목별로 분류 정리하여야 한다.

③ Data 해석

정리된 데이터는 '무엇을', '왜', '어떻게' 측면에서 의미를 해석해야 한다.

(4) 원인 파악

① 단순한 인과관계

원인과 결과를 분명하게 구분할 수 있는 경우로, 날씨가 더울 때 아이스크림 판매량이 증가하는 경우가 이에 해당한다.

② 닭과 계란의 인과관계

원인과 결과를 구분하기가 어려운 경우로, 브랜드의 향상이 매출 확대로 이어지고, 매출 확대가 다시 브랜드의 인지도 향상으로 이어져 원인과 결과를 쉽게 밝혀내기 어려운 상황이 이에 해당한다.

③ 복잡한 인과관계

단순한 인과관계와 닭과 계란의 인과관계의 유형이 복잡하게 서로 얽혀 있는 경우로, 대부분의 문제가 이에 해당한다.

4. 해결안 개발

(1) 세부 절차

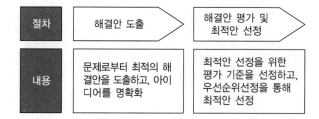

절차	해결안 도출	해결안 평가 및 최적안 선정
내용	문제로부터 최적의 해결안을 도출하고, 아이디어를 명확화	최적안 선정을 위한 평가 기준을 선정하고, 우선순위선정을 통해 최적안 선정

(2) 해결안 도출 과정

① 근본원인으로 열거된 내용을 어떠한 방법으로 제거할 것인지를 명확히 한다.

② 독창적이고 혁신적인 방안을 도출한다.

③ 유사한 방법이나 목적을 갖는 내용을 군집화한다.

④ 최종 해결안을 정리한다.

(3) 해결안 평가 및 최적안 선정

문제(What), 원인(Why), 방법(How)을 고려해서 해결안을 평가하고 가장 효과적인 해설안을 선성해야 하며, 중요도와 실현가능성 등을 고려해서 종합적인 평가를 내리고 채택 여부를 결정하는 과정이다.

5. 실행 및 평가

(1) 세부 절차

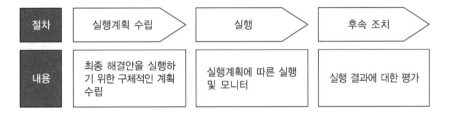

절차	실행계획 수립	실행	후속 조치
내용	최종 해결안을 실행하기 위한 구체적인 계획 수립	실행계획에 따른 실행 및 모니터	실행 결과에 대한 평가

(2) 실행계획 수립

세부 실행 내용의 난이도를 고려하여 가급적 구체적으로 세우는 것이 좋으며, 해결안별 실행계획서를 작성함으로써 실행의 목적과 과정별 진행 내용을 일목요연하게 파악하도록 하는 것이 필요하다.

(3) 실행 및 후속조치

① 파일럿 테스트를 통해 문제점을 발견하고, 해결안을 보완한 후 대상 범위를 넓혀서 전면적으로 실시해야 한다. 그리고 실행상의 문제점 및 장애요인을 신속히 해결하기 위해서 모니터링 체제를 구축하는 것이 바람직하다.

② 모니터링 시 고려 사항

- 바람직한 상태가 달성되었는가?
- 문제가 재발하지 않을 것을 확신할 수 있는가?
- 사전에 목표한 기간 및 비용은 계획대로 지켜졌는가?
- 혹시 또 다른 문제를 발생시키지 않았는가?
- 해결책이 주는 영향은 무엇인가?

01 | 대안탐색 및 선택

| 유형분석 |

- 문제해결에 필요한 사고력을 평가하기 위한 문제이다.
- 주어진 상황과 정보를 종합적으로 활용하여 풀어가는 문제이다.
- 비용, 시간, 순서, 해석 등 다양한 주제를 다루고 있어 문제 유형을 한 가지로 단일화하기가 어렵다.

※ P마트의 물류 담당인 K이사는 경기도에 있는 파주, 구리, 화성, 이천 4개 지점 중에서 최적의 물류거점을 선정하려고 한다. 이어지는 질문에 답하시오. **[1~2]**

〈지점 간의 거리〉

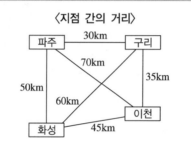

〈지점별 물동량〉

구분	물동량(톤)
파주	600
구리	800
화성	200
이천	400

※ 지점 이동 시 물량의 부하는 (거리)×(물동량)으로 계산함

01 지점 간의 거리를 최우선으로 고려할 때, 최적의 물류거점은 어디인가?

① 파주　　　　　　　　　　　② 구리

③ 화성　　　　　　　　　　　④ 이천

02 지점 간의 거리와 물동량을 모두 고려하여 최소 부하인 지점을 선정하려고 할 때, 최적의 물류거점은 어디인가?

① 파주　　　　　　　　　　　② 구리

③ 화성　　　　　　　　　　　④ 이천

01

정답　②

각 지점으로부터 나머지 지점과의 거리를 합하면 다음과 같다.

• 파주 : $30+70+50=150$km
• 구리 : $30+60+35=125$km
• 화성 : $50+60+45=155$km
• 이천 : $70+35+45=150$km

따라서 지점 간의 거리 합이 가장 작은 구리가 최적의 물류거점으로 선정된다.

02

정답　②

각 지점으로부터 나머지 지점과의 거리와 물동량에 따른 부하를 계산하면 다음과 같다.

• 파주 : $(30\times800)+(50\times200)+(70\times400)=62,000$
• 구리 : $(30\times600)+(60\times200)+(35\times400)=44,000$
• 화성 : $(50\times600)+(60\times800)+(45\times400)=96,000$
• 이천 : $(70\times600)+(35\times800)+(45\times200)=79,000$

따라서 최소 부하인 구리가 최적의 물류거점으로 선정된다.

30초 컷 풀이 Tip

먼저 문제에서 묻는 것을 파악한 후, 필요한 상황과 정보를 찾아 이를 활용하여 문제를 풀어간다.

※ 다음은 P사 인근의 지하철 노선도 및 관련 정보이다. 이어지는 질문에 답하시오. [1~3]

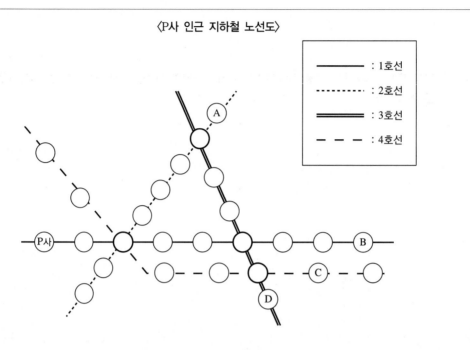

〈P사 인근 지하철 노선도〉

〈P사 인근 지하철 관련 정보〉

• 역간 거리 및 부과요금은 다음과 같다.

구분	역간 거리	기본요금	거리비례 추가요금
1호선	900m	1,200원	5km 초과 시 500m마다 50원 추가
2호선	950m	1,500원	5km 초과 시 1km마다 100원 추가
3호선	1,000m	1,800원	5km 초과 시 500m마다 100원 추가
4호선	1,300m	2,000원	5km 초과 시 1.5km마다 150원 추가

• 모든 노선에서 다음 역으로 이동하는 데 걸리는 시간은 2분이다.
• 모든 노선에서 환승하는 데 걸리는 시간은 3분이다.
• 기본요금이 더 비싼 열차로 환승할 때에는 부족한 기본요금을 추가로 부과하며, 기본요금이 더 저렴한 열차로 환승할 때에는 요금을 추가로 부과하거나 공제하지 않는다.
• 1회 이상 환승할 때의 거리비례 추가요금은 이용한 열차 중 기본요금이 가장 비싼 열차를 기준으로 적용한다.
  예 1호선으로 3,600m 이동 후 3호선으로 환승하여 3,000m 더 이동했다면, 기본요금 및 거리비례 추가요금은 3호선 기준이 적용되어 1,800+300=2,100원이다.

01 다음 중 P사와 A지점을 왕복하는 데 걸리는 최소 이동시간은?

① 28분   ② 34분
③ 40분   ④ 46분

`Easy`

02 다음 중 P사로부터 이동거리가 가장 짧은 지점은?

① A지점   ② B지점
③ C지점   ④ D지점

03 다음 중 P사에서 이동하는 데 드는 비용이 가장 적은 지점은?

① A지점   ② B지점
③ C지점   ④ D지점

CHAPTER 03 문제해결 • **67**

※ 다음 〈보기〉는 그래프 구성 명령어 실행 예시이다. 이어지는 물음에 답하시오. [4~5]

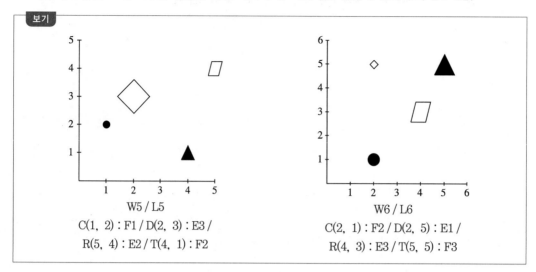

W5 / L5
C(1, 2) : F1 / D(2, 3) : E3 /
R(5, 4) : E2 / T(4, 1) : F2

W6 / L6
C(2, 1) : F2 / D(2, 5) : E1 /
R(4, 3) : E3 / T(5, 5) : F3

04 다음 그래프에 알맞은 명령어는 무엇인가?

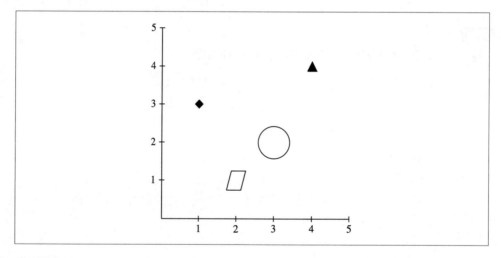

① W5 / L5
   C(3, 2) : E3 / D(1, 3) : F1 / R(2, 1) : E2 / T(4, 4) : F1
② W5 / L5
   C(3, 2) : E3 / D(1, 3) : E1 / R(1, 2) : E2 / T(4, 4) : F1
③ W5 / L5
   C(3, 2) : E3 / D(1, 3) : F1 / R(2, 1) : E2 / T(4, 4) : E1
④ W5 / L5
   C(3, 2) : E3 / D(1, 3) : E1 / R(1, 2) : E2 / T(4, 4) : E1

05 W6 / L4 C(3, 1) : F2 / D(3, 4) : F1 / R(5, 4) : E2 / T(2, 2) : E3의 그래프를 산출할 때, 오류가
발생하여 다음과 같은 그래프가 산출되었다. 오류가 발생한 값은?

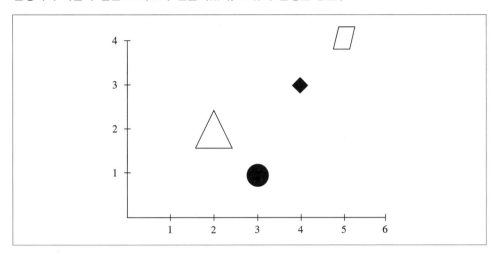

① W6 / L4
② C(3, 1) : F2
③ D(3, 4) : F1
④ R(5, 4) : E2

02 | 의사결정

| 유형분석 |

- 현재 주어진 상황에 따라 적절한 의사결정을 할 수 있는지를 평가하기 위한 문제이다.
- 상황에 대한 환경분석을 통해 문제를 해결하는 연습을 해야 한다.

농식품 공무원인 P씨는 5월을 맞이하여 공무원 및 유관기관 임직원들을 대상으로 하는 교육을 들으려고 한다. 교육과정과 P씨의 일정이 다음과 같을 때, P씨가 이수할 수 있는 교육의 개수는?(단, 결석 없이 모두 참석해야 이수로 인정받을 수 있다)

〈농식품 공무원 교육원 5월 교육과정 안내〉

구분	교육 일정	계획인원(명)	교육 내용
세계농업유산의 이해	5. 10 ~ 5. 12	35	국가농업유산의 정책방향, 농업유산의 제도 및 규정, 농업유산 등재 사례 등
벌과 꿀의 세계	5. 15 ~ 5. 17	35	양봉산업 현황과 방향, 꿀벌의 생태, 관리 방법, 양봉견학 및 현장실습 등
농촌관광상품 개발 및 활성화	5. 15 ~ 5. 19	35	농촌관광 정책방향 및 지역관광자원 연계방안 이해, 운영사례 및 현장체험 등
디지털 사진 촬영 및 편집	5. 15 ~ 5. 19	30	주제별 사진 촬영기법 실습, 스마트폰 촬영방법 실습 등
미디어 홍보역량 강화	5. 17 ~ 5. 19	20	보도자료 작성법, 어문 규정에 따른 보도자료 작성법, 우수 미흡 사례
농업의 6차 산업화	5. 22 ~ 5. 24	30	농업의 6차 산업화 개념 및 정책 방향, 마케팅 전략, 해외 성공 사례, 우수업체 현장 방문 등
첨단과수·시설 원예산업육성	5. 22 ~ 5. 24	30	과수·시설원예 정책방향, 기술 수준, 한국형 스마트팜, 통합 마케팅 사례 및 유통 현장 견학
엑셀 중급 (데이터분석)	5. 22 ~ 5. 26	30	엑셀2010의 데이터 관리기법, 피벗 활용 및 함수 활용 실습
외식산업과 농업 연계전략	5. 29 ~ 6. 1	30	식품·외식산업 정책방향, 외식산업과 농업 연계전략, 외식콘텐츠 개발 계획 등
종자·생명 산업	5. 29 ~ 6. 2	30	종자·생명 산업 정책방향, 농식품바이오 기술 융복합, 식물·동물 자원 유전체 기술 및 글로벌 트렌드 등
귀농·귀촌 길잡이	5. 29 ~ 6. 2	35	귀농·귀촌 현황과 전망, 주민과 갈등해소 및 소통 방법, 농지이용 가이드, 주택 구입방법, 창업아이템 분석 등
농지관리제도 실무	5. 29 ~ 6. 2	30	농지정책방향, 농지법, 농지은행제도, 농지민원사례, 농지정보시스템, 농지제도 발전 방향 등

〈P씨의 일정〉

- 5월 3 ~ 5일 : 농식품부 관련 세종시 출장
- 5월 9일 : 출장 관련 보고서작성 및 발표
- 5월 15일 : 학회 세미나 출석
- 5월 24 ~ 25일 : 취미활동인 기타 동아리 정기 공연 참가
- 6월 1 ~ 3일 : 여름 장마철 예방 대책 회의 참석

① 1개   ② 2개
③ 3개   ④ 4개

정답 ②

제시된 교육과정 안내문과 P씨의 5월 일정에 따라 P씨가 이수할 수 있는 교육은 5월 10 ~ 12일까지 이어지는 '세계농업유산의 이해'와 5월 17 ~ 19일까지 이어지는 '미디어 홍보역량 강화' 2개이다.

30초 컷 풀이 Tip

문제를 읽고 주어진 상황을 파악하여 옳지 않은 조건은 소거하며 적절한 답을 찾는다.

01 다음 주에 방문하는 고객사 임직원들의 숙소를 예약하려고 한다. 주어진 자료를 참고하여 예약할 호텔과 비용이 바르게 짝지어진 것은?

〈호텔별 숙박 요금표〉

(단위 : 원)

구분	스위트룸(1박)	디럭스룸(1박)	싱글룸(1박)	조식 요금	참고
A호텔	1,000,000	250,000	180,000	35,000	스위트룸, 디럭스룸 숙박료에 조식 포함
B호텔	950,000	300,000	150,000	45,000	전체 5실 이상 예약 시 숙박료 10% 할인
C호텔	1,000,000	300,000	120,000	40,000	스위트룸 2박 이상 연박 시 숙박료 10% 할인

〈예약 준비사항〉
- 예약 비용을 최소화하면서 모든 임직원이 동일한 호텔에 묵을 수 있도록 한다.
- 모든 임직원이 매일 아침 조식을 먹을 수 있도록 준비한다.
- 각 객실에는 1명이 묵으며, 스위트룸 1실, 디럭스룸 2실, 싱글룸 4실이 필요하다.
- 바이어들의 체류 일정은 2박 3일이다.

① A호텔 − 455만 원
② B호텔 − 450만 원
③ B호텔 − 452만 원
④ C호텔 − 450만 원

02 A ~ D부서는 내일 있을 부서별 회의에서 필요한 사항을 충족하도록 회의실을 예약하고자 한다. 회의실 현황과 부서별 회의 정보가 다음과 같을 때, 부서별로 예약할 회의실이 바르게 연결되지 않은 것은?

〈회의실 현황〉

회의실	최대수용인원(명)	화이트보드	빔 프로젝터	화상회의 시스템	이용가능시간
가	9	×	○	×	09:00 − 16:00
나	6	○	×	○	10:00 − 14:30
다	8	○	×	×	10:00 − 17:00
라	8	×	×	○	11:30 − 19:00
마	10	×	○	×	08:30 − 12:00

〈부서별 회의 정보〉

- 각 부서는 서로 다른 회의실을 예약한다.
- A부서는 총 8명이며, 전원 회의에 참석할 예정이다. 빔 프로젝터를 이용할 예정이며, 오전과 오후로 세션을 나누어 동일한 회의실을 각 2시간씩 사용하고자 한다.
- B부서는 총 7명이며, 전원이 회의에 참석하여 오후 4시부터 2시간 동안 싱가폴 지부와 화상회의를 진행할 예정이다.
- C부서는 총 10명이며, 3명은 출장으로 인해 불참할 예정이다. 회의는 오전 11시부터 2시간 동안 진행될 예정이며, 회의 시 화이트보드를 사용하고자 한다.
- D부서는 총 4명이며, 전원이 회의에 참석하여 빔 프로젝터를 이용하여 오전 중 3시간 반 동안 신상품 사전협의 회의를 진행하고자 한다.

	부서	회의실
①	A	가
②	B	라
③	C	나
④	D	마

03 P씨는 이사를 가려고 하는데 A ~ I 9개의 아파트 중에서 어떤 아파트를 선택할지 고민 중이다. 다음 의사결정 규칙을 따른다고 할 때, 규칙과 판단이 바르게 연결되지 않은 것은?

〈의사결정 규칙〉

- 사전찾기식 규칙 : 먼저 속성 간의 상대적 중요도를 정하고 가장 중요한 속성의 값을 비교하여 그 값이 큰 대안을 선택하는 것이다. 만약 두 대안이 한 속성에 대해 같은 값을 가진다면 그 다음으로 중요한 속성을 찾아 비교하여 값이 높은 대안을 선택한다.
- 지배 규칙 : 많은 대안 가운데 선택된 속성의 값이 상대적으로 미흡한 대안들을 우선 제거하여 대안의 수를 다룰 수 있는 수준으로 줄인다. 단, 각 속성의 값이 가장 큰 경우 제거하지 않는다.
- 속성분리 규칙 : 중요하다고 생각하는 속성의 값이 크면 다른 속성의 값에 상관없이 선택한다.
- 속성결합 규칙 : 각 속성마다 일정한 기준을 정해서 그 기준을 모두 충족시키는 대안을 선택한다.

〈아파트 현황〉

아파트	월세 (만 원)	직장까지 소요 시간(분)	주변 소음도	방의 개수 (개)	화장실 청결도
A	40	5	낮음	2	낮음
B	32	30	보통	1	보통
C	60	20	낮음	3	높음
D	45	15	보통	3	낮음
E	38	20	높음	1	보통
F	50	10	보통	3	높음
G	46	20	높음	2	낮음
H	48	35	보통	2	높음
I	46	40	낮음	2	높음

① 사전찾기식 규칙 : 가족회의 끝에 주변 소음도, 직장까지 소요 시간, 월세 순으로 고려하기로 하였고, 따라서 A아파트를 선택한다.

② 지배 규칙 : 주변 소음도와 방의 개수만을 고려하면 B, E, G, H아파트가 제거되어 대안의 수를 줄일 수 있다.

③ 속성분리 규칙 : 저렴한 월세만을 선택 기준으로 하는 경우 B아파트를 선택한다.

④ 속성결합 규칙 : 월세는 50만 원 이하, 직장까지 소요 시간은 30분 미만, 주변 소음도는 보통 이하, 방의 개수는 2개 이상, 화장실 청결도는 보통 이상을 선택 기준으로 하는 경우 G아파트를 선택한다.

04 다음은 P은행의 홈페이지에 올라온 설 연휴 금융거래 일시 중단 안내문이다. 이에 대하여 올바르게 이해한 사람은?

<설 연휴 금융거래 일시 중단 안내문>

구분	주요 내용	중단기간

은행업무	• (일시 중단) P은행 계좌를 이용하는 모든 금융 거래
	  – 자동화기기(CD / ATM)를 이용한 입금, 출금, 계좌이체 및 조회 불가
	  – 인터넷뱅킹, 스마트뱅킹, 텔레뱅킹 등 계좌이체 및 조회 불가
	  – 타 금융기관을 이용한 P은행 계좌 입금, 출금, 계좌이체 및 조회 불가
	  – 현금카드 이용 불가
		2024.2.9.(금)
		00시 ~
		2024.2.12(월)
		24시

카드업무	• (정상 운영) 신용카드 승인 가능 – 신용카드를 이용한 물품 구매, 대금 결제 등 승인[단, 온라인 결제 및 P은행 카드 모바일 간편 결제 등 신용카드 거래는 2024.2.10(토) 16시 ~ 2024.2.11(일) 02시까지 일시 제한]	

	• (일시 중단) 체크카드 이용 불가
	  – 체크카드를 이용한 승인 거래 이용 불가
	  [단, 면세유 구매전용 체크카드는 2024.2.9(금)부터 이용 불가]
		2024.2.10(토)
		00시 ~
		2024.2.12(월)
		24시

	• (일시 중단) 신용카드 승인 외 부수 업무는 제한 – 장 / 단기카드대출(카드론, 현금서비스), P은행 카드 포인트 사용 등 부수 업무 전반	2024.2.9(금) 00시 ~ 2024.2.12(월) 24시

① 진태 : 10일에 시장을 보러 가려고 했는데, 신용카드를 사용할 수 없다니 그냥 현금을 가지고 가야겠어.
② 정희 : 신용카드는 이용이 중단되지 않으니까, 11일에 그동안 P은행 신용카드로 쌓아놓았던 포인트를 사용해서 설 선물을 살 거야.
③ 연주 : K마트 홈페이지에서 10일 하루 동안 P은행 카드로 모바일 간편 결제를 이용해 물건을 구매하면 특별세일을 한다고 하니, 반드시 오후 4시 전에 주문해서 결제해야겠네.
④ 민철 : P은행의 업무만 안 되는 거니까 9일에 타 은행으로부터 이체된 것은 입금 확인이 가능할 거야.

03 | 자원관리

| 유형분석 |

- 시간자원, 물적자원, 인적자원과 관련된 다양한 정보를 활용하여 문제를 풀어가는 문제, 한정된 예산 내에서 수행할 수 있는 업무에 대해 묻는 문제 등이 출제된다.
- 시간자원관리 유형은 대체로 교통편 정보가 제공되며, 이를 근거로 '약속된 시간 내에 도착하기 위한 방안'을 고르는 문제가 출제된다.
- 물적자원관리 유형은 주로 공정도·제품·시설 등에 대한 가격·특징·시간 정보가 제시되며, 이를 종합적으로 고려하는 문제가 출제된다.
- 인적자원관리 유형은 주로 근무명단, 휴무일, 업무 할당 등의 주제로 다양한 정보를 활용하여 종합적으로 풀어나가는 문제가 출제된다.

다음은 P사 직원들의 이번 주 초과근무 계획표이다. 하루에 5명 이상 초과근무를 할 수 없고, 초과근무 시간은 각자 일주일에 10시간을 초과할 수 없다고 한다. 1명만 초과근무 일정을 수정할 수 있을 때, 규칙에 어긋난 요일과 그날에 속한 사람 중 초과근무 계획을 변경해야 할 직원은?(단, 주말은 1시간당 1.5시간으로 계산한다)

〈초과근무 계획표〉

구분	초과근무 일정	구분	초과근무 일정
김혜정	월요일 3시간, 금요일 3시간	김재건	수요일 1시간
이설희	토요일 6시간	신혜선	수요일 4시간, 목요일 3시간
임유진	토요일 3시간, 일요일 1시간	한예리	일요일 6시간
박주환	목요일 2시간	정지원	월요일 6시간, 목요일 4시간
이지호	화요일 4시간	최명진	화요일 5시간
김유미	금요일 6시간, 토요일 2시간	김우석	목요일 1시간
이승기	화요일 1시간	차지수	금요일 6시간
정해리	월요일 5시간	이상엽	목요일 6시간, 일요일 3시간

	요일	직원		요일	직원
①	월요일	김혜정	②	화요일	정지원
③	화요일	신혜선	④	목요일	이상엽

초과근무 계획표에 따라 다음과 같이 요일별로 초과근무 일정을 정리하면 목요일 초과근무자가 5명임을 알 수 있다.

월	화	수	목	금	토	일
김혜정 정해리 정지원	이지호 이승기 최명진	김재건 신혜선	박주환 신혜선 정지원 김우석 이상엽	김혜정 김유미 차지수	이설희 임유진 김유미	임유진 한예리 이상엽

또한 목요일 초과근무자 중 단 1명만 초과근무 일정을 바꿔야 한다면 목요일 6시간과 일요일 3시간 일정으로 6+3×1.5＝10.5시간을 근무하는 이상엽 직원의 일정을 바꿔야 한다. 따라서 목요일에 초과근무 예정인 이상엽 직원의 요일과 시간을 변경해야 한다.

30초 컷 풀이 Tip

1. 시간자원관리
   먼저 문제에서 묻는 것을 정확히 파악한다. 특히 제한사항에 대해서는 빠짐없이 확인해 두어야 한다. 이후 제시된 정보(교통편 등)에서 필요한 것을 선별하여 문제를 풀어간다.
2. 물적자원관리
   문제에서 묻고자 하는 바를 정확히 파악하는 것이 중요하다. 문제에서 제시한 물적자원의 정보를 문제의 의도에 맞게 선별하면서 풀어간다.
3. 인적자원관리
   문제에서 근무자 배정 혹은 인력배치 등의 주제가 출제될 경우에는 주어진 규정 혹은 규칙을 꼼꼼히 확인하여야 한다. 이를 근거로 각 선택지가 어긋나지 않는지 면밀히 검토하여 문제를 풀어간다.
4. 예산자원관리
   제한사항인 예산을 고려하여 문제에서 묻는 것을 정확히 파악한 후 제시된 정보에서 필요한 것을 선별하여 문제를 풀어간다.

01 P사는 동절기에 인력을 감축하여 운영한다. 다음 〈조건〉을 참고할 때, 동절기 업무시간 단축 대상자끼리 바르게 짝지어진 것은?

〈동절기 업무시간 단축 대상자 현황〉

구분	업무성과 평가	통근 거리	자녀 유무
최나래	C	3km	×
박희영	B	5km	O
이지규	B	52km	×
박슬기	A	55km	O
황보연	D	30km	O
김성배	B	75km	×
이상윤	C	60km	O
이준서	B	70km	O
김태란	A	68km	O
한지혜	C	50km	×

조건

• P사의 동절기 업무시간 단축 대상자는 총 2명이다.
• 업무성과 평가에서 상위 40% 이내에 드는 경우 동절기 업무시간 단축 대상 후보자가 된다.
  ※ 단, A>B>C>D 순서로 매기고, 동순위자 발생 시 동순위자를 모두 고려함
• 통근 거리가 50km 이상인 경우에만 동절기 업무시간 단축 대상자가 될 수 있다.
• 동순위자 발생 시 자녀가 있는 경우에는 동절기 업무시간 단축 대상 우선순위를 준다.
• 위의 조건에서 대상자가 정해지지 않은 경우, 통근 거리가 가장 먼 직원부터 대상자로 선정한다.

① 황보연, 이상윤
② 박슬기, 김태란
③ 이준서, 김태란
④ 이준서, 김성배

02 P사에서 근무하고 있는 김 대리는 경기본부로 전기 점검을 나가고자 한다. 다음 조건에 따라 점검일을 결정할 때, 김 대리가 경기본부 전기 점검을 진행할 수 있는 기간은?

〈10월 달력〉

일	월	화	수	목	금	토
				1	2	3
4	5	6	7	8	9	10
11	12	13	14	15	16	17
18	19	20	21	22	23	24
25	26	27	28	29	30	31

조건
- 김 대리는 10월 중에 경기본부로 전기 점검을 나간다.
- 전기 점검은 2일 동안 진행되며, 연이어 진행하여야 한다.
- 점검은 주중에만 진행된다.
- 김 대리는 10월 1 ~ 7일까지 연수에 참석하므로 해당 기간에는 점검을 진행할 수 없다.
- 김 대리는 10월 27일부터는 부서 이동을 하므로, 전기 점검을 포함한 모든 담당 업무를 후임자에게 인계하여야 한다.
- 김 대리는 목요일마다 경인건설본부로 출장을 가며, 출장일에는 전기 점검 업무를 수행할 수 없다.

① 10월 6 ~ 7일
② 10월 11 ~ 12일
③ 10월 14 ~ 15일
④ 10월 20 ~ 21일

03 I공항에서 A ~ D비행기가 이륙 준비를 하고 있다. 다음 〈조건〉을 만족할 때, 출발 시각이 가장 빠른 비행기는?

〈비행 정보〉

구분	A비행기	B비행기	C비행기	D비행기
도착지	도하	나리타	로스앤젤레스	밴쿠버
GMT	+3	+9	-8	-8
비행시간	9시간	2시간 10분	13시간	11시간 15분

조건
- 각 비행기의 도착지는 도하, 나리타, 로스앤젤레스, 밴쿠버 중 하나며 모두 직항이다.
- C비행기는 A비행기와 도착 시 현지 시간이 같다.
- B비행기는 C비행기보다 1시간 빨리 출발한다.
- D비행기는 C비행기보다 한국 시간으로 2시간 빨리 도착한다.
- 한국의 시차는 GMT+9이다.

① A비행기   ② B비행기
③ C비행기   ④ D비행기

04 P스포츠용품 쇼핑몰을 운영하는 K씨는 최근 ○○축구사랑재단으로부터 대량 주문을 접수받았다. 다음 대화를 토대로 거래가 원활히 성사되었다면, 해당 거래에 의한 총 매출액은?

- A씨 : 안녕하세요? ○○축구사랑재단 구매 담당자입니다. 이번에 축구공 기부 행사를 진행할 예정이어서 견적을 받아보았으면 합니다. 초등학교 2곳, 중학교 3곳, 고등학교 1곳에 각 용도에 맞는 축구공으로 300개씩 배송했으면 합니다. 그리고 견적서에 배송료 등 기타 비용이 있다면 함께 추가해서 보내주세요.
- K씨 : 네, 저희 쇼핑몰을 이용해 주셔서 감사합니다. 5천만 원 이상의 대량 구매 건에 대해서 전체 주문 금액의 10%를 할인하고 있습니다. 또한 기본 배송료는 5,000원이지만 3천만 원 이상 구매 시 무료배송을 제공해 드리고 있습니다. 알려주신 정보로 견적서를 보내드리겠습니다. 감사합니다.

〈쇼핑몰 취급 축구공 규격 및 가격〉

구분	3호	4호	5호
무게(g)	300 ~ 320	350 ~ 390	410 ~ 450
둘레(mm)	580	640	680
지름(mm)	180	200	220
용도	8세 이하 어린이용	8 ~ 13세 초등학생용	14세 이상 사용, 시합용
판매가격	25,000원	30,000원	35,000원

① 5,100만 원
② 5,400만 원
③ 5,670만 원
④ 6,000만 원

04 | 좌표 찾기

| 유형분석 |

• 좌표평면 위에 놓인 도형을 규칙을 바탕으로 작동 단추를 입력하여 옮기는 유형이다. 제시된 규칙을 보고 이어지는
  질문에 답하는 유형이다.

도형을 이동 및 변환시키는 규칙이 다음과 같을 때, 〈보기〉의 순서대로 단추를 눌러 도형을 이동 및 변환하
였다. 모든 단추를 누른 후 도형의 위치 및 모양이 다음과 같을 때, 처음 도형의 위치와 모양으로 옳은
것은?

작동 단추	기능
↖	도형을 왼쪽으로 1칸, 위로 1칸 옮긴다.
↗	도형을 오른쪽으로 1칸, 위로 1칸 옮긴다.
↙	도형을 왼쪽으로 1칸, 아래로 1칸 옮긴다.
↘	도형을 오른쪽으로 1칸, 아래로 1칸 옮긴다.
⇔	도형의 열과 행의 위치를 바꾼다[예) (H, 4) → (D, 8)].
§	도형을 반시계 방향으로 90° 회전한다.
♡ / ♥	다음과 같은 규칙으로 도형의 색을 변환시킨다. ┄ ▢ ▨ ■ ▢ ▨ ■ ┄ ♡ ← → ♥

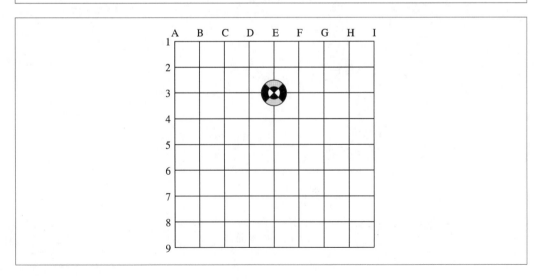

보기

	모양	위치		모양	위치
①		(C, 3)	②		(H, 5)
③		(C, 3)	④		(H, 5)

정답 ①

모양   → → → → →

위치   (C, 3)   (D, 2)   (E, 3)   (D, 4)   (C, 5)   (C, 5)

모양   → → → → → →

위치   (D, 6)   (E, 7)   (E, 7)   (G, 5)   (F, 4)   (E, 3)

모양   → → →

위치   (E, 3)   (E, 3)   (E, 3)

※ 도형을 이동 및 변환시키는 작동 단추의 기능은 다음과 같다. 이어지는 질문에 답하시오. [1~2]

• 다음 8개의 작동 단추를 누르면 도형은 다음과 같은 방향 및 거리로 움직인다.

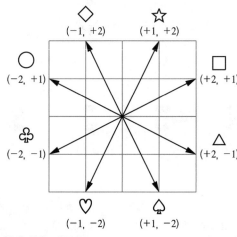

• 다음과 같은 규칙으로 도형의 색을 바꾼다.

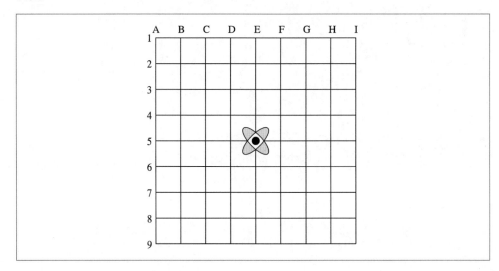

| ◐ | ← | 안쪽 원의 색을 바꾼다. | → | ◐ |
| ◈ | ← | 바깥 테두리의 색을 바꾼다. | → | ◼ |

Easy

01 도형이 다음과 같이 놓여 있을 때, 단추를 〈보기〉의 순서대로 누른 후 도형의 모양과 위치로 옳은 것은?

	모양	위치		모양	위치
①		(C, 4)	②		(E, 3)
③		(C, 4)	④		(E, 3)

02 다음과 같이 놓인 도형을 〈보기〉의 순서대로 단추를 눌렀을 때, 도형이 지나가는 위치에 따른 모양으로 옳지 않은 것은?

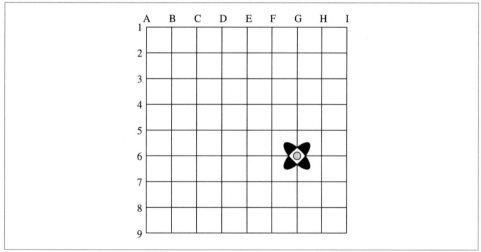

보기

♡ ○ □ ◗ ◇ ▣ ♧ △ ☆

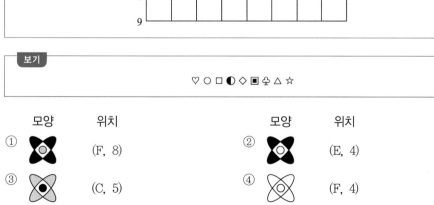

	모양	위치		모양	위치
①		(F, 8)	②		(E, 4)
③		(C, 5)	④		(F, 4)

05 | 시계 규칙

| 유형분석 |

- 규칙에 따라 시침과 분침이 변화하며 시계가 왼쪽에서 오른쪽으로 변화했을 때의 규칙을 찾거나, 규칙을 적용했을 때의 시계가 가리키는 시각을 찾는 유형이다.

제시된 규칙에 따라 시침과 분침이 변화한다. 〈보기〉의 시계가 왼쪽에서 오른쪽으로 변화했을 때, 적용된 규칙으로 옳은 것은?

- 시침과 분침은 다음 규칙에 따라 위치가 변한다(단, 시침과 분침은 정확한 숫자만을 가리키며 서로 영향을 주지 않는다).

구분	규칙
◑	분침을 시계 방향으로 60° 회전한다.
◐	시침을 반시계 방향으로 30° 회전한다.
◉	시침과 분침이 가리키는 위치를 서로 바꾼다.
○	시침과 분침을 모두 시계 방향으로 180° 회전한다.

보기

① ◉○◑   ② ○◑◐
③ ◉◐○   ④ ◐◑○

정답 ③

2시 정각 → ◉ → 12시 10분 → ◐ → 11시 10분 → ○ → 5시 40분

오답분석

① 2시 정각 → ◉ → 12시 10분 → ○ → 6시 40분 → ◑ → 6시 50분
② 2시 정각 → ○ → 8시 30분 → ◐ → 8시 40분 → ◑ → 7시 40분
④ 2시 정각 → ◐ → 1시 정각 → ◑ → 12시 정각 → ○ → 6시 30분

01 제시된 규칙에 따라 시침과 분침이 변화한다. 〈보기〉의 시계에 제시된 규칙을 적용할 때, 시계가 가리키는 시각으로 옳은 것은?

• 시침과 분침은 다음 규칙에 따라 위치가 변한다(단, 시침과 분침은 정확한 숫자만을 가리키며 서로 영향을 주지 않는다).

구분	규칙
㉮	시침과 분침의 위치를 모두 상하 대칭한다.
㉯	시침과 분침의 위치를 모두 좌우 대칭한다.
㉰	시침의 위치를 시계 방향으로 90° 회전한다.
㉱	분침의 위치를 반시계 방향으로 120° 회전한다.

보기

① 2시 20분   ② 4시 10분

③ 2시 40분   ④ 4시 30분

제시된 규칙에 따라 시침과 분침이 변화한다. 〈보기〉의 시계가 왼쪽에서 오른쪽으로 변화했을 때, 적용된 규칙으로 옳은 것은?

• 시침과 분침은 다음 규칙에 따라 위치가 변한다(단, 시침과 분침은 정확한 숫자만을 가리키며 서로 영향을 주지 않는다).

구분	규칙
◕	시침을 시계 방향으로 30°, 분침을 시계 방향으로 90° 회전한다.
◔	시침을 반시계 방향으로 60°, 분침을 반시계 방향으로 120° 회전한다.
◧	시침과 분침의 위치를 모두 좌우 대칭한다.
◨	시침과 분침이 가리키는 위치를 서로 바꾼다.

보기

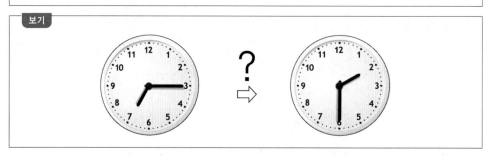

① ◕◧◔

② ◧◧◔

③ ◕◕◨

④ ◧◕◔

계속 갈망하라. 언제나 우직하게.

– 스티브 잡스 –

CHAPTER 04

추리

합격 Cheat Key

PAT 추리 영역은 크게 도형추리와 수추리, 명제추리로 나눌 수 있다. 도형추리는 제시된 도형의 단계적 변화 속에서 변화의 규칙을 찾아 빈칸에 들어갈 도형을 찾는 영역이고, 수추리는 일정한 규칙에 따라 나열된 수를 보고 규칙을 찾아 빈칸에 들어가는 수를 찾아내는 유형이다. 명제추리는 제시된 명제 사이의 관계를 파악해 참과 거짓을 추론하는 유형이다.

도형추리는 일련의 도형에 적용된 규칙을 파악할 수 있는지 평가하는 유형으로 도형이 변하는 규칙을 찾아 비어 있는 자리에 들어갈 도형의 모양을 찾는 문제이다.

수추리는 나열된 수열을 보고 규칙을 찾아서 빈칸에 들어갈 알맞은 숫자를 고르는 유형으로, 간단해 보이지만 복잡한 형태의 종잡을 수 없는 규칙이 나오면 실제 수험생들에게 가장 어려운 영역이 될 수도 있다. 다양한 형태의 수열을 접해보고 연습을 통해 여러 가지 수열의 규칙을 익혀두는 것이 중요하다.

┤ 학습 포인트 ├

- x축・y축・원점 대칭, 시계 방향・시계 반대 방향 회전, 색 반전 등 도형 변화의 기본 규칙을 숙지하고, 두 가지 규칙이 동시에 적용되었을 때의 모습도 추론할 수 있는 훈련이 필요하다.
- 가로 행 또는 세로 열을 기준으로 도형의 변화를 살핀 후 대각선, 시계 방향・시계 반대 방향, 건너뛰기 등 다양한 가능성을 염두에 두고 규칙을 적용해 본다.
- 규칙을 추론하는 정해진 방법은 없다. 따라서 많은 문제를 풀고 접해보면서 감을 익히는 수밖에 없다.

┤ 학습 포인트 ├

- 눈으로만 규칙을 찾고자 할 경우 변화된 값을 모두 외우기 어려우므로 나열된 수의 변화된 값을 적어두면 규칙을 발견하기 용이하다.
- 규칙이 발견되지 않는 경우에는 홀수 항과 짝수 항을 분리해서 파악하거나 군수열을 생각해 본다.

04 | 이론점검

01 도형추리

1. 회전 모양

(1) 180° 회전한 도형은 좌우가 상하와 모두 대칭된 모양이 된다.

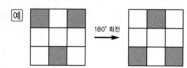

(2) 시계 방향으로 90° 회전한 도형은 시계 반대 방향으로 270° 회전한 도형과 같다.

(3) 좌우 반전 → 좌우 반전, 상하 반전 → 상하 반전은 같은 도형이 된다.

(4) 도형을 거울에 비친 모습은 방향에 따라 좌우 또는 상하로 대칭된 모습이 나타난다.

2. 회전 각도

도형의 회전 각도는 도형의 모양으로 유추할 수 있다.

(1) 회전한 모양이 회전하기 전의 모양과 같은 경우

도형	가능한 회전 각도
	$\cdots, -240°, -120°, +120°, +240°, \cdots$
	$\cdots, -180°, -90°, +90°, +180°, \cdots$
	$\cdots, -144°, -72°, +72°, +144°, \cdots$

(2) 회전한 모양이 회전하기 전의 모양과 다른 경우

회전 전 모양	회전 후 모양	회전한 각도

(1) 등차수열 : 앞의 항에 일정한 수를 더해 이루어지는 수열

例 1 3 5 7 9 11 13 15
  +2 +2 +2 +2 +2 +2 +2

(2) 등비수열 : 앞의 항에 일정한 수를 곱해 이루어지는 수열

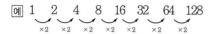

例 1 2 4 8 16 32 64 128
  ×2 ×2 ×2 ×2 ×2 ×2 ×2

(3) 계차수열 : 수열의 인접하는 두 항의 차로 이루어진 수열

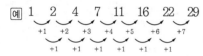

例 1 2 4 7 11 16 22 29
  +1 +2 +3 +4 +5 +6 +7
   +1 +1 +1 +1 +1 +1

(4) 피보나치 수열 : 앞의 두 항의 합이 그 다음 항의 수가 되는 수열

例 1 1 2 3 5 8 13 21
      1+1 1+2 2+3 3+5 5+8 8+13

(5) 건너뛰기 수열

• 두 개 이상의 수열이 일정한 간격을 두고 번갈아가며 나타나는 수열

例 1 1 3 7 5 13 7 19

• 홀수 항 : 1 3 5 7
           +2 +2 +2

• 짝수 항 : 1 7 13 19
           +6 +6 +6

• 두 개 이상의 규칙이 일정한 간격을 두고 번갈아가며 적용되는 수열

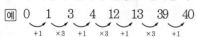

例 0 1 3 4 12 13 39 40
  +1 ×3 +1 ×3 +1 ×3 +1

(6) 군수열 : 일정한 규칙성으로 몇 항씩 묶어 나눈 수열

예 • 1 1 2 1 2 3 1 2 3 4
  ⇒ <u>1</u> <u>1 2</u> <u>1 2 3</u> <u>1 2 3 4</u>

 • 1 3 4 6 5 11 2 6 8 9 3 12
  ⇒ <u>1 3 4</u> <u>6 5 11</u> <u>2 6 8</u> <u>9 3 12</u>
    <small>1+3=4</small>   <small>6+5=11</small>   <small>2+6=8</small>   <small>9+3=12</small>

 • 1 3 3 2 4 8 5 6 30 7 2 14
  ⇒ <u>1 3 3</u> <u>2 4 8</u> <u>5 6 30</u> <u>7 2 14</u>
    <small>1×3=3</small>   <small>2×4=8</small>   <small>5×6=30</small>   <small>7×2=14</small>

01 | 어휘추리

| 유형분석 |

- 제시된 단어의 관계를 파악하여 빈칸에 들어갈 단어를 정확하게 유추해 낼 수 있는지 평가한다.
- 짝지어진 단어 사이의 관계가 나머지와 다른 것을 찾는 문제 유형이 빈번하게 출제된다.

제시된 단어를 일정 기준에 따라 연관 지을 수 있다고 할 때, 빈칸에 들어갈 단어로 옳은 것은?

별 비 ( )

① 요괴   ② 우주

③ 구미호   ④ 밤

정답 ③

제시된 단어의 관계를 파악하면 (여우)별, (여우)비이다. 따라서 ③ 구미호를 통해 '여우'로 연관 지을 수 있다.

30초 컷 풀이 Tip

- 제시된 단어의 의미를 파악하기 어려운 경우 선택지를 먼저 살펴본 후 의미가 다른 것을 하나씩 소거해 나간다.

※ 제시된 단어를 일정 기준에 따라 연관 지을 수 있다고 할 때, 빈칸에 들어갈 단어로 옳은 것을 고르시오.
　[1~3]

Easy

01

오작교　　은하수　　(　　)

① 도깨비　　　　　　　　　　② 칠석
③ 선녀　　　　　　　　　　　④ 도끼

02

방향　　자석　　(　　)

① 조타　　　　　　　　　　　② 선장
③ 배　　　　　　　　　　　　④ 항해

03

소나기　　반사　　(　　)

① 거울　　　　　　　　　　　② 프리즘
③ 광합성　　　　　　　　　　④ 햇빛

02 | 수추리

| 유형분석 |

- 나열된 수를 분석하여 그 안의 규칙을 찾고 적용할 수 있는지를 평가하는 유형이다.
- 규칙에 분수나 소수가 나오면 어려운 문제인 것처럼 보이지만 오히려 규칙은 단순한 경우가 많다.

일정한 규칙으로 수를 나열할 때, 빈칸에 들어갈 알맞은 수는?

	5	12	26	54	( )		222	446

① 104   ② 106

③ 108   ④ 110

정답 ④

제시된 수열은 (앞의 항+1)×2를 하는 수열이다.

따라서 ( )=(54+1)×2=110이다.

30초 컷 풀이 Tip

- 처음에 규칙이 잘 보이지 않아서 어렵다는 평이 많은 유형이기 때문에 수록되어 있는 문제의 다양한 풀이 방법을 충분히 숙지하는 것이 중요하다.
- 한 번에 여러 개의 수열을 보는 것보다 하나의 수열을 찾아서 규칙을 찾은 후 다른 것에 적용해 보는 것이 빠른 방법일 수 있다.

※ 일정한 규칙으로 수를 나열할 때, 빈칸에 들어갈 수로 알맞은 것을 고르시오. [1~3]

Easy

01

| 4 | 17 | 70 | 283 | 1,136 | 4,549 | ( ) |

① 18,000　　　　　　　　　　　② 18,102

③ 18,162　　　　　　　　　　　④ 18,202

Hard

02

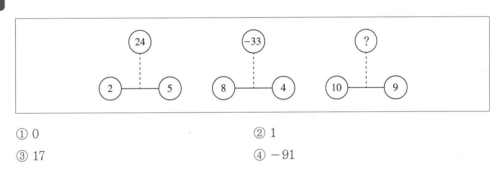

① 0　　　　　　　　　　　② 1

③ 17　　　　　　　　　　　④ −91

03

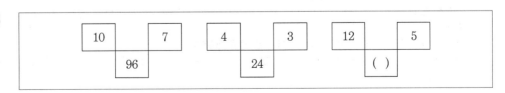

① 76　　　　　　　　　　　② 80

③ 84　　　　　　　　　　　④ 88

03 | 명제

| 유형분석 |

- 제시된 대상 사이의 대소·장단 등을 비교하는 유형이다.
- 세 개 이상의 비교 대상이 등장하며, '~보다', '가장' 등의 표현에 유의해 풀어야 한다.

다음 명제가 모두 참일 때, 반드시 참인 것은?

- 테니스를 좋아하는 사람은 가족여행을 싫어한다.
- 가족여행을 좋아하는 사람은 독서를 좋아한다.
- 독서를 좋아하는 사람은 쇼핑을 싫어한다.
- 쇼핑을 좋아하는 사람은 그림그리기를 좋아한다.
- 그림그리기를 좋아하는 사람은 테니스를 좋아한다.

① 그림 그리기를 좋아하는 사람은 가족여행을 좋아한다.
② 쇼핑을 싫어하는 사람은 그림그리기를 좋아한다.
③ 테니스를 좋아하는 사람은 독서를 좋아한다.
④ 쇼핑을 좋아하는 사람은 가족여행을 싫어한다.

정답 ④

제시된 명제를 정리하면 다음과 같다.
- 테니스 ○ → 가족 여행 ×
- 가족 여행 ○ → 독서 ○
- 독서 ○ → 쇼핑 ×
- 쇼핑 ○ → 그림 그리기 ○
- 그림 그리기 ○ → 테니스 ○
위 조건을 정리하면 '쇼핑 ○ → 그림 그리기 ○ → 테니스 ○ → 가족 여행 ×'이므로 ④가 옳다.

30초 컷 풀이 Tip

- 참인 명제는 대우 명제도 반드시 참이므로, 명제의 대우를 우선적으로 구한다.
  - 쉬운 난이도의 문제는 대우 명제가 답인 경우도 있다. 따라서 대우 명제를 통해 확실하게 참인 명제와 그렇지 않은 명제를 구별한다.
- 하나의 명제를 기준으로 잡고 주어진 명제 및 대우 명제들을 연결한다.
  - 'A → B, B → C이면 A → C이다.'와 'A → B가 참이면 ~B → ~A가 참이다.'의 성질을 이용하여 전제와 결론 사이에 연결고리를 찾는다.

Easy

01 제시된 명제가 참일 때, 빈칸에 들어갈 명제로 가장 적절한 것은?

> 과학자들 가운데 미신을 따르는 사람은 아무도 없다.
> 돼지꿈을 꾼 다음 날 복권을 사는 사람들은 모두가 미신을 따르는 사람들이다.
> 그러므로 _____

① 미신을 따르는 사람들은 모두 돼지꿈을 꾼 다음 날 복권을 산다.

② 미신을 따르지 않는 사람 중 돼지꿈을 꾼 다음 날 복권을 사는 사람이 있다.

③ 과학자가 아닌 사람들은 모두 미신을 따른다.

④ 돼지꿈을 꾼 다음 날 복권을 사는 사람이라면 과학자가 아니다.

02 A ~ D국의 각 기상청은 태평양에서 발생한 태풍의 이동 경로를 다음과 같이 예측하였다. 이들 중 단 두 국가의 예측만이 실제 태풍의 이동 경로와 일치했을 때, 실제 태풍의 이동 경로를 바르게 예측한 나라가 바르게 짝지어진 것은?(단, 예측이 틀린 국가는 모든 예측에 실패했다)

> • A국 : 8호 태풍 바비는 일본에 상륙하고, 9호 태풍 마이삭은 한국에 상륙할 것입니다.
> • B국 : 9호 태풍 마이삭이 한국에 상륙한다면, 10호 태풍 하이선은 중국에 상륙할 것입니다.
> • C국 : 8호 태풍 바비의 이동 경로와 관계없이 10호 태풍 하이선은 중국에 상륙하지 않을 것입니다.
> • D국 : 10호 태풍 하이선은 중국에 상륙하지 않고, 8호 태풍 바비는 일본에 상륙하지 않을 것입니다.

① A국, B국 ② A국, C국

③ B국, C국 ④ B국, D국

03 P사의 가 ~ 라 직원 4명은 동그란 탁자에 둘러앉아 인턴사원 교육 관련 회의를 진행하고 있다. 직원들은 각자 인턴 A ~ D를 1명씩 맡아 교육하고 있다. 다음 〈조건〉에 따라 직원과 인턴이 바르게 짝지어진 것은?(단, 방향은 탁자를 바라보고 앉았을 때를 기준으로 한다)

> **조건**
> • B인턴을 맡은 직원은 다 직원의 왼편에 앉아 있다.
> • A인턴을 맡은 직원의 맞은편에는 B인턴을 맡은 직원이 앉아 있다.
> • 라 직원은 다 직원 옆에 앉아 있지 않으나, A인턴을 맡은 직원 옆에 앉아 있다.
> • 나 직원은 가 직원 맞은편에 앉아 있으며, 나 직원의 오른편에는 라 직원이 앉아 있다.
> • 시계 6시 방향에는 다 직원이 앉아 있으며, 맞은편에는 D인턴을 맡은 사원이 있다.

① 가 직원 – A인턴
② 나 직원 – D인턴
③ 다 직원 – C인턴
④ 라 직원 – B인턴

04 A ~ E 약국은 공휴일마다 2곳씩만 영업을 한다. 다음 〈조건〉을 참고할 때, 반드시 참인 것은?(단, 한 달간 각 약국의 공휴일 영업 일수는 같다)

> **조건**
> • 이번 달 공휴일은 총 5일이다.
> • 오늘은 세 번째 공휴일이며 A약국, C약국이 영업을 한다.
> • D약국은 오늘을 포함하여 이번 달에는 더 이상 공휴일에 영업을 하지 않는다.
> • E약국은 마지막 공휴일에 영업을 한다.
> • A약국과 E약국은 이번 달에 한 번씩 D약국과 영업을 했다.

① A약국은 이번 달에 두 번의 공휴일을 연달아 영업한다.
② 이번 달에 B약국, E약국이 함께 영업하는 공휴일은 없다.
③ B약국은 두 번째, 네 번째 공휴일에 영업을 한다.
④ 네 번째 공휴일에 영업하는 약국은 B와 C이다.

05 다음 명제가 모두 참일 때, 빈드시 참인 것은?

- 서로 다른 음식을 판매하는 총 여섯 대의 푸드트럭이 이 사업에 신청하였고, 이들 중 세 대의 푸드트럭이 최종 선정될 예정이다.
- 치킨을 판매하는 푸드트럭이 선정되면, 핫도그를 판매하는 푸드트럭은 선정되지 않는다.
- 커피를 판매하는 푸드트럭이 선정되지 않으면, 피자를 판매하는 푸드트럭이 선정된다.
- 솜사탕을 판매하는 푸드트럭이 선정되면, 치킨을 판매하는 푸드트럭도 선정된다.
- 핫도그를 판매하는 푸드트럭이 최종 선정되었다.
- 피자를 판매하는 푸드트럭과 떡볶이를 판매하는 푸드트럭 중 하나만 선정된다.
- 솜사탕을 판매하는 푸드트럭이 선정되지 않으면, 떡볶이를 판매하는 푸드트럭이 선정된다.

① 치킨, 커피, 핫도그를 판매하는 푸드트럭이 선정될 것이다.
② 피자, 솜사탕, 핫도그를 판매하는 푸드트럭이 선정될 것이다.
③ 피자, 커피, 핫도그를 판매하는 푸드트럭이 선정될 것이다.
④ 커피, 핫도그, 떡볶이를 판매하는 푸드트럭이 선정될 것이다.

04 | 도형추리 1

| 유형분석 |

- 평면도형에 대한 형태지각 능력과 추리 능력을 평가하는 유형이다.
- 겹치는 부분 지우기, 남기기, 색 반전 등 다양한 규칙이 적용된다.

다음 도형들은 일정한 규칙으로 변화하고 있다. ?에 들어갈 알맞은 것은?

①

②

③

④

정답 ③

규칙은 세로 방향으로 적용된다.

첫 번째 도형을 시계 방향으로 45° 회전한 것이 두 번째 도형이고, 이를 y축 기준으로 대칭 이동한 것이 세 번째 도형이다.

※ 다음 도형들은 일정한 규칙으로 변화하고 있다. ?에 들어갈 알맞은 것을 고르시오. [1~3]

Easy

01

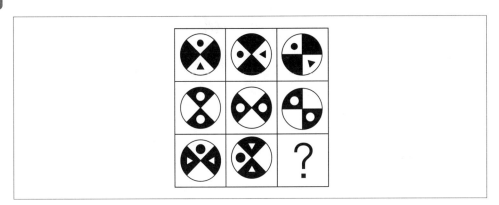

①

②

③

④

02

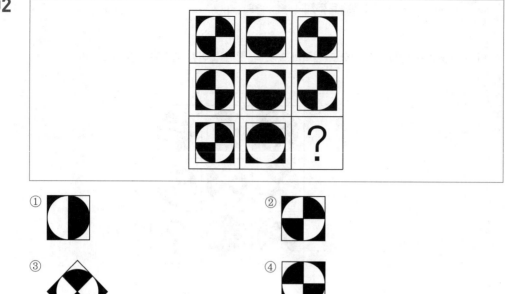

①

②

③

④

03

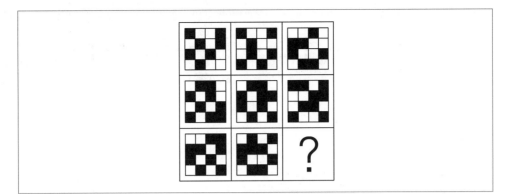

①

②

③

④

05 | 도형추리 2

| 유형분석 |

- 평면도형에 대한 형태지각 능력과 추리 능력을 평가하는 유형이다.
- 내부 도형 이동, 색 반전, 회전 등 다양한 규칙이 적용된다.

다음 도형 또는 내부의 기호들은 일정한 패턴을 가지고 변화한다. ?에 들어갈 도형으로 알맞은 것은?

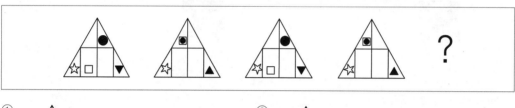

① 　　　②

③ 　　　④

정답 ④

도형이 오른쪽의 도형으로 변할 때 ☆은 제자리에서 시계 방향으로 90° 회전, ☐은 상하 이동, ●은 좌우 이동을 하며, ▼은 제자리에서 180° 회전한다. 또한 도형의 자리가 겹쳐질 경우, 꼭짓점의 개수가 적은 도형이 내부에 위치하게 된다. 따라서 ?에 들어갈 도형은 첫 번째 도형 기준으로 ☆은 시계 방향으로 총 360° 회전, ☐, ●, ▲은 그대로이다.

※ 다음 도형 또는 내부의 기호들은 일정한 패턴을 가지고 변화한다. ?에 들어갈 도형으로 알맞은 것을
고르시오. [1~4]

01

02

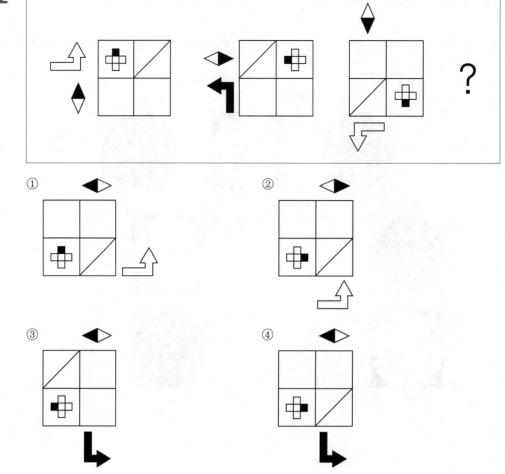

03

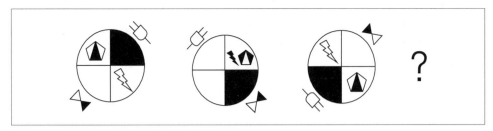

①

②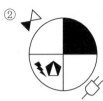

③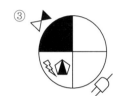

④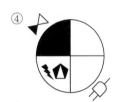

Hard

04

①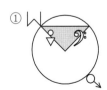

②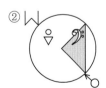

③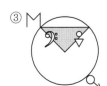

④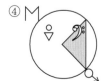

06 | 도형추리 3

| 유형분석 |

- 제시된 도형을 보고 규칙을 찾는 유형이다.
- 내부 도형 이동, 색 반전, 회전 등 다양한 규칙이 적용된다.

다음 기호들은 일정한 규칙에 따라 도형을 변화시킨다. 기호에 해당하는 규칙을 파악하여 ?에 들어갈 도형으로 알맞은 것은?

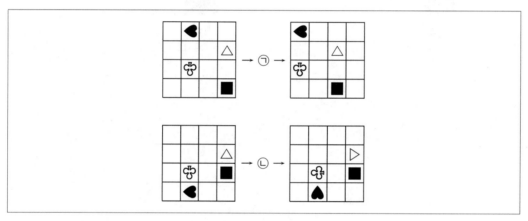

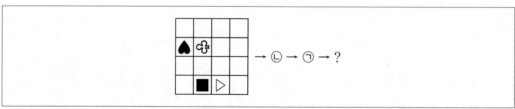

①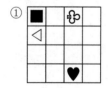

②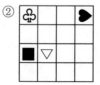

③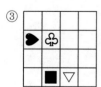

④

정답 ④

- ㉠ : 각 도형 오른쪽으로 세 칸 이동
- ㉡ : 각 도형 시계 방향으로 90° 회전

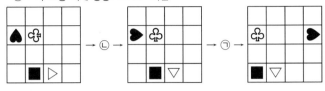

30초 컷 풀이 Tip

규칙을 찾을 때 전체적으로 봤을 때 한 번에 보이지 않으면 특정 도형만을 추적하여 규칙을 파악하는 것이 시간을 단축할 수 있는 방법이다.

※ 다음 기호들은 일정한 규칙에 따라 도형을 변화시킨다. 기호에 해당하는 규칙을 파악하여 ?에 들어갈 도형으로 알맞은 것을 고르시오. [1~2]

01

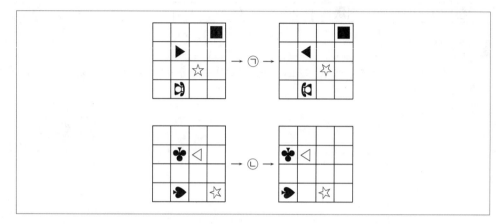

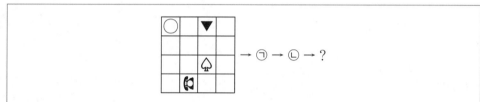

①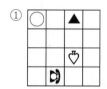

②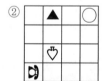

③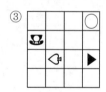

④

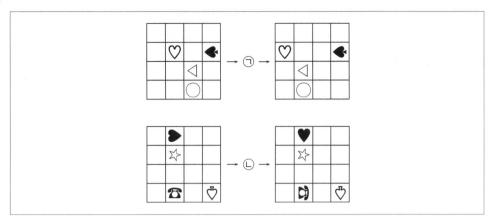

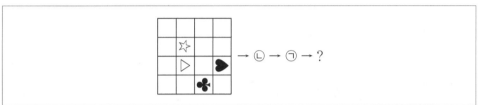

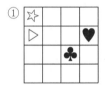 ①

 ②

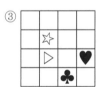 ③

 ④

07 | 버튼도식

| 유형분석 |

- 제시된 조건을 보고 규칙을 적용하여 올바른 결과를 도출하는 유형이다.
- 작동 버튼과 기능을 잘 파악하여 추리를 해보는 것이 중요하다.

다음 규칙을 바탕으로 〈보기〉의 왼쪽 도형에서 버튼을 눌렀더니, 오른쪽 도형으로 변형되었다. 다음 중 작동 버튼의 순서를 바르게 나열한 것은?

작동 버튼	기능
◑	도형을 시계 방향으로 90° 회전하고, 도형의 색을 모두 반대로 바꾼다(흰색 → 검은색, 검은색 → 흰색).
◐	도형을 시계 반대 방향으로 90° 회전한다.
◈	도형을 각각 180° 회전한다.
■	도형의 색을 모두 바꾼다(흰색 ↔ 검은색).

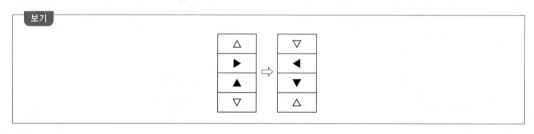

① ◐

② ■

③ ◑

④ ◈

정답 ④

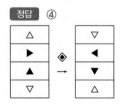

※ 다음 규칙을 바탕으로 이어지는 질문에 답하시오. [1~2]

작동 버튼	기능
○	2번과 4번의 숫자를 바꾼다.
●	도형을 시계 방향으로 90° 회전한다.
▽	홀수가 적힌 곳의 색을 바꾼다(흰색 ↔ 하늘색).
▼	짝수가 적힌 곳의 색을 바꾼다(흰색 ↔ 하늘색).

Easy

01 〈보기〉의 왼쪽 도형에서 버튼을 눌렀더니 오른쪽 도형으로 변형되었다. 다음 중 작동 버튼의 순서를 바르게 나열한 것은?

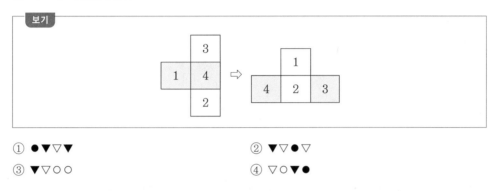

① ●▼▽▼　　　　　　　　　② ▼▽●▽

③ ▼▽○○　　　　　　　　　④ ▽○▼●

02 〈보기〉의 왼쪽 도형에서 버튼을 눌렀더니 오른쪽 도형으로 변형되었다. 다음 중 작동 버튼의 순서를 바르게 나열한 것은?

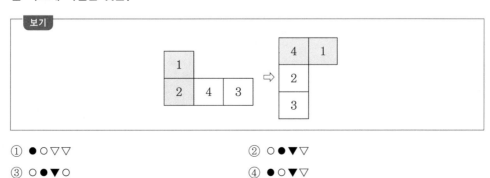

① ●○▽▽　　　　　　　　　② ○●▼▽

③ ○●▼○　　　　　　　　　④ ●○▼▽

08 | 키패드 추리

| 유형분석 |

- 제시된 규칙을 적용하여 올바른 결과를 도출하는 유형이다.
- 어렵지는 않지만 규칙을 빠르게 파악하고, 실수하지 않도록 연습하는 것이 중요하다.

제시된 키패드의 버튼을 누르면 숫자의 배열이 규칙에 따라 달라진다. 다음과 같이 버튼을 눌렀을 때, 달라지는 숫자의 배열로 옳은 것은?(단, 제시된 숫자의 배열은 한 자릿수 수들의 배열이다)

〈키패드〉

1	2	3
4	5	6
7	8	9
*	0	#

〈키패드 버튼별 규칙〉

버튼	규칙	버튼	규칙	버튼	규칙
1	가장 왼쪽에 위치한 숫자가 오른쪽 끝으로 이동	2	가운데 위치한 숫자가 왼쪽 끝으로 이동	3	가장 오른쪽에 위치한 숫자가 왼쪽 끝으로 이동
4	모든 짝수 오른쪽 정렬	5	모든 홀수 오른쪽 정렬	6	3의 배수 왼쪽 정렬
7	오름차순 정렬	8	내림차순 정렬	9	오름차순으로 짝수, 홀수 교차 정렬
*	내림차순으로 짝수, 홀수 교차 정렬	0	왼쪽에 위치한 숫자 3개를 오른쪽 끝으로 이동	#	역순으로 정렬

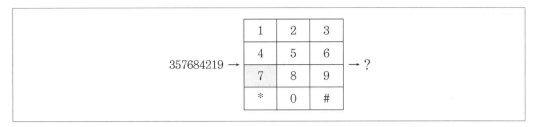

357684219 →

1	2	3
4	5	6
7	8	9
*	0	#

→ ?

① 369578421

② 357196842

③ 135792468

④ 123456789

정답 ④

7버튼을 눌렀을 때 적용되는 규칙은 숫자를 오름차순으로 정렬시키는 규칙이다.

따라서 357684219를 오름차순으로 정렬하면 123456789이다.

※ 제시된 키패드의 버튼을 누르면 숫자의 배열이 규칙에 따라 달라진다. 이어지는 질문에 답하시오(단, 제시된 숫자의 배열은 한 자릿수 수들의 배열이다) [1~3]

〈키패드〉

1	2	3
4	5	6
7	8	9
*	0	#

〈키패드 버튼별 규칙〉

버튼	규칙	버튼	규칙	버튼	규칙
1	가장 왼쪽에 위치한 숫자가 오른쪽 끝으로 이동	2	가운데 위치한 숫자가 왼쪽 끝으로 이동	3	가장 오른쪽에 위치한 숫자가 왼쪽 끝으로 이동
4	모든 짝수 오른쪽 정렬	5	모든 홀수 오른쪽 정렬	6	3의 배수 왼쪽 정렬
7	오름차순 정렬	8	내림차순 정렬	9	오름차순으로 짝수, 홀수 교차 정렬
*	내림차순으로 짝수, 홀수 교차 정렬	0	왼쪽에 위치한 숫자 3개를 오른쪽 끝으로 이동	#	역순으로 정렬

Easy

01 다음과 같이 버튼을 눌렀을 때, 달라지는 숫자의 배열로 옳은 것은?

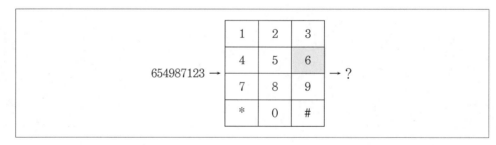

① 135792468　　　　　② 597136482

③ 123456789　　　　　④ 693548712

02 다음과 같은 숫자의 배열을 키패드의 어떤 버튼을 눌러 바꾸었을 때, 누른 버튼으로 옳은 것은?

345967128 → ? → 967128345

①

1	2	3
4	5	6
7	8	9
*	0	#

②

1	2	3
4	5	6
7	8	9
*	0	#

③

1	2	3
4	5	6
7	8	9
*	0	#

④

1	2	3
4	5	6
7	8	9
*	0	#

03 다음과 같은 배열이 나오도록 키패드의 버튼을 눌렀을 때, 정렬되기 전의 배열로 옳은 것은?

? →

1	2	3
4	5	6
7	8	9
*	0	#

→ 316742589

① 167425893

② 916742583

③ 317596428

④ 642831759

09 | 체스 게임

│ 유형분석 │

• 체스 게임에서 사용하는 기물의 행마법과 제시된 그림을 보고 이어지는 질문에 답하는 유형이다.

다음은 체스 게임에서 사용하는 기물의 행마법이다. 이에 따라 백색 비숍(♗)이 흑색 킹(♚)을 잡으려면 최소한 몇 번 움직여야 하는가?(단, 백색 비숍을 제외한 다른 기물은 움직이지 않는다)

• 다음은 체스의 나이트(♘), 비숍(♗), 룩(♖), 퀸(♕)의 행마법이다.
• 나이트(♘)는 직선으로 2칸 이동 후 양 옆으로 1칸 이동하며, 다른 기물을 뛰어 넘을 수 있다.
• 비숍(♗)은 대각선으로, 룩(♖)은 직선으로, 퀸(♕)은 대각선과 직선 모두 끝까지 이동할 수 있으며, 다른 기물은 뛰어 넘을 수 없다.

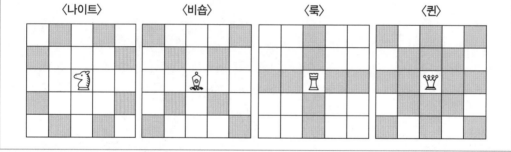

〈나이트〉 〈비숍〉 〈룩〉 〈퀸〉

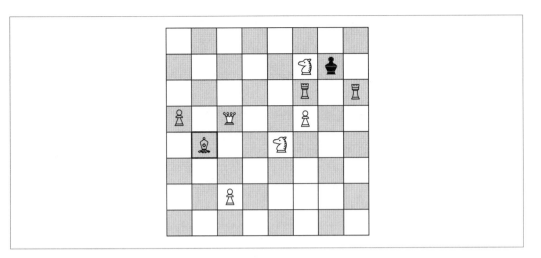

① 2번

② 3번

③ 4번

④ 5번

정답 ④

백색 비숍은 최소한 5번 움직여야 흑색 킹을 잡을 수 있다.

※ 다음은 체스 게임에서 사용하는 기물의 행마법이다. 이어지는 질문에 답하시오. **[1~2]**

- 다음은 체스의 나이트(♘), 비숍(♗), 룩(♖), 퀸(♕)의 행마법이다.
- 나이트(♘)는 직선으로 2칸 이동 후 양 옆으로 1칸 이동하며, 다른 기물을 뛰어 넘을 수 있다.
- 비숍(♗)은 대각선으로, 룩(♖)은 직선으로, 퀸(♕)은 대각선과 직선 모두 끝까지 이동할 수 있으며, 다른 기물은 뛰어 넘을 수 없다.

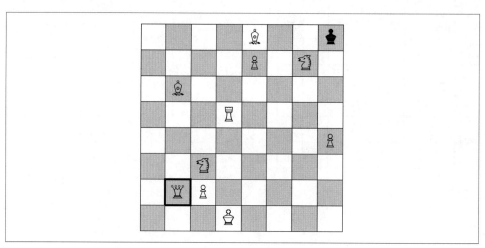

01 다음 중 백색 퀸(♕)이 흑색 킹(♚)을 잡으려면 최소한 몇 번 움직여야 하는가?(단, 움직일 기물을 제외한 다른 기물은 움직이지 않는다)

① 1번

② 2번

③ 3번

④ 4번

02 다음 중 백색 비숍(♗)이 4번 움직일 수 있을 때, 잡을 수 있는 흑색 기물의 최대 개수는?(단, 흑색 기물은 움직이지 않는다)

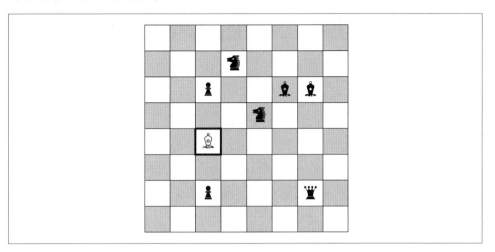

① 1개   ② 2개

③ 3개   ④ 4개

10 | 길 찾기

| 유형분석 |

• 제시된 규칙을 바탕으로 A에서 B까지 길을 이을 때, 규칙이 적절하게 적용되었는지 판단하는 유형이다.

다음 규칙을 바탕으로 A에서 B까지 길을 이으려고 할 때, 눌러야 할 버튼의 순서를 바르게 나열한 것은?

• ⇨는 A에서 B까지 이어지는 길의 입구와 출구이다.
• 서로 떨어져 있지 않은 4×4=16개의 칸을 1개의 타일로 가정하고, 길은 회색으로 표시한다.
• 타일 사이 떨어져 있는 부분은 맞닿아 있는 양쪽 칸이 모두 길인 경우 이어진 것으로 가정한다.
• 각 타일은 다음 작동 버튼에 따라 위치와 모양이 바뀐다.

작동 버튼	기능
♧	홀수 행의 타일을 상하 반전한다.
♣	홀수 열의 타일을 좌우 반전한다.
◇	짝수 행의 타일을 시계 방향으로 90° 회전한다.
◆	홀수 열의 타일을 시계 반대 방향으로 90° 회전한다.

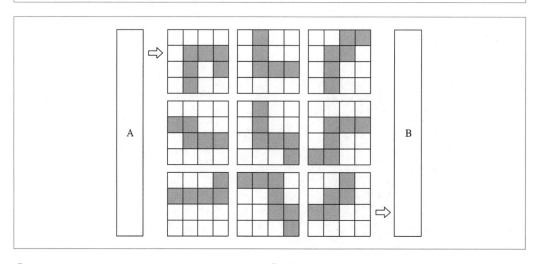

① ◆♧◇
② ♣◆♧
③ ♣♧◆
④ ◇◆♧

정답 ③

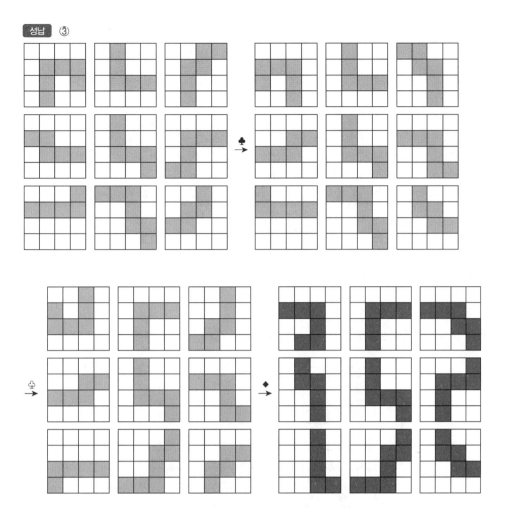

※ 다음 규칙을 바탕으로 A에서 B까지 길을 이으려고 한다. 이어지는 질문에 답하시오. **[1~2]**

- ⇨는 A에서 B까지 이어지는 길의 입구와 출구이다.
- 서로 떨어져 있지 않은 4×4=16개의 칸을 1개의 타일로 가정하고, 길은 회색으로 표시한다.
- 타일 사이 떨어져 있는 부분은 맞닿아 있는 양쪽 칸이 모두 길인 경우 이어진 것으로 가정한다.
- 각 타일은 다음 작동 버튼에 따라 위치와 모양이 바뀐다.

작동 버튼	기능
◁	모든 타일을 1개씩 왼쪽으로 이동한다(가장 왼쪽의 타일은 가장 오른쪽으로 이동).
△	모든 타일을 1개씩 위로 이동한다(가장 위쪽의 타일은 가장 아래쪽으로 이동).
○	홀수 행의 타일을 시계 반대 방향으로 90° 회전한다.
●	홀수 열의 타일을 시계 반대 방향으로 90° 회전한다.

01 A에서 B까지 이어지는 길을 만들 때, 다음 중 눌러야 할 버튼의 순서를 바르게 나열한 것은?

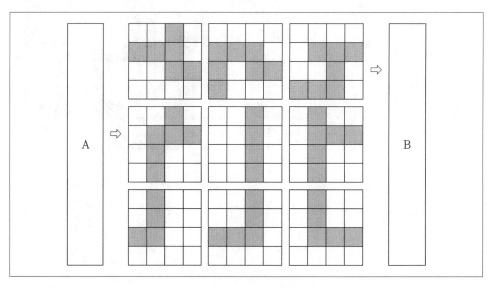

① ◁○△

② ◁△●

③ ●◁○

④ ●△○

02 다음 〈조건〉과 같이 버튼을 눌러 A에서 B까지 길이 이어졌을 때, 빈칸에 들어갈 타일로 옳은 것은?

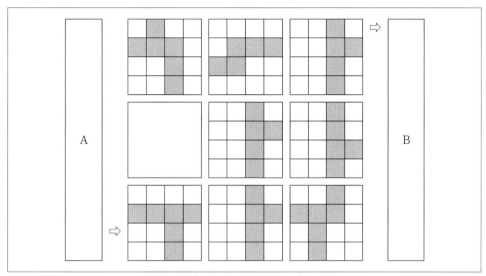

조건

△ ● ◁

성공을 위해서는 가장 먼저 자신을 믿어야 한다.

– 아리스토텔레스 –

PART **2**

최종점검 모의고사

제1회 최종점검 모의고사

제2회 최종점검 모의고사

제3회 최종점검 모의고사

포스코그룹 PAT 온라인 적성검사	
도서 동형 온라인 실전연습 서비스	ATAR-00000-F1C8F

포스코그룹 PAT 온라인 적성검사		
영역	문항 수	시험시간
언어이해	15문항	
자료해석	15문항	60분
문제해결	15문항	
추리	15문항	

최종점검 모의고사

🕐 응시시간 : 60분   📋 문항 수 : 60문항   정답 및 해설 p.024

01   언어이해

01   다음 글의 밑줄 친 부분의 맞춤법이 옳지 않은 것은?

> 어젯밤 꿈에서 돌아가신 할머니를 만났다. 할머니는 <u>숨겨둔</u> 비밀을 밝힐 때가 됐다며, 꿈에서 깨면 본인이 사용했던 화장대의 <u>첫 번째</u> 서랍을 열어보라고 하셨다. 나는 할머니의 비밀이 도대체 무엇인지 여러 차례 물었지만 돌아오는 것은 할머니의 <u>미소뿐이었다.</u> 꿈에서 깨어나 보니 할머니는 더 이상 보이질 않았고, 방안은 고요한 적막만 흘렀다. 나는 왠지 모르게 그동안 나를 <u>덥쳤던</u> 온갖 불행들이 사라진 것 같은 기분이 들었다.

① 숨겨둔   ② 첫 번째
③ 미소뿐이었다   ④ 덥쳤던

Easy

02   다음 제시된 단어와 같거나 유사한 의미를 가진 것을 고르면?

본보기

① 조치   ② 심문
③ 방문   ④ 귀감

03 다음 글에 대한 반박으로 가장 적절한 것은?

사회복지는 소외문제를 해결하고 예방하기 위하여 사회 구성원들이 각자의 사회적 기능을 원활히 수행하게 하고, 삶의 질을 향상하는 데 필요한 제반 서비스를 제공하는 행위와 그 과정을 의미한다. 현대 사회가 발전함에 따라 계층간·세대간의 갈등 심화, 노령화와 가족 해체, 정보 격차에 의한 불평등 등의 사회문제가 다각적으로 생겨나고 있는데, 이들 문제는 때로 사회 해체를 우려할 정도로 심각한 양상을 띠기도 한다. 이러한 문제의 기저에는 경제 성장과 사회 분화 과정에서 나타나는 불평등과 불균형이 있으며, 이런 점에서 사회문제는 대부분 소외문제와 관련되어 있음을 알 수 있다.

사회복지 찬성론자들은 이러한 문제들의 근원에 자유 시장 경제의 불완전성이 있으며, 이에 대한 사회적 병리 현상을 해결하기 위해서는 국가의 역할이 더 강화되어야 한다고 주장한다. 예컨대 구조 조정으로 인해 대량의 실업 사태가 생겨나는 경우를 생각해 볼 수 있다. 이 과정에서 생겨난 희생자들을 방치하게 되면 사회 통합은 물론 지속적 경제 성장에 막대한 지장을 초래할 것이다. 따라서 사회가 공동의 노력으로 이들을 구제할 수 있는 안전망을 만들어야 하며, 여기서 국가의 주도적 역할은 필수적이라 할 것이다. 현대 사회에 들어와 소외문제가 사회 전 영역으로 확대되고 있는 상황을 감안할 때 국가와 사회가 주도하여 사회복지 제도를 체계적으로 수립하고 그 범위를 확대해야 한다는 이들의 주장은 충분한 설득력을 갖는다.

① 사회복지는 소외문제 해결을 통해 구성원들의 사회적 기능 수행을 원활하게 한다.
② 사회복지는 제공 행위뿐만 아니라 과정까지를 의미한다.
③ 사회복지의 확대는 근로 의욕의 상실과 도덕적 해이를 불러일으킬 수 있다.
④ 사회가 발전함에 따라 불균형이 심해지고 있다.

04 다음 글을 읽고 '스마트시티 전략'의 사례로 적절하지 않은 것은?

> 건설·정보통신기술 등을 융·복합하여 건설한 도시기반시설을 바탕으로 다양한 도시서비스를 제공하는 지속가능한 도시를 스마트시티라 한다.
>
> 최근 스마트시티에 대한 관심은 사물인터넷이나 만물인터넷 등 기술의 경이적 발달이 제4차 산업혁명을 촉발하고 있는 것과 같은 선상에서, 정보통신기술의 발달이 도시의 혁신을 이끌고 도시 문제를 현명하게 해결할 수 있을 것이라는 기대로 볼 수 있다. 이처럼 정보통신기술을 적극적으로 활용하고자 하는 스마트시티 전략은 중국, 인도를 비롯하여 동남아시아, 남미, 중동 국가 등 전 세계 많은 국가와 도시들이 도시발전을 위한 전략적 수단으로 표방하고 추진 중이다.
>
> 국내에서도 스마트시티 사업으로 대전 도안, 화성 동탄 등 26개 도시가 준공되었고, 의정부 민락, 양주 옥정 등 39개 도시가 진행 중에 있다. 스마트시티 관리의 일환으로 공공행정, 기상 및 환경감시 서비스, 도시 시설물 관리, 교통정보 및 대중교통 관리 등이 제공되고, 스마트홈의 일환으로 단지 관리, 통신 인프라, 홈 네트워크 시스템이 제공되며, 시민체감형 서비스의 일환으로 스마트 라이프 기반을 구현한다.

① 거리별 쓰레기통에 센서 장치를 활용하여 쓰레기 배출량 감소
② 방범 CCTV 및 범죄 관련 스마트 앱 사용으로 범죄 발생률 감소
③ 상하수도 및 지질정보 통합 시스템을 이용하여 시설 노후로 인한 누수 예방
④ 교통이 혼잡한 도로의 확장 및 주차장 확대로 교통난 해결

05 다음 문단을 논리적 순서대로 바르게 나열한 것은?

> (가) 글의 구조를 고려한 독서의 방법에는 요약하기와 조직자 활용하기 방법이 있다. 내용 요약하기는 문단의 중심 화제를 한두 문장으로 표현해 보는 일이다. 조직자란 내용을 조직하는 단위들이다. 이를 잘 찾아내면 글의 요점을 파악하기 쉽다.
> (나) 한 편의 완성된 글은 구조를 갖고 있으며 그 속에는 글쓴이의 중심 생각은 물론 글쓰기 전략도 들어 있다. 이때 글을 쓰는 목적이 무엇이냐에 따라 글쓰기 전략이 달라진다.
> (다) 정보를 전달하는 글은 정보를 쉽고 명료하게 조직하는 전략을 사용하고, 설득하는 글은 서론 – 본론 – 결론의 짜임을 취하며 주장을 설득력 있게 펼친다.
> (라) 독자 입장에서는 글이 구조를 갖고 있다는 점을 염두에 두고 글쓴이가 글을 쓴 목적이나 의도를 추리하며 글을 읽어야 한다.

① (가) – (나) – (라) – (다) ② (가) – (다) – (나) – (라)
③ (나) – (다) – (라) – (가) ④ (나) – (라) – (가) – (다)

`Easy`

06 다음 글의 서술 방식으로 가장 적절한 것은?

> 변혁적 리더십은 리더가 조직 구성원의 사기를 고양하기 위해 미래의 비전과 공동체적 사명감을 강조하고, 이를 통해 조직의 장기적 목표를 달성하는 것을 핵심으로 한다. 거래적 리더십이 협상과 교환을 통해 구성원의 동기를 부여한다면, 변혁적 리더십은 구성원의 변화를 통해 동기를 부여하고자 한다. 또한 거래적 리더십은 합리적 사고와 이성에 호소하는 반면, 변혁적 리더십은 감정과 정서에 호소하는 측면이 크다.
> 이러한 변혁적 리더십은 조직의 합병을 주도하고 신규 부서를 만들어내며, 조직문화를 창출해 내는 등 조직 변혁을 주도하고 관리한다. 따라서 오늘날 급변하는 환경과 조직의 실정에 적합한 리더십 유형으로 주목받고 있다.
> 변혁적 리더는 주어진 목적의 중요성과 의미에 대한 구성원의 인식 수준을 제고시키고, 개인적 이익을 넘어서 구성원 자신과 조직 전체의 이익을 위해 일하도록 만든다. 그리고 구성원의 욕구 수준을 상위 수준으로 끌어올림으로써 구성원을 근본적으로 변혁시킨다. 즉, 거래적 리더십을 발휘하는 리더는 구성원에게서 기대되었던 성과만을 얻어내지만, 변혁적 리더는 기대 이상의 성과를 얻어낼 수 있다.

① 구체적 현상을 분석하여 일반적 원리를 도출한다.
② 시간적 순서에 따라 개념이 형성되어 가는 과정을 밝힌다.
③ 대상에 대한 여러 가지 견해를 소개한다.
④ 다른 대상과의 비교를 통해 대상이 지닌 특징을 설명한다.

07 다음 글의 빈칸에 들어갈 내용으로 가장 적절한 것은?

> 자율주행차란 운전자가 핸들과 가속페달, 브레이크 등을 조작하지 않아도 정밀한 지도, 위성항법시스템(GPS) 등 차량의 각종 센서로 상황을 파악해 스스로 목적지까지 찾아가는 자동차를 말한다. 국토교통부는 자율주행차의 상용화를 위해 '부분자율주행차(레벨 3)' 안전기준을 세계 최초로 도입했다고 밝혔다. 이에 따라 곧 자동으로 차로를 유지하는 기능이 탑재된 레벨 3 자율주행차의 출시와 판매가 가능해진다. 국토부가 마련한 안전기준에 따르면 레벨 3 부분자율주행차는 운전자 탑승이 확인된 후에만 작동할 수 있다. 자동 차로 유지 기능은 운전자가 직접 운전하지 않아도 자율주행시스템이 차선을 유지하면서 주행하고 긴급상황 등에 대응하는 기능이다. 기존 '레벨 2'는 차로 유지 기능을 작동했을 때 차량이 차선을 이탈하면 경고 알람이 울리는 정도여서 운전자가 직접 운전을 해야 했지만, 레벨 3 안전기준이 도입되면 지정된 작동 영역 안에서는 자율주행차의 책임 아래 _____

① 운전자가 탑승하지 않더라도 자율주행이 가능해진다.
② 운전자가 직접 조작하지 않더라도 자동으로 속도 조절이 가능해진다.
③ 운전자가 운전대에서 손을 떼고도 차로를 유지하며 자율주행이 가능해진다.
④ 운전자가 직접 조작하지 않더라도 차량 간 일정한 거리 유지가 가능해진다.

08 다음 글을 읽고 추론한 내용으로 가장 적절한 것은?

> NASA 보고에 따르면 지구 주변 우주쓰레기는 약 3만 개에 달한다고 한다. 이러한 우주쓰레기는 노후한 인공위성이나 우주인이 놓친 연장 가방에서 나온 파편, 역할을 다한 로켓 부스터 등인데 때로는 이것들이 서로 충돌하면서 작은 조각으로 부서지기도 한다.
> 이러한 우주쓰레기가 심각한 이유는 연간 3 ~ 4개의 우주 시설이 이와 같은 우주쓰레기 탓에 파괴되고 있는 탓이다. 이대로라면 GPS를 포함한 우주 기술사용이 불가능해질 수도 있다는 전망이다. 또 아주 큰 우주쓰레기가 지상에 떨어지는 경우가 있어 각국에서는 잇따른 피해가 계속 보고되고 있다.
> 이에 우주쓰레기를 치우기 위한 논의가 각국에서 지속되고 있으며, 유엔에서는 '우주쓰레기 경감 가이드라인'을 만들기에 이르렀고, 유럽우주국은 2025년에 우주쓰레기 수거 로봇을 발사할 계획임을 밝혔다.
> 이 우주쓰레기 수거 로봇은 스위스에서 개발한 것으로 4개의 팔을 뻗어 지구 위 800km에 있는 소형 위성 폐기물을 감싸 쥐고 대기권으로 진입하는 방식으로 우주쓰레기를 수거하는데, 이때 진입하는 과정에서 마찰열에 의해 우주선과 쓰레기가 함께 소각된다.
> 이 외에도 고열을 이용해 우주쓰레기를 태우는 방법, 자석으로 쓰레기를 끌어들여 궤도로 떨어뜨리는 방법, 쓰레기에 레이저를 발사해 경로를 바꾼 뒤 지구로 떨어뜨리는 방법, 위성 제작 시 수명이 다하면 분해에 가깝게 자체 파괴되도록 제작하는 방법 등이 있다.
> 실제로 영국에서 작살과 그물을 이용해 우주쓰레기를 수거하는 실험에 성공한 적이 있다. 하지만 한 번에 100kg 정도의 쓰레기밖에 처리하지 못해 여러 번 발사해야 한다는 점, 비용이 많이 든다는 점, 자칫 쓰레기 폭발을 유도해 파편 숫자만 늘어난다는 점 등이 단점이었다.
> 이러한 우주쓰레기 처리는 전 국가의 과제이지만 천문학적 세금이 투입되는 사업이라 누구도 선뜻 나서지 못하는 것이 현 상황이다. 하루 빨리 우주개발 국가 공동의 기금을 마련해 대책을 마련하지 않는다면, 인류의 꿈은 이러한 우주쓰레기에 발목 잡힌다 해도 과언이 아닐 것이다.

① 우주쓰레기 청소는 저소득 국가에서는 하기 힘든 사업이다.
② 우주쓰레기는 우주에서 떠돌아 지구 내에는 피해가 없다.
③ 우주쓰레기 수거 로봇은 유럽에서 개발되었으며 성공적인 결과를 얻었다.
④ 우주쓰레기들이 서로 충돌하게 되면 우주쓰레기의 개수는 더 적어질 것이다.

09 다음 글에서 〈보기〉의 문장이 들어갈 위치로 가장 적절한 곳은?

일반적으로 법률에서는 일정한 법률 효과와 함께 그것을 일으키는 요건을 규율한다. 이를테면 민법 제750조에서는 불법 행위에 따른 손해 배상 책임을 규정하는데, 그 배상 책임의 성립 요건을 다음과 같이 정한다. '고의나 과실'로 말미암은 '위법 행위'가 있어야 하고, '손해가 발생'하여야 하며 바로 그 위법 행위 때문에 손해가 생겼다는 이른바 '인과 관계'가 있어야 한다. 이 요건들이 모두 충족되어야 법률 효과로서 가해자는 피해자에게 손해를 배상할 책임이 생기는 것이다.

소송에서는 이런 요건들을 입증해야 한다. (가) 어떤 사실의 존재 여부에 대해 법관이 확신을 갖지 못하면, 다시 말해 입증되지 않으면 원고와 피고 가운데 누군가는 패소의 불이익을 당하게 된다. 이런 불이익을 받게 될 당사자는 입증의 부담을 안을 수밖에 없고, 이를 입증 책임이라 부른다. (나) 대체로 어떤 사실이 존재함을 증명하는 것이 존재하지 않음을 증명하는 것보다 쉽다. 이 둘 가운데 어느 한쪽에 부담을 지워야 한다면, 쉬운 쪽에 지우는 것이 공평할 것이다. 이런 형평성을 고려하여 특정한 사실의 발생을 주장하는 이에게 그 사실의 존재에 대한 입증 책임을 지도록 하였다. (다) 그리하여 상대방에게 불법 행위의 책임이 있다고 주장하는 피해자는 소송에서 원고가 되어, 앞의 민법 조문에서 규정하는 요건들이 이루어졌다고 입증해야 한다. (라)

그런데 이들 요건 가운데 인과 관계는 그 입증의 어려움 때문에 공해 사건 등에서 문제가 된다. 공해에 대해서는 현재의 과학 수준으로도 해명되지 않는 일이 많다. 그런데도 피해자에게 공해와 손해 발생 사이의 인과 관계를 하나하나의 연결 고리까지 자연 과학적으로 증명하도록 요구한다면, 사실상 사법적 구제를 거부하는 일이 될 수 있다. 더구나 관련 기업은 월등한 지식과 기술을 가지고 훨씬 더 쉽게 원인 조사를 할 수 있는 상황이기에 피해자인 상대방에게만 엄격한 부담을 지우는 데 대한 형평성 문제도 제기된다.

> **보기**
>
> 소송에서 입증은 주장하는 사실을 법관이 의심 없이 확신하도록 만드는 일이다.

① (가)   ② (나)
③ (다)   ④ (라)

10 다음 갑과 을의 견해에 대한 분석으로 가장 적절한 것은?

> 갑 : 좋아. 우리 둘 다 전지전능한 신이 존재한다는 가정에서 시작하는군. 이제 철수가 t시점에 행동 A를 할 것이라고 해볼까? 신은 전지전능해서 철수가 t시점에 행동 A를 할 것임을 알겠지. 그러니까 철수가 t시점에 행동 A를 한다는 것은 필연적이야. 그리고 필연적으로 발생하는 것은 자유로운 것이 아니지. 따라서 철수의 행동 A는 자유롭지 않아.
>
> 을 : 비록 어떤 행동이 필연적이더라도 그 행동에 누군가의 강요가 없다면 자유로운 행동이 될 수 있어. 그러므로 철수가 t시점에 행동 A를 할 것임이 필연적이라 하더라도, 그것만으로부터 행동 A가 자유롭지 않다고 판단할 수는 없어. 신이나 다른 누군가가 그 행동을 철수에게 강요했는지의 여부를 확인해야 해. 만약 신이 철수가 t시점에 행동 A를 할 것임을 안다면 철수의 행동 A가 필연적이라는 것은 나도 인정해. 하지만 그로부터 신이 철수의 그 행동을 강요했음이 곧바로 도출되지는 않아. 따라서 철수의 행동은 여전히 자유로울 수 있지.
>
> 갑 : 필연적인 행동이 자유롭지 않은 이유는 다른 행동을 할 가능성이 차단되었기 때문이야. 만일 전지전능한 신이 존재하고 그 신이 철수가 t시점에 행동 A를 할 것임을 안다면, 철수가 t시점에 행동 A를 할 것이 필연적이라는 것은 너도 인정했지? 그것이 필연적이라면 철수가 t시점에 행동 A 외에 다른 행동을 할 가능성은 없지. 신의 강요가 없을지라도 말이야.
>
> 을 : 맞아. 그렇지만 신이 강요하지 않는 한, 철수의 행동 A에는 A에 대한 철수 자신의 의지가 반영되어 있어. 즉, 철수의 행동 A는 철수 자신의 판단에 의한 행동이라는 것이지. 그렇기 때문에 철수의 행동 A는 자유로울 수 있어. 반면에 철수의 행동 A가 강요된 것이라면 행동 A에는 철수 자신의 의지가 반영되어 있지 않았겠지만 말이야. 그러니까 철수의 행동 A가 필연적인지의 여부는 그 행동이 자유로운 것인지의 여부를 가리는 데 결정적인 게 아니야.

① 갑과 을은 전지전능한 신이 존재할 경우 철수의 행동에 철수의 의지가 반영될 수 없다는 데 동의한다.

② 갑은 강요에 의한 행동을 자유로운 것으로 생각하지 않지만, 을은 그것을 자유로운 것으로 생각한다.

③ 갑은 필연적인 행동에는 다른 행동의 가능성이 차단된다고 생각하지만, 을은 필연적인 행동에도 다른 행동의 가능성이 있다고 생각한다.

④ 갑은 다른 행동을 할 가능성이 없으면 행동의 자유가 없다고 생각하지만, 을은 그런 가능성이 없다는 것으로부터 행동의 자유가 없다는 것이 도출된다고 생각하지 않는다.

망막에는 빛에 감응하는 두 가지 종류의 시세포인 간상세포와 원추세포가 있다. 간상세포는 외절과 내절의 두 부분으로 이루어져 있으며 외절은 가늘며 이 속에 들어 있는 로돕신은 빛에 의해 옵신과 레티넨으로 쉽게 분해된다. 이때 나오는 분해 에너지가 시세포를 흥분시켜 뇌에 자극을 전달해 주며 시각이 성립된다. 또한 레티넨은 비타민 A로부터 공급되므로 비타민 A가 부족하면 로돕신이 잘 합성되지 않기 때문에 밤에 물체를 제대로 구별하지 못하는 야맹증이 발생할 수 있다.

어두운 환경에서 희미한 빛을 인식하는 간상세포는 황반의 중심부에 자리 잡고 있는 원추세포와는 달리, 황반 위에는 없고 황반 주위에 퍼져있다. 따라서 밤에 매우 희미한 물체를 볼 때, 그 물체를 직접 보면 잘 보이지 않는다. 예를 들어 밤하늘에서 어두운 별을 관찰할 때 별을 직접 쳐다보면 원추세포는 약한 빛에서는 작용하지 않고 간상세포가 거의 없는 황반에는 별의 이미지가 맺히지 않으므로 이를 인식할 수가 없다. 따라서 밤에 어두운 별을 잘 보려면 그것을 직접 겨냥해 보지 않고 곁눈질로 보는 것이 중요하다. 또한 어두운 방 안에서 벽시계를 볼 때도 벽시계 판에 초점을 맞추기보다는 시계 주변에 초점을 맞출 때 시각을 대강 어림짐작할 수 있다. 이는 황반 주위에 퍼져있는 간상세포를 이용해야 하기 때문이다.

인간은 색깔을 매우 자세히 구별할 수 있다. 이는 망막 위에 존재하는 시세포인 원추세포의 작용에 의한 것으로 사람의 망막에는 대략 700만 개의 원추세포와 1억 2,000만 개 정도의 간상세포가 존재한다. 원추세포에는 세 종류가 있는데 각각 적색·녹색·청색의 가시광선을 인식하는 적추체·녹추체·청추체가 있어서 여러 가지 색깔을 인식할 수 있게 되는 것이다. 이는 컬러TV나 컴퓨터 그래픽 프로그램에서 적색·녹색·청색을 적당한 비율로 섞어서 온갖 색깔을 만들어내는 것과 같은 원리이다.

원추세포에 이상이 생기면 적색·녹색·청색 중 하나 이상의 색깔을 느끼지 못하는 색맹(색각이상)이 나타나게 된다. 가장 흔한 경우는 적색과 녹색을 구분하지 못하는 적색각 이상과 녹색을 인식할 수 없는 녹색각 이상이 있으며 세 가지 원추세포에 모두 이상이 생겨서 색깔 자체를 인식을 못하는 전색각 이상도 있다. 전색각인 경우에는 세상이 흑백TV처럼 명암의 구분만 존재하는 회색 톤으로 보이게 된다. 정상인 사람도 이와 같은 경험을 하는데 밤에는 빛의 세기가 약해서 원추세포가 작용하지 않아 색깔을 구별할 수가 없다. 오직 빛의 밝기만 느낄 수 있는 한 종류의 세포로 구성된 간상세포에 의해 보기 때문에 흑백으로 보이게 된다.

11 윗글의 각 문단에 해당하는 소제목으로 적절하지 않은 것은?

① 첫 번째 문단 : 간상세포 속 로돕신에 의한 시각의 성립
② 두 번째 문단 : 어두운 곳에서 물체를 잘 보는 방법
③ 세 번째 문단 : 색깔을 구별할 수 있게 해주는 간상세포
④ 네 번째 문단 : 원추세포의 이상으로 나타나는 현상

12 다음 중 윗글의 내용으로 적절하지 않은 것은?

① 간상세포 속 로돕신이 분해되면서 나오는 에너지가 뇌를 자극해 시각이 성립된다.

② 간상세포는 희미한 빛을 인식할 수 있으므로 어두운 곳에서 물체를 보려면 물체에 초점을 맞춰야 한다.

③ 원추세포가 색을 구별하는 방법과 컬러TV가 색을 만들어내는 원리는 같다.

④ 적추체·녹추체·청추체 모두에 이상이 생기면 사람은 물체를 명암으로 구별하게 된다.

Hard

13 윗글을 바탕으로 〈보기〉를 해석한 것으로 가장 적절한 것은?

> **보기**
>
> 점묘주의 혹은 분할주의는 신인상주의가 사용하는 독창적인 테크닉의 기반을 이루는 것으로 캔버스에 색칠을 할 때 순색(純色)만을 사용하되 이를 팔레트에서 뒤섞지 않고 작은 점으로 찍어나가는 방법을 말한다.

① 채색을 하지 않고 먹의 농담(명암)으로 그리는 수묵화와 유사한 방식이다.

② 빛과 대기의 변화에 따라 색채가 일으키는 변화에 흥미를 갖고 사물의 인상을 중시한다.

③ 색조의 순도는 그대로 유지하면서 보는 이의 망막에서 중간색이 형성되는 방식이다.

④ 붓질의 크기나 방향감을 이용하여 결을 표현하여 대상의 질감을 시각적으로 표현한다.

※ 다음 글을 읽고 이어지는 질문에 답하시오. [14~15]

인류 역사는 끊임없이 변화를 거듭해 왔다. 그 변화의 굽이들 속에서 사람들의 세계관이나 가치관 또한 다양하게 바뀌었다. 어느 세기에는 종교적 믿음이 모든 것을 지배하기도 했고, 어느 때는 이성이 가장 중요한 위치를 차지했으며, 또 어느 시점에서는 전 인류가 기계 문명을 근간으로 한 산업화를 지향하기도 했다. 그리고 21세기가 되었다. 이 세기는 첨단 과학과 정보 통신 기술의 ⑤ 비약적인 발달로 과거 그 어느 때보다 변화의 진폭이 클 것으로 예상되었으며 변화된 모습이 실로 드러나고 있다. 이러한 지속적인 변화의 배경에는 늘 인간의 열망과 상상력이 가로놓여 있었다.

과학 기술의 진보와 이에 발맞춘 눈부신 문명의 진전 과정에서는 인간의 열망과 상상력이 우선되었다. 과연 인간이 욕망하지 않고 상상하지 않았다면 이 문명 세계의 많은 것들을 창조하고 혁신할 수 있었을까? 하늘을 날고 싶어 하는 욕망이 없었다면 비행기는 발명되지 못했을 것이며, 좀 더 빠른 이동 수단을 원하지 않았다면 자동차는 나오지 않았을 것이다. 이제껏 상상력은 인류 문명을 가동해 온 원동력이었으며 현재 또한 그러하다.

그런 가운데 21세기 디지털 테크놀로지와 신과학들은 이러한 상상력의 위상을 다시 생각하게 한다. 사람들이 실현 불가능하다고 여겨 공상 수준에 그쳤던 일들이 실로 구현되는 상황이 펼쳐지곤 한다. 3D, 아바타, 사이보그, 가상현실, 인공 생명, 유전 공학, 나노 공학 등 21세기 최첨단 과학 기술에 힘입어 상상력의 지평이 넓어졌다. 과거 시대들이 무엇인가를 상상하고 그것을 만들어가는 기술을 개발하는 시간들이었다면, 21세기는 상상하는 것을 곧 이루어낼 수 있는 시대가 된 것이다.

14 윗글의 문맥상 ⑤과 바꿔 쓸 수 있는 단어로 가장 적절한 것은?

① 급진적인   ② 체계적인

③ 규칙적인   ④ 지속적인

`Easy`

15 다음 중 윗글의 내용으로 적절하지 않은 것은?

① 인류 역사의 변화 속에서 사람들의 세계관이나 가치관도 변화하였다.

② 21세기는 그 어느 때보다 변화의 진폭이 클 것으로 예상되었다.

③ 상상력은 인류 문명 세계에 많은 것을 창조하고 혁신시킨 원동력이다.

④ 21세기는 무엇인가를 상상하고 그것을 만들어가는 기술을 개발하는 시대이다.

01 다음은 연도별 우리나라 건강보험 재정 현황에 대한 자료이다. 이에 대한 설명으로 옳지 않은 것은?

<건강보험 재정 현황>

(단위 : 조 원)

구분	2017년	2018년	2019년	2020년	2021년	2022년	2023년	2024년
수입	33.6	37.9	41.9	45.2	48.5	52.4	55.7	58.0
보험료 등	28.7	32.9	36.5	39.4	42.2	45.3	48.6	51.2
정부지원	4.9	5.0	5.4	5.8	6.3	7.1	7.1	6.8
지출	34.9	37.4	38.8	41.6	43.9	48.2	52.7	57.3
보험급여비	33.7	36.2	37.6	40.3	42.5	46.5	51.1	55.5
관리운영비 등	1.2	1.2	1.2	1.3	1.4	1.7	1.6	1.8
수지율(%)	104	98	93	92	91	92	95	99

※ 수지율(%)$=\dfrac{(지출)}{(수입)}\times100$

① 2017년 대비 2024년 건강보험 수입의 증가율과 건강보험 지출의 증가율의 차이는 15%p 이상이다.

② 2018년부터 건강보험 수지율이 전년 대비 감소하는 해에는 정부지원 수입이 전년 대비 증가했다.

③ 2022년 보험료 등이 건강보험 수입에서 차지하는 비율은 75% 이상이다.

④ 건강보험 수입과 지출의 전년 대비 증감 추이는 2018 ~ 2023년까지 동일하다.

PART 2

02 다음은 2024년 경제자유구역 입주 사업체 투자재원조달 실태조사 자료이다. 이에 대한 〈보기〉의 설명 중 옳은 것을 모두 고르면?

〈2024년 경제자유구역 입주 사업체 투자재원조달 실태조사〉

(단위 : 백만 원, %)

구분		전체		국내투자		해외투자	
		금액	비중	금액	비중	금액	비중
국내재원	자체	4,025	57.2	2,682	52.6	1,343	69.3
	정부	2,288	32.5	2,138	42.0	150	7.7
	기타	356	5	276	5.4	80	4.2
	소계	6,669	94.7	5,096	100	1,573	81.2
해외재원	소계	365	5.3	–	–	365	18.8
합계		7,034	100	5,096	100	1,938	100

보기

ㄱ. 자체 재원조달금액 중 국내투자에 사용되는 금액이 차지하는 비중은 60%를 초과한다.

ㄴ. 해외재원은 모두 해외투자에 사용되고 있다.

ㄷ. 국내재원 중 정부조달금액이 차지하는 비중은 40%를 초과한다.

ㄹ. 국내재원 중 국내투자금액은 해외투자금액의 3배 미만이다.

① ㄱ, ㄴ   ② ㄱ, ㄷ

③ ㄴ, ㄷ   ④ ㄴ, ㄹ

03 다음은 A ~ D 4개 고등학교의 대학 진학 희망자의 학과별 비율과 실제 진학한 학생의 비율을 나타낸 자료이다. 이에 대하여 올바르게 추론한 사람을 〈보기〉에서 모두 고르면?

〈A ~ D고 진학 통계〉

고등학교		국문학과	경제학과	법학과	기타	진학 희망자 수
A	진학 희망자 비율	60%	10%	20%	10%	700명
	실제 진학 비율	20%	10%	30%	40%	
B	진학 희망자 비율	50%	20%	40%	20%	500명
	실제 진학 비율	10%	30%	30%	30%	
C	진학 희망자 비율	20%	50%	40%	60%	300명
	실제 진학 비율	35%	40%	15%	10%	
D	진학 희망자 비율	5%	25%	80%	30%	400명
	실제 진학 비율	30%	25%	20%	25%	

보기

• 영이 : B고와 D고 중에서 경제학과에 합격한 학생은 D고가 많다.
• 재인 : A고에서 법학과에 합격한 학생은 40명보다 많고, C고에서 국문학과에 합격한 학생은 20명보다 적다.
• 준아 : 국문학과에 진학한 학생들이 많은 학교를 순서대로 나열하면 A − B − C − D의 순서가 된다.

① 영이
② 재인
③ 준아
④ 영이, 재인

Easy

04 다음은 권역별 광고경기 체감도를 점수화한 자료이다. 광고경기 체감도가 80 ~ 99점이라 답한 수도권 업체 수는 체감도가 120점 이상이라 답한 경상권 업체 수의 몇 배인가?(단, 모든 계산은 소수점 첫째 자리에서 반올림한다)

〈권역별 광고경기 체감도〉

(단위 : %)

구분	사업체 수(개)	60점 미만	60 ~ 79점	80 ~ 99점	100 ~ 119점	120점 이상	평균(점)
전체	7,229	8.4	13.4	32.8	38.6	6.8	90.1
수도권	5,128	9.8	14.3	30.5	39.4	6.0	88.3
강원권	102	0	4.3	47.2	44.2	4.3	94.1
충청권	431	7.8	13.7	29.8	38.5	10.2	101.2
전라권	486	1.2	1.6	54.9	41.1	1.2	96
경상권	1,082	5.9	15.2	34.0	33.1	11.8	91.2

① 9배
② 10배
③ 11배
④ 12배

PART 2

05 다음은 P의 집에 있는 반찬과 각 반찬의 칼로리를 표시한 것이다. P의 하루 식단이 다음과 같을 때, P가 하루에 섭취하는 총 열량은?

〈P의 보유 반찬 및 칼로리 정보〉

구분	현미밥	미역국	고등어구이	시금치나물	버섯구이	블루베리
무게(g)	300	500	400	100	150	80
열량(kcal)	540	440	760	25	90	40

구분	우유식빵	사과잼	된장찌개	갈비찜	깍두기	연근조림
무게(g)	100	40	200	200	50	100
열량(kcal)	350	110	176	597	50	96

〈P의 하루 식단〉

구분	식단
아침	우유식빵 80g, 사과잼 40g, 블루베리 60g
점심	현미밥 200g, 갈비찜 200g, 된장찌개 100g, 버섯구이 50g, 시금치나물 20g
저녁	현미밥 100g, 미역국 200g, 고등어구이 150g, 깍두기 50g, 연근조림 50g

① 1,940kcal ② 2,120kcal
③ 2,239kcal ④ 2,352kcal

Easy

06 다음은 2024년 11월 시도별 이동자 수 및 이동률을 조사한 자료이다. 이에 대한 설명으로 옳지 않은 것은?(단, 소수점 둘째 자리에서 반올림한다)

〈2024년 11월 시도별 이동자 수(총 전입)〉

(단위 : 명)

지역	전국	서울	부산	대구	인천	광주
이동자 수	650,197	132,012	42,243	28,060	40,391	17,962

〈2024년 11월 시도별 이동률(총 전입)〉

(단위 : %)

지역	전국	서울	부산	대구	인천	광주
이동자 수	1.27	1.34	1.21	1.14	1.39	1.23

① 서울의 총 전입자 수는 전국의 총 전입자 수의 약 20.3%이다.
② 서울, 부산, 대구, 인천, 광주 중 대구의 총 전입률이 가장 낮다.
③ 서울은 총 전입자 수와 총 전입률 모두 다른 지역에 비해 가장 높다.
④ 부산의 총 전입자 수는 광주의 총 전입자 수의 약 2.35배이다.

07 다음은 P사에서 만든 기계제품의 가격을 연도별로 표시한 자료이다. 이에 대한 설명으로 옳지 않은 것은?

<연도별 기계제품 가격>

(단위 : 만 원)

구분	2020년	2021년	2022년	2023년	2024년
가격	200	230	215	250	270
재료비	105	107	99	110	115
인건비	55	64	72	85	90
수익	40	59	44	55	65

① 제품의 가격 증가율은 2024년에 가장 크다.

② 재료비의 상승폭이 가장 큰 해에는 제품 가격 상승폭도 가장 크다.

③ 제품의 원가에서 인건비는 꾸준히 증가하였다.

④ 2020 ~ 2024년에 재료비와 수익의 증감 추이는 같다.

08 다음은 2024년 도매시장의 소 종류별·등급별 경락두수를 조사한 자료이다. 이에 대한 설명으로 옳은 것은?

<2024년 도매시장의 소 종류별·등급별 경락두수>

(단위 : 마리)

구분	한우	육우	젖소	합계
1++등급	9,006	144	1	9,151
1+등급	30,083	1,388	27	31,498
1등급	39,817	6,313	189	46,319
2등급	35,241	23,399	1,221	59,861
3등급	26,427	34,996	7,901	69,324
D등급	3,634	726	16,545	20,905
합계	144,208	66,966	25,884	237,058

① 육우가 1++등급을 받는 비율보다 한우가 D등급을 받는 비율이 더 낮다.

② 한우가 1등급을 받는 비율이 육우가 2등급을 받는 비율보다 더 높다.

③ 육우는 3등급 이하의 판정을 받은 경우가 50%를 넘는다.

④ 젖소가 1등급 이상을 받는 비율보다 육우가 1++등급을 받는 비율이 더 높다.

09 다음은 산업별 대기 배출량과 기체별 지구온난화 유발 확률에 대한 자료이다. 어느 부문의 대기 배출량을 줄여야 지구온난화 예방에 가장 효과적인가?

〈산업별 대기 배출량〉

(단위 : 천 톤 CO_2eq)

구분	이산화탄소	아산화질소	메탄	수소불화탄소
전체	45,950	3,723	17,164	0.03
농업, 임업 및 어업	10,400	810	12,000	0
석유, 화학 및 관련제품	6,350	600	4,800	0.03
전기, 가스, 증기 및 수도사업	25,700	2,300	340	0
건설업	3,500	13	24	0

〈기체별 지구온난화 유발 확률〉

(단위 : %)

구분	이산화탄소	아산화질소	메탄	수소불화탄소
유발 확률	30	20	40	10

① 농업, 임업 및 어업　　　　② 석유, 화학 및 관련제품
③ 전기, 가스, 증기 및 수도사업　　④ 건설업

10 다음은 P기업의 매출액과 분기별 매출액의 영업팀 구성비를 나타낸 자료이다. 연간 영업팀의 매출 순위의 순서와 1위 팀이 기록한 연 매출액이 바르게 짝지어진 것은?

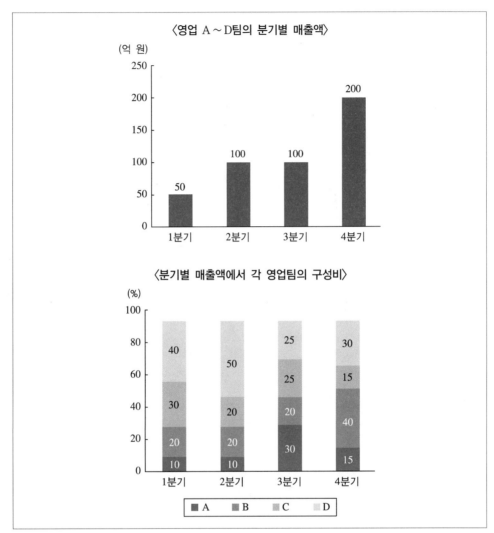

① A - B - C - D, 120억 원   ② D - B - A - C, 120억 원

③ D - B - C - A, 155억 원   ④ B - A - C - D, 120억 원

※ 다음은 2020 ~ 2024년 연도별 해양사고 발생 현황에 대한 그래프이다. 이어지는 질문에 답하시오.
[11~12]

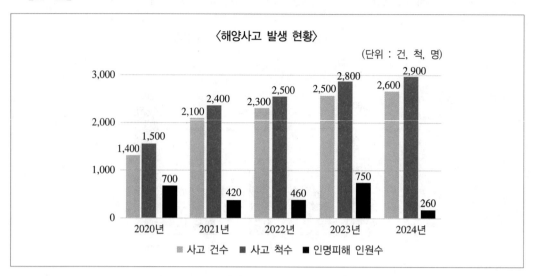

11 위 자료의 2020년 대비 2021년 사고 척수의 증가율과 사고 건수의 증가율이 순서대로 나열된 것은?

① 40%, 45%   ② 45%, 50%
③ 60%, 50%   ④ 60%, 55%

12 위 자료의 사고 건수당 인명피해의 인원수가 가장 많은 연도는?

① 2020년   ② 2021년
③ 2022년   ④ 2023년

※ 다음은 관측지점별 기상 평년값을 나타낸 자료이다. 이어지는 질문에 답하시오. [13~14]

〈관측지점별 기상 평년값〉

(단위 : ℃, mm)

구분	평균 기온	최고 기온	최저 기온	강수량
속초	12.2	16.2	8.5	1,402
철원	10.2	16.2	4.7	1,391
춘천	11.1	17.2	5.9	1,347
강릉	13.1	17.5	9.2	1,464
동해	12.6	16.8	8.6	1,278
충주	11.2	17.7	5.9	1,212
서산	11.9	17.3	7.2	1,285

Easy

13 관측지점 중 최고 기온이 17℃ 이상이며, 최저 기온이 7℃ 이상인 지점의 강수량의 합은?

① 3,027mm

② 2,955mm

③ 2,834mm

④ 2,749mm

14 다음 중 위 자료에 대한 설명으로 옳은 것은?

① 동해의 최고 기온과 최저 기온의 평균은 12.7℃이다.

② 속초는 관측지점 중 평균 기온이 두 번째로 높고, 강수량도 두 번째로 많다.

③ 최고 기온과 최저 기온의 차이가 가장 큰 지점은 서산이다.

④ 평균 기온, 최고·최저 기온이 가장 높고, 강수량도 가장 많은 지점은 강릉이다.

15 P씨는 미디어 매체별 이용자 분포 자료를 토대로 보고서에 추가할 그래프를 제작해 상사에게 제출하였는데, 그래프 중에서 잘못된 것이 있다고 피드백을 받았다. P씨가 다음 자료를 토대로 그래프를 검토할 때 수정이 필요한 그래프는?

〈미디어 매체별 이용자 분포〉

(단위 : %)

구분		TV	스마트폰	PC / 노트북
사례 수(명)		7,000	6,000	4,000
성별	남	49.4	51.7	51.9
	여	50.6	48.3	48.1
연령	10대	9.4	11.2	13.0
	20대	14.1	18.7	20.6
	30대	17.1	21.1	23.0
	40대	19.1	22.2	22.6
	50대	18.6	18.6	15.0
	60세 이상	21.7	8.2	5.8
직업	사무직	20.1	25.6	28.2
	서비스직	14.8	16.6	14.9
	생산직	20.3	17.0	13.4
	학생	13.2	16.8	19.4
	주부	20.4	17.8	18.4
	기타	0.6	0.6	0.6
	무직	10.6	5.6	5.1
소득	상	31.4	35.5	38.2
	중	45.1	49.7	48.8
	하	23.5	14.8	13.0
도시 규모	대도시	45.3	47.5	49.5
	중소도시	37.5	39.6	39.3
	군지역	17.2	12.9	11.2

① 연령대별 스마트폰 이용자 수(단위 : 명)

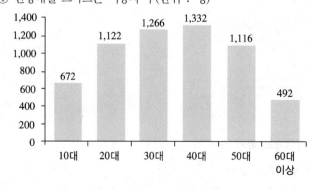

② 성별 매체 이용자 수(단위 : 명)

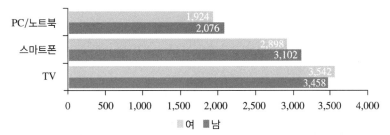

③ 매체별 소득수준 구성비

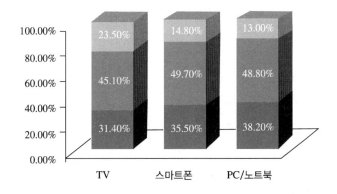

④ TV+스마트폰 이용자의 도시 규모별 구성비

Easy

01 P시에서 1박 2일 어린이 독서캠프를 열고자 한다. 다음 〈조건〉에 따라 참가 신청을 받을 때, 캠프에 참가할 수 있는 어린이는?

〈1박 2일 독서캠프 희망 어린이〉

(단위 : 권)

구분	성별	학년	P시 시립 어린이도서관 대출 도서명	교내 도서관 대출 수
강지후	남	초등학교 6학년	• 열두 살 인생 • 아이 돌보는 고양이 고마워	0
김바다	남	초등학교 1학년	• 아빠는 화만 내 • 나는 따로 할 거야	5
신예준	남	초등학교 3학년	–	2
황윤하	여	초등학교 2학년	• 강아지똥	3

조건

• 초등학교 1학년 이상 초등학교 6학년 이하인 어린이
• P시 시립 어린이도서관 대출 도서 및 교내 도서관 대출 도서 수가 다음 조건을 만족하는 어린이
　– P시 시립 어린이도서관 대출 도서 수가 3권 이상인 어린이
　– P시 시립 어린이도서관 대출 도서 수가 2권이고 교내 도서관 대출 도서 수가 2권 이상인 어린이
　– P시 시립 어린이도서관 대출 도서 수가 1권이고 교내 도서관 대출 도서 수가 4권 이상인 어린이
　– 교내 도서관 대출 도서 수가 5권 이상인 어린이

① 강지후
② 김바다
③ 신예준
④ 황윤하

02 P마트의 배송 담당자는 다음 공문과 배송 주문 목록에 따라 물품을 배송해야 한다. 이에 대한 설명으로 옳지 않은 것은?

〈(공문) 배송 관리 개선 방안〉

1. 배송물품 수거 시간
   – 매일 오전 10시, 오후 4시(단, 금요일과 일요일은 오후 2시 배송 있음)
     ※ 각 수거 시간 이후에 집하장에 배출된 물품은 다음 수거 시간에 수거
2. 수거 시간별 배송 예정 시간
   – 오전 수거 물품은 당일 오후 배송 완료 예정
   – 오후 수거 물품은 당일 오후에서 익일 오전 사이에 배송 완료 예정
     ※ 당일 배송이 불가한 신선식품과 냉동식품은 반드시 냉동창고에 따로 보관하므로 확인 요망
3. 배송 거리 분할
   – 점포별 관할구역인 □□동 내부일 경우 근거리, 관할구역 외일 경우(행정구역이 다른 경우) 장거리로 취급
   – 장거리 배송의 경우 배송 완료 예정 시간에 1일 추가
4. 배송 물품 집하장 : 지하 1층 고객만족센터 우측 보관소
   ※ 냉동창고 보관용 물품은 지하 2층 중앙 창고 내부의 냉동고에 보관
5. 배송 물품을 차량에 적재하는데 소요되는 시간이 1시간 이내가 될 수 있도록, 배송지원 사원을 배치하였으니 배송지원팀에 문의하여 적극 활용 바람
   ※ 배송지원팀 김○○ 대리(내선 1234)에게 연락 바람

2024년 9월 4일 수요일

〈고객 배송 요청 내역 목록(9월 4일 오전 9시 현재 기준)〉

구분	A	B	C	D	E
희망 배송 시기	수요일 오후	최대한 빨리	금요일 오전	토요일 오후	토요일 오후
배송 지역	□□동	□□동	□□동	□□동	△△동
특이 사항	신선식품			냉동식품	신선식품

① A고객에게 배송을 하기 위해서는 금일 오전 10시 배송을 준비해야 한다.

② 오늘 배송을 준비하기 위해서는 지하 1층 고객만족센터의 보관소를 방문해야 한다.

③ 내일 오후에 준비하는 배송 상품은 C고객을 위한 것이다.

④ D고객과 E고객의 상품 배송을 위해서는 9월 6일 오후 2시 배송을 이용하면 된다.

03 다음과 같이 P공장에서 제조하는 볼트의 일련번호를 형태 - 허용압력 - 직경 - 재질 - 용도 순으로 표시할 때, 직경이 14mm이고, 자동차에 쓰이는 스테인리스 볼트의 일련번호로 가장 적절한 것은?

형태	나사형	육각	팔각	별
	SC	HX	OT	ST
허용압력(kg/cm^2)	10 ~ 20	21 ~ 40	41 ~ 60	61 이상
	L	M	H	P
직경(mm)	8	10	12	14
	008	010	012	014
재질	플라스틱	크롬 도금	스테인리스	티타늄
	P	CP	SS	Ti
용도	항공기	선박	자동차	일반
	A001	S010	M110	E100

① HXL014SSM110

② OTH014SSS010

③ SCP014TiE100

④ STM012CPM110

Easy

04 P사의 사원 월급과 사원 수를 알아보기 위해 다음과 같은 〈조건〉을 얻었을 때, 구한 P사의 사원 수와 사원 월급 총액을 바르게 나열한 것은?(단, 월급 총액은 P사가 사원 모두에게 주는 한 달 월급의 합을 말한다)

> **조건**
> • 사원은 모두 동일한 월급을 받는다.
> • 사원이 10명 더 늘어나면, 기존 월급보다 100만 원 작아지고, 월급 총액은 기존의 80%이다.
> • 사원이 20명 줄어들면, 월급은 기존과 동일하고, 월급 총액은 기존의 60%가 된다.

	사원 수	월급 총액
①	45명	1억 원
②	45명	1억 2천만 원
③	50명	1억 2천만 원
④	50명	1억 5천만 원

05 P사에서는 매월 초 인트라넷을 통해 윤리경영 자기진단을 실시한다. 아침 회의 시 전무이사는 오늘 내에 부서 구성원이 모두 참여할 수 있는 별도의 시간을 정하여 가능한 빨리 완료할 것을 지시하였다. 이에 부서장은 귀하에게 다음의 업무 스케줄을 고려하여 가장 적당한 시간을 확인해 보고할 것을 당부하였다. 자기진단은 1시간이 소요될 때, 이를 실시하기에 가장 적절한 시간은?

<업무 스케줄>

시간	직급별 스케줄				
	부장	차장	과장	대리	사원
09:00 ~ 10:00	부서장 회의				
10:00 ~ 11:00					
11:00 ~ 12:00			타부서 협조 회의		
12:00 ~ 13:00	점심식사				
13:00 ~ 14:00	부서 업무 회의				비품 신청
14:00 ~ 15:00					
15:00 ~ 16:00				일일 업무결산	
16:00 ~ 17:00		업무보고			
17:00 ~ 18:00	업무보고				

① 15:00 ~ 16:00
② 14:00 ~ 15:00
③ 12:00 ~ 13:00
④ 10:00 ~ 11:00

※ 다음은 B부서의 워크숍 준비에 대한 설명이다. 이어지는 질문에 답하시오. **[6~7]**

P사는 상반기 업무를 종료하고 부서별 워크숍을 권장하였다. B부서의 김부장은 1박 2일 워크숍을 계획하고 이대리에게 워크숍 준비를 지시하였다. 이대리는 이미 정한 지방의 펜션을 고려하여 어떻게 이동할 것인지 먼저 고려하기 시작했다. 이동 수단을 결정할 때 중요한 것은 가격과 시간이라고 생각하여 이를 상대적인 지수로 환산하여 표로 작성하였고, 이동 수단 결정식의 값이 가장 낮은 수단을 선택하기로 했다.

〈이동 수단별 가격과 시간 지수〉

구분	기차	고속버스	자가용	비행기
시간 지수	1	2	2.5	0.6
가격 지수	1	0.7	0.8	1.8

※ 기차의 시간과 가격 지수를 1로 했을 때, 다른 이동 수단의 상대적인 지수를 표시함
※ 공항, 역, 터미널, 자가용 주차장 등에서 펜션까지는 도보로 이동할 수 있으며 모두 같은 시간이 걸린다고 가정함
※ 부서원 8명의 가격을 기준으로 산출하였고, 인원이 1명 추가될 때마다 다음의 가격 지수가 추가됨
　 – 기차 : 0.5 / 고속버스 : 0.2 / 자가용 : 0.7 / 비행기 : 0.6
　　(단, 자가용의 경우 추가 인원이 1명에서 4명 이하면 0.7만 추가 산정됨)
※ 이동 수단 결정식=(시간 지수×가격 지수)

Easy

06 위 주어진 이동 수단별 지수를 고려할 때, 가장 효율적인 이동 수단은?

① 기차　　　　　　　　　　② 고속버스
③ 자가용　　　　　　　　　④ 비행기

07 원래 부서원들만 워크숍을 가기로 하였으나, 상무님과 전무님이 B부서의 워크숍에 참여하기로 하였다. 이러한 상황에서 가장 효율적인 이동 수단은?

① 기차　　　　　　　　　　② 고속버스
③ 자가용　　　　　　　　　④ 비행기

※ 다음은 버스 정류장의 위치 및 경로이다. 이어지는 질문에 답하시오. [8~9]

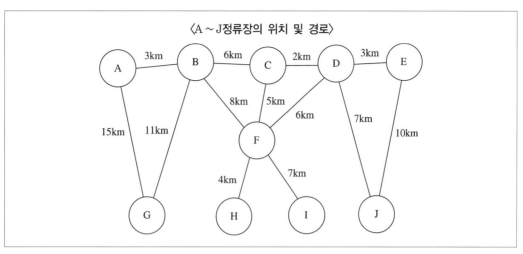

〈A ~ J정류장의 위치 및 경로〉

08 G ~ D까지 갈 수 있는 최소 이동 거리는?(단, 한 번 지나간 길은 되돌아갈 수 없다)

① 19km

② 21km

③ 23km

④ 25km

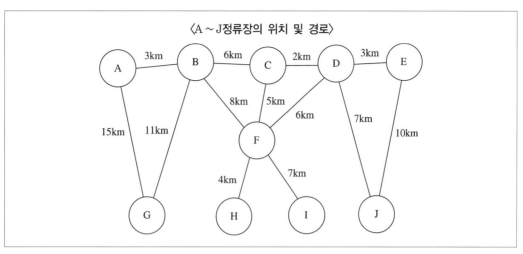

09 A ~ J까지 가는 어떤 버스가 있다. 다음 〈조건〉에 따라 A에서 출발하여 J에 도착하기까지 걸리는 시간은?

> **조건**
> • A ~ J까지 버스가 거치는 정거장 수는 A, J를 포함하여 7개이다.
> • 한 번 지나간 정거장은 다시 지나가지 않는다.
> • 각 정거장 사이의 거리가 10km를 초과하는 곳은 지나가지 않는다.
> • F는 4번째로 거친다.
> • 버스의 속력은 시속 30km이며 정속으로 주행한다.
> • 승객 승・하차 등에 의한 정차 및 신호 대기, 교통 체증 등으로 지연되는 시간은 고려하지 않는다.

① 1시간

② 1시간 2분

③ 1시간 4분

④ 1시간 6분

※ 다음 〈보기〉는 그래프 구성 명령어 실행 예시이다. 이어지는 질문에 답하시오. [10~11]

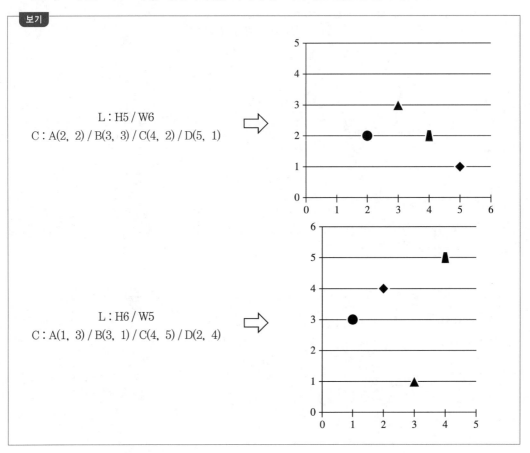

보기

L : H5 / W6
C : A(2, 2) / B(3, 3) / C(4, 2) / D(5, 1)

L : H6 / W5
C : A(1, 3) / B(3, 1) / C(4, 5) / D(2, 4)

10　다음 그래프에 알맞은 명령어는 무엇인가?

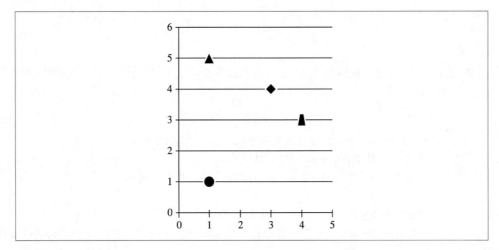

① L : H5 / W6

   C : A(1, 1) / B(3, 4) / C(4, 3) / D(1, 5)

② L : H5 / W6

   C : A(5, 1) / B(1, 1) / C(4, 3) / D(3, 4)

③ L : H6 / W5

   C : A(1, 1) / B(1, 5) / C(3, 4) / D(4, 3)

④ L : H6 / W5

   C : A(1, 1) / B(1, 5) / C(4, 3) / D(3, 4)

11   L : H6 / W6, C : A(1, 3) / B(2, 2) / C(4, 5) / D(6, 1)의 그래프를 산출할 때, 오류가 발생하여 다음과 같은 그래프가 산출되었다. 오류가 발생한 값은?

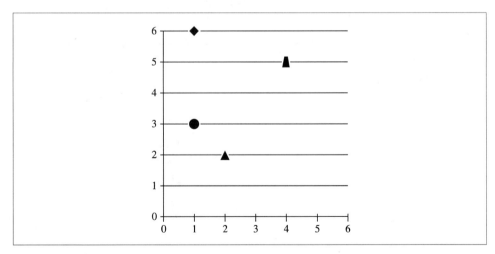

① A(1, 3)

② B(2, 2)

③ C(4, 5)

④ D(6, 1)

※ 도형을 이동 및 변환시키는 작동 단추의 기능이 다음과 같다. 이어지는 질문에 답하시오. [12~13]

작동 단추	기능
← / →	도형을 왼쪽 / 오른쪽으로 1칸 옮긴다.
↑ / ↓	도형을 위쪽 / 아래쪽으로 1칸 옮긴다.
♤ / ♡	삼각형 / 원의 색을 반전시킨다.
◈	안에 있는 도형과 바깥에 있는 도형을 바꾼다. 예 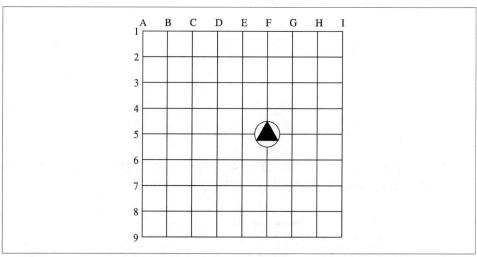

12 도형이 다음과 같이 놓여 있을 때, 단추를 〈보기〉의 순서대로 누른 후 도형의 색, 모양, 위치로 옳은 것은?

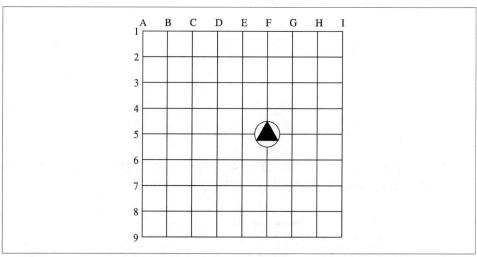

→ ↓ ↓ → ♤ ← ← ← ↓ ◈

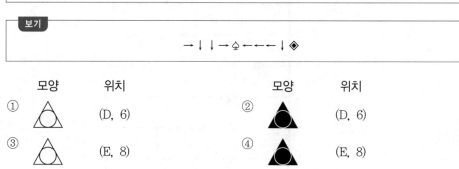

	모양	위치		모양	위치
①		(D, 6)	②		(D, 6)
③		(E, 8)	④		(E, 8)

Hard

13 다음과 같이 (B, 5)에 놓인 도형을 (E, 3)와 같이 놓이도록 단추를 누를 때, 눌러야 하는 단추의 순서로 옳지 않은 것은?

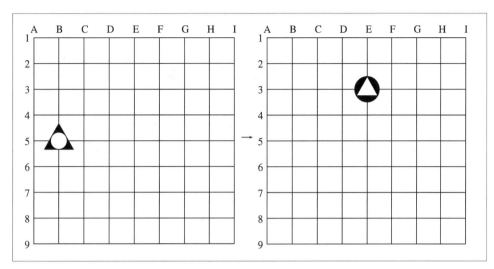

① → ↑ ↑ ◈ ↑ → → ♤ ↓ ♡

② ♡ ↓ → → ◈ ↑ ↑ ↑ ♤ →

③ ← ↑ → ↑ → ↑ → ♡ ◈ ♤

④ ◈ ↑ ↑ ♤ → → ◈ → ♡ ◈

14 제시된 규칙에 따라 시침과 분침이 변화한다. 〈보기〉의 시계가 왼쪽에서 오른쪽으로 변화했을 때, 적용된 규칙으로 옳은 것은?

- 시침과 분침은 다음 규칙에 따라 위치가 변한다(단, 시침과 분침은 정확한 숫자만을 가리키며 서로 영향을 주지 않는다).

구분	규칙
◤	시침과 분침의 위치를 모두 상하 대칭한다.
◣	분침을 시계 방향으로 120° 회전한다.
◥	시침을 반시계 방향으로 30° 회전한다.
◢	시침과 분침이 가리키는 위치를 서로 바꾼다.

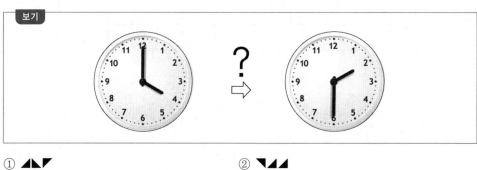

① ◤◥◢

② ◥◣◤

③ ◥◣◥

④ ◣◤◢

15 제시된 규칙에 따라 시침과 분침이 변화한다. 〈보기〉의 시계에 제시된 규칙을 적용할 때, 시계가 가리키는 시각으로 옳은 것은?

- 시침과 분침은 다음 규칙에 따라 위치가 변한다(단, 시침과 분침은 정확한 숫자만을 가리키며 서로 영향을 주지 않는다).

구분	규칙
◤	시침과 분침의 위치를 모두 상하 대칭한다.
◣	분침을 시계 방향으로 120° 회전한다.
◥	시침을 반시계 방향으로 30° 회전한다.
▼	시침과 분침이 가리키는 위치를 서로 바꾼다.

보기

① 7시 20분

② 4시 35분

③ 5시 25분

④ 7시 정각

※ 다음 제시된 단어를 일정 기준에 따라 연관 지을 수 있다고 할 때, 빈칸에 들어갈 단어로 옳은 것을 고르시오. **[1~2]**

`Easy`

01

멀미　　바퀴　　( )

① 벌레　　　　　　　　　　　　② 배

③ 치료　　　　　　　　　　　　④ 엔진

02

영업　　인사　　( )

① 휴식　　　　　　　　　　　　② 여행

③ 결재　　　　　　　　　　　　④ 마케팅

※ 일정한 규칙으로 수를 나열할 때, 빈칸에 들어갈 수로 알맞은 것을 고르시오. **[3~5]**

`Easy`

03

111　　79　　63　　55　　( )　　49　　48

① 54　　　　　　　　　　　　　② 53

③ 52　　　　　　　　　　　　　④ 51

Easy

04

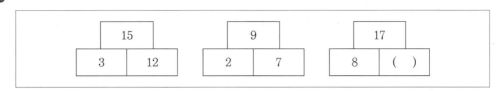

① 3

② 5

③ 9

④ 11

05

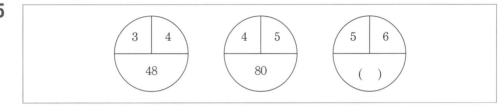

① 60

② 90

③ 120

④ 150

Easy

06 마지막 명제가 참일 때, 다음 빈칸에 들어갈 명제로 가장 적절한 것은?

> • 인기가 하락했다면 호감을 못 얻은 것이다.
> • _____
> • 인기가 하락했다면 타인에게 잘 대하지 않은 것이다.

① 타인에게 잘 대하면 호감을 얻는다.

② 호감을 얻으면 인기가 상승한다.

③ 타인에게 잘 대하면 인기가 하락한다.

④ 호감을 얻으면 타인에게 잘 대한다.

07 오늘 하루 P매장에서 특가 이벤트 행사를 열기로 했는데, 할인율에 따라 함께 판매할 수 있는 품목의 종류가 다르다. 다음 〈조건〉에 따라 물건을 판매하려고 할 때, 빈칸에 들어갈 명제로 적절한 것은?

조건

- 의류를 판매하면 핸드백을 판매할 수 없다.
- 핸드백을 판매하면 구두를 판매할 수 없다.
- 의류를 판매하지 않으면 모자를 판매할 수 있다.
- 모자를 판매하면 구두를 판매할 수 없다.
- _____ 의류를 판매할 수 있다.

① 구두를 판매하지 않으면
② 구두를 판매하면
③ 모자를 판매하면
④ 핸드백을 판매하지 않으면

`Hard`

08 P사는 사무실 리모델링을 하면서 기획조정 1 ~ 3팀과 미래전략 1 ~ 2팀, 홍보팀, 보안팀, 인사팀의 사무실 위치를 다음 〈조건〉과 같이 변경하였을 때, 변경된 사무실 위치에 대한 설명으로 옳은 것은?

1실	2실	3실	4실
복도			
5실	6실	7실	8실

조건

- 기획조정 1팀과 미래전략 2팀은 홀수실이며, 복도를 사이에 두고 마주보고 있다.
- 홍보팀은 5실이다.
- 미래전략 2팀과 인사팀은 나란히 있다.
- 보안팀은 홀수실이며, 맞은편 대각선으로 가장 먼 곳에는 인사팀이 있다.
- 기획조정 3팀과 2팀은 한 실을 건너 나란히 있고 2팀이 3팀보다 실 번호가 높다.

① 인사팀은 6실에 위치한다.
② 미래전략 2팀과 기획조정 3팀은 같은 라인에 위치한다.
③ 기획조정 1팀은 기획조정 2팀과 3팀 사이에 위치한다.
④ 미래전략 1팀은 7실에 위치한다.

※ 다음 도형들은 일정한 규칙으로 변화하고 있다. ?에 들어갈 도형으로 알맞은 것을 고르시오. [9~10]

Easy

09

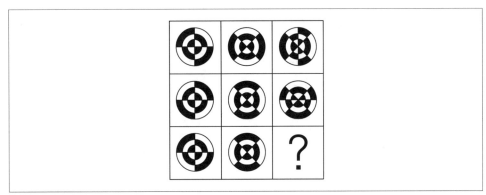

①   ②

③   ④

10

①   ②

③   ④

11 다음 도형 내부의 기호들은 일정한 패턴을 가지고 변화한다. ?에 들어갈 도형으로 알맞은 것은?

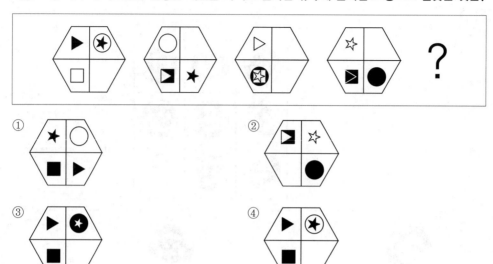

①

②

③

④

※ 다음 규칙을 바탕으로 제시된 도형을 변환하려 한다. 제시된 도형을 보고 이어지는 질문에 답하시오.
[12~13]

작동 버튼	기능
○	1번과 4번의 숫자를 바꾼다.
♠	홀수가 적힌 곳의 색을 바꾼다(흰색 ↔ 하늘색).
□	1번과 2번이 적힌 곳을 흰색으로 바꾼다.
◆	도형을 좌우 반전한다.

12 〈보기〉의 왼쪽 도형에서 버튼을 눌렀더니 오른쪽 도형으로 변형되었다. 다음 중 작동 버튼의 순서를 바르게 나열한 것은?

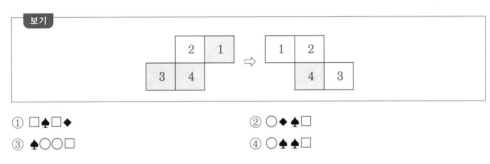

① □♠□◆

② ○◆♠□

③ ♠○○□

④ ○♠♠□

13 〈보기〉의 왼쪽 도형에서 버튼을 눌렀더니 오른쪽 도형으로 변형되었다. 다음 중 작동 버튼의 순서를 바르게 나열한 것은?

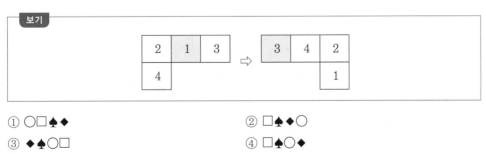

① ○□♠◆

② □♠◆○

③ ◆♠○□

④ □♠○◆

※ 다음 규칙을 바탕으로 이어지는 질문에 답하시오. [14~15]

작동 버튼	기능
○	1번과 4번의 숫자를 바꾼다.
▼	도형을 180° 회전한다.
□	1번과 2번이 적힌 곳의 색을 하늘색으로 바꾼다.
▲	도형을 상하 반전한다.

14 〈보기〉의 왼쪽 도형에서 버튼을 눌렀더니 오른쪽 도형으로 변형되었다. 다음 중 작동 버튼의 순서를 바르게 나열한 것은?

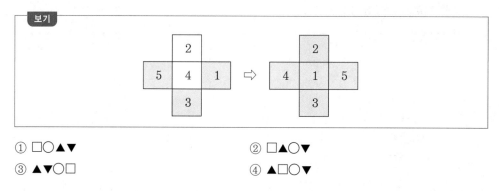

① □○▲▼   ② □▲○▼

③ ▲▼○□   ④ ▲□○▼

15 〈보기〉의 왼쪽 도형에서 버튼을 눌렀더니 오른쪽 도형으로 변형되었다. 다음 중 작동 버튼의 순서를 바르게 나열한 것은?

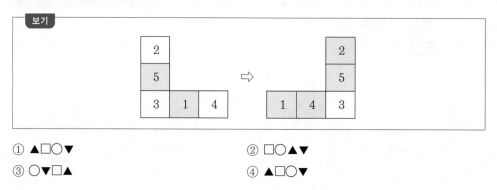

① ▲□○▼   ② □○▲▼

③ ○▼□▲   ④ ▲□○▼

최종점검 모의고사

🕐 응시시간 : 60분   📋 문항 수 : 60문항   정답 및 해설 p.037

01   언어이해

Easy

01   다음 밑줄 친 단어와 같거나 유사한 의미를 가진 것을 고르면?

> 생각지도 못한 위기 상황을 <u>맞닥뜨렸다</u>.

① 충돌   ② 직진
③ 구면   ④ 봉착

02   다음 중 밑줄 친 맞춤법이 옳지 않은 것은?

① 헛기침이 <u>간간히</u> 섞여 나왔다.
② 그 이야기를 듣자 <u>왠지</u> 불길한 예감이 들었다.
③ 그 남자의 굳은살 <u>박인</u> 발을 봐.
④ 집에 가든지 학교에 <u>가든지</u> 해라.

03   다음 글의 주장에 대한 반박으로 적절하지 않은 것은?

> 텔레비전은 어른이나 아이 모두 함께 보는 매체이다. 더구나 텔레비전을 보고 이해하는 데는 인쇄 문화처럼 어려운 문제 해득력이나 추상력이 필요 없다. 그래서 아이들은 어른에게서 보다 텔레비전이나 컴퓨터에서 더 많은 것을 배운다. 이 때문에 오늘날의 어린이나 젊은이들에게서 어른에 대한 두려움이나 존경을 찾는 것은 쉽지 않은 일이다. 전통적인 역할과 행동을 기대하는 어른들이 어린이나 젊은이의 불손, 거만, 경망, 무분별한 '반사회적' 행동에 대해 불평하게 되는 것도 이런 이유 때문일 것이다.

① 가족과 텔레비전을 함께 시청하며 나누는 대화를 통해 아이들은 사회적 행동을 기를 수 있다.
② 텔레비전의 교육적 프로그램은 아이들의 예절 교육에 도움이 된다.
③ 정보 사회를 선도하는 텔레비전은 인간의 다양한 필요성을 충족시켜준다.
④ 아이들은 텔레비전보다 학교의 선생님이나 친구들과 더 많은 시간을 보낸다.

04 다음 글을 읽고 이어질 내용으로 가장 적절한 것은?

테레민이라는 악기는 손을 대지 않고 연주하는 악기이다. 이 악기를 연주하기 위해 연주자는 허리 높이쯤에 위치한 상자 앞에 선다. 오른손은 상자에 수직으로 세워진 안테나 주위에서 움직인다. 오른손의 엄지와 집게손가락으로 고리를 만들고 손을 흔들면서 나머지 손가락을 하나씩 펴면 안테나에 손이 닿지 않고서도 음이 들린다. 이때 들리는 음은 피아노 건반을 눌렀을 때 나는 것처럼 정해진 음이 아니고 현악기를 연주하는 것과 같은 연속음이며, 소리는 손과 손가락의 움직임에 따라 변한다. 왼손은 손가락을 펼친 채로 상자에서 수평으로 뻗은 안테나 위에서 서서히 오르내리면서 소리를 조절한다.

오른손으로는 수직 안테나와의 거리에 따라 음고(音高)를 조절하고 왼손으로는 수평 안테나와의 거리에 따라 음량을 조절한다. 따라서 오른손과 수직 안테나는 음고를 조절하는 회로에 속하고 왼손과 수평 안테나는 음량을 조절하는 또 다른 회로에 속한다. 이 두 회로가 하나로 합쳐지면서 두 손의 움직임에 따라 음고와 음량을 변화시킬 수 있다.

어떻게 테레민에서 다른 음고의 음이 발생되는지 알아보자. 음고를 조절하는 회로는 가청주파수 범위 바깥의 주파수를 갖는 서로 다른 두 개의 음파를 발생시킨다. 이 두 개의 음파 사이에 존재하는 주파수의 차이 값에 의해 가청주파수를 갖는 새로운 진동이 발생하는데, 그것으로 소리를 만든다. 가청주파수 범위 바깥의 주파수 중 하나는 고정된 주파수를 갖고 다른 하나는 연주자의 손 움직임에 따라 주파수가 바뀐다. 이렇게 발생한 주파수의 변화에 의해 진동이 발생되고 이 진동의 주파수는 가청주파수 범위 내에 있기 때문에 그 진동을 증폭시켜 스피커로 보내면 소리가 들린다.

① 수직 안테나에 손이 닿으면 소리가 발생하는 원리
② 왼손의 손가락 모양에 따라 음고가 바뀌는 원리
③ 수평 안테나와 왼손 사이의 거리에 따라 음량이 조절되는 원리
④ 음고를 조절하는 회로에서 가청주파수의 진동이 발생하는 원리

05 다음 글에서 〈보기〉의 문장이 들어갈 위치로 가장 적절한 곳은?

> 밥상에 오르는 곡물이나 채소가 국내산이라고 하면 보통 그 종자도 우리나라의 것으로 생각하기 쉽다. (가) 하지만 실상은 벼, 보리, 배추 등을 제외한 많은 작물의 종자를 수입하고 있어 그 자급률이 매우 낮다고 한다. (나) 또한 청양고추 종자는 우리나라에서 개발했음에도 현재는 외국 기업이 그 소유권을 가지고 있다. (다) 국내 채소 종자 시장의 경우 종자 매출액의 50%가량을 외국 기업이 차지하고 있다는 조사 결과도 있다. (라) 이런 상황이 지속될 경우, 우리 종자를 심고 키우기 어려워질 것이고 종자를 수입하거나 로열티를 지급하는 데 지금보다 훨씬 많은 비용이 들어가는 상황도 발생할 수 있다. 또한 전문가들은 세계 인구의 지속적인 증가와 기상 이변 등으로 곡물 수급이 불안정하고 국제 곡물 가격이 상승하는 상황을 고려할 때, 결국에는 종자 문제가 식량 안보에 위협 요인으로 작용할 수 있다고 지적한다.

> **보기**
>
> 양파, 토마토, 배 등의 종자 자급률은 약 16%, 포도는 약 1%에 불과하다.

① (가) 　　　　　　　　② (나)
③ (다) 　　　　　　　　④ (라)

06 다음 중 〈보기〉의 내용에 착안하여 글을 쓰기 위해 구상한 내용으로 적절하지 않은 것은?

> **보기**
>
> • 새끼 코끼리가 조그마한 말뚝에 발이 묶여있는 모습
> • 코끼리가 성장하여 말뚝을 뽑을 수 있는 힘이 있는데도 여전히 말뚝에 묶여있는 모습
> • 글쓰기 의도 : 청소년들을 대상으로 바람직한 삶의 자세를 깨우치는 글을 쓴다.

① 제목 : '네 마음속에 잠들어 있는 거인을 깨워라.'를 제목으로 삼아 주제를 인상적으로 전달한다.
② 도입 방식 : 그림의 상황을 현실 상황과 관련지어 화제를 제시함으로써 독자의 흥미를 유발한다.
③ 예화 제시 : 자신의 적성과 무관한 진로를 선택했다가 후회하는 학생의 이야기를 소개하여 독자와 문제의식을 공유하도록 한다.
④ 서술 방식 : 매사에 소극적인 태도를 지닌 사람과 적극적으로 인생에 도전하는 사람을 대조하여 주제를 강조한다.

07 다음 빈칸에 들어갈 교사의 말로 가장 적절한 것은?

학생 : 오늘은 철학을 담당하고 계신 홍길동 선생님을 모시고 말씀을 나눠보도록 하겠습니다. 선생님, 안녕하십니까?

교사 : 안녕하십니까?

학생 : 저희 학생들은 대개 철학을 실제 생활과 별 관계가 없다고 생각합니다. 철학 수업 내용도 어렵다고 생각하고요.

교사 : 보통 학생들은 철학을 자신과 관계가 없고 어려운 것이라 생각합니다. 하지만 사실은 그렇지 않아요. 여러분들은 철학을 하고 있어요. 학생들은 사춘기를 맞아 많은 고민을 하고 있죠. 어른이 되기 위한 관문을 통과하는 의례라고도 할 수 있습니다. 이 시기에는 삶에 대해서 진지하게 생각하는 모습을 볼 수 있습니다. 삶이란 무엇인지, 어떻게 살 것인지, 장래 무엇을 할 것인지 등에 대해 고민하고, 친구와 대화를 나누기도 하고, 책을 읽어보기도 하죠. 이런 행위들이 바로 철학을 하는 것입니다. 그런데 나이가 들면서 생활에 매달리다 보면 이런 고민을 사치라고 생각하는 사람이 많아집니다. 그렇지만 이런 생각은 철학을 잘못 이해하기 때문에 생긴 겁니다.

학생 : 좀 더 구체적으로 말씀해 주세요.

교사 : '나무는 보고 숲은 보지 못한다.'라는 말은 들어봤죠? 물론 그 뜻도 알고 있겠습니다마는, 부분만을 봐서는 안 되고 전체를 봐야 한다는 뜻이죠. 그런데 이런 교훈은 일상생활에서 나온 겁니다. 살아가면서 얻은 교훈을 비유적으로 표현한 것이죠. _____ _____ 철학은 이처럼 단편적인 사실들이 서로 어떤 관계에 있는가를 주목하는 겁니다. 우리는 살아가는 과정에서 순간순간 선택을 하기 위해 생각을 하게 되죠? 우리는 바로 이런 장면에서 철학을 하는 겁니다. 선택의 기준은 자신의 생활신조이고요, 이 신조는 우리의 생활 체험 속에서 스스로 얻은 것이고요.

---

① 나무는 각각 그 자체로 의미가 있는 것입니다.

② 숲을 이루는 나무는 전체적으로 통일되어 있어요.

③ 나무는 다른 나무와 관계를 가지면서 숲을 이루고 있어요.

④ 전체의 의미가 중요하기에 나무보다는 숲을 봐야 하지요.

08 다음 기사를 읽고 A ~ C가 〈보기〉와 같은 대화를 나누었다. 빈칸에 들어갈 B대리의 말로 가장 적절한 것은?

5억 년 전 지구는 주황색 별

초기 지구는 푸른색이 아니라 주황색이었다는 주장에 학계의 관심이 쏠리고 있다. 미국 워싱턴 대학 가상행성연구소에 의하면 25억 년 전 지구의 대기는 아지랑이나 안개 등으로 얇게 뒤덮여있었으며, 이러한 대기가 달아오른 지구의 표면 온도를 낮추는 동시에 고대 생명체가 진화할 수 있는 역할을 담당했다.

이 안개는 자외선이 메탄 분자를 분해하면서 발생한 것으로 일명 '탄화수소 안개'로 알려져 있다. 당시의 생명체들은 부족한 산소 대신 메탄을 생존에 이용했을 것으로 추정된다. 또 당시 지구에는 오존층이 없어서 자외선을 직접적으로 흡수했기 때문에 표면 온도가 매우 높았다.

주황색 대기, 즉 '탄화수소 안개'는 이처럼 자외선 가림막 역할도 맡았다. 이 같은 가설로 미루어봤을 때 '탄화수소 안개'는 초기 지구 생명체 발견의 징후일 뿐만 아니라 훗날 복잡한 박테리아와 초기 동식물의 진화를 도운 중요한 역할을 하는 존재다. 이후 지구 대기의 구성성분이 점차 변화하면서 주황빛의 안개가 걷히고 '푸른 별'이 된 것으로 추측된다.

> **보기**
>
> A사원 : 탄화수소 안개가 없었다면 지구에서 초기 박테리아나 고대 동식물들이 진화하기가 힘들었 겠어요.
>
> B대리 : 맞아요. 또 _____
>
> C주임 : 그럼 고대 생명체들이 어떻게 메탄으로 호흡했는지 알아낸다면, 외계 생명체 연구에 많은 도움이 되겠네요.

① 탄화수소 안개는 태양으로부터 직접적으로 발생되는 자외선을 막아주었고요.
② 탄화수소의 메탄은 산소가 부족한 지구에서 '제2의 산소' 역할을 해주기도 했고요.
③ 푸른색에서 주황색으로 지구의 색깔이 바뀌게 된 직접적인 원인이에요.
④ 메탄의 독성 성분이 고대 박테리아에 악영향을 미쳤을 것 같아요.

다음 글의 '뉴로리더십'에 대한 설명으로 적절하지 않은 것은?

> 미래학자인 다니엘 핑크(Daniel Pink)는 앞으로 인류가 마주할 세상은 하이콘셉트(High – Concept), 하이터치(High – Touch)의 시대가 될 것이라고 했다. 하이콘셉트는 예술적·감성적 아름다움을 창조하는 능력을 말하며, 하이터치는 공감을 이끌어내는 능력을 말한다. 이는 미래에는 뇌를 쓰는 방식이 달라져야 함을 의미한다.
>
> 지금까지의 세계는 체계화된 정보를 바탕으로 품질 좋은 제품을 대량생산하여 규모의 경제를 이루고, 시장을 개척해 부지런히 노력하면 어느 정도는 성공할 수 있는 경쟁 체제였다. 경쟁사보다 논리적이고 체계적으로 정보를 분석해 소비자의 니즈를 만족시킬 수 있도록 하는 좌뇌형 사회였다고 할 수 있다.
>
> 하지만 세상은 빠르게 변하고 있다. 정보를 많이 가지고 있는 것보다는 그 정보를 이용해 어떤 새로운 아이디어를 도출해 내느냐가 더욱 중요한 시대가 된 것이다. 동일한 정보를 가지고 남들이 미처 생각하지 못했던 아이디어를 떠올리고 숨겨진 고객의 니즈를 이끌어냄으로써 시장을 주도할 수 있는 통찰력과 창의력이 중요한 성공 포인트가 되고 있다.
>
> 하지만 4차 산업혁명이 강조되고 있는 오늘날, 우리나라에서는 안타깝게도 창의적인 아이디어를 바탕으로 혁신적인 비즈니스 모델을 만들어낸 기업은 거의 보이지 않는 것 같다. 최근 기술 분석 잡지인 『MIT Technology Review』의 발표에 따르면 세계 50대 혁신 기업 중에 우리나라 기업은 단 하나도 들지 못했다.
>
> 창의적인 아이디어가 중요한 4차 산업혁명 시대에는 경영의 패러다임도 그에 맞춰 변화해야 한다. 무엇보다 큰 틀에서 세상의 변화를 바라보고 그것을 선도할 수 있는 통찰력이 필요하다. 그러나 아쉽게도 우리나라 기업은 여전히 '일' 중심의 관리 문화가 굳건하게 자리잡고 있어 '나무는 보되 숲은 보지 못하는' 근시안적 자세에서 벗어나지 못하고 있다. 아무리 시스템이 잘 갖춰져 있고 관리 체계가 뛰어나도 사람이라는 자원이 투입되지 않고서는 좋은 아이디어가 도출될 수 없다. 창의적인 아이디어란 결국 사람의 머리를 거치지 않고서는 나올 수 없기 때문이다.
>
> 결국 관리의 중심축이 '일'에서 '사람'으로 바뀌지 않으면 안된다. '일' 중심의 관리 문화에서는 초점이 '효율'과 '생산성'에 맞춰져 있으며, 사람은 그것을 보조하는 일개 수단에 지나지 않는다. 반면 '사람' 중심의 관리 문화에서는 '창조성'과 '가치'에 초점이 맞춰져 있다. 효율과 생산성을 높이기 위한 수단에 불과했던 사람 그 자체가 관리의 중심이 된다. 사람이 관리의 중심이 되기 위해서는 인간이 가진 두뇌의 특성을 이해해야 한다. 두뇌의 작동 메커니즘과 생물학적인 특성이 이해되어야만 그것이 가진 잠재력과 가치를 최대한으로 활용할 수 있다. 이러한 관점에서 인간의 두뇌 특성을 이해하고 모든 조직 구성원이 최대한 창의적으로 뇌를 활용할 수 있게 함으로써 미래의 경영환경에서 살아남을 수 있도록 만들어주는 혁신적인 툴을 뉴로리더십이라 하겠다.

① 구성원들이 최대한 창의적으로 뇌를 활용할 수 있게 하는 것이다.

② 창조성과 가치가 관리의 중심축이라고 말할 수 있다.

③ 일보다 사람을 우선시하는 관리 문화를 말한다.

④ 근시안적인 자세를 가지고 행동하는 리더십을 말한다.

10 P씨는 요즘 이웃에 사는 할아버지 때문에 밤마다 곤욕을 치른다. 밤마다 문을 두드리고 소리를 지르고 쓰레기를 쌓아놓아 냄새까지 난다. 이에 대해 주민센터에 문의했더니 치매를 앓는 이웃 할아버지가 독거노인에 수급자인데 수급비용이 지급되고 있는데도 치료 및 돌봄에 소홀한 것 같다고 듣게 되었다. 이웃 할아버지에게 필요한 지원 사업은 무엇인가?

<치매친화적 환경 조성>

1. 국가건강검진 인지기능 장애 검사
   뇌 손상을 유발하여 인지기능장애를 일으키는 치매를 조기에 진단하고 치료하기 위하여 생애전환기(66세) 노인을 대상으로 하는 치매 선별검사
2. 치매 가족 휴가제
   간병 부담으로 지친 치매 가족에게 여행 및 힐링 프로그램 이용 기회를 제공, 스트레스 해소 및 가족관계 개선 등 유도
3. 치매 노인 공공후견제도
   의사결정능력이 부족하거나 권리를 대변해 줄 가족이 없는 치매 환자의 권익 보호를 위하여 민법상 후견인선임 및 활동을 국가나 지자체가 지원하는 제도
4. 치매 어르신 실종 예방 사업
   치매 노인 배회 인식표 발급(복지부), 지문 등 사전 등록(경찰청), 장기 요양 복지 용구로 GPS 대여(복지부) 등을 통해 배회 치매 노인 발견 시 신속한 찾기 지원 및 가족 연계
5. 치매 안심마을
   치매 어르신이 자신이 살아온 지역사회에서 존엄성을 유지하면서 생활할 수 있는 치매 친화적 지역
6. 치매 파트너
   치매 증상 및 돌봄 방법 등에 대한 정확한 정보를 바탕으로 치매에 대한 일반 국민의 부정적 인식 개선 및 치매 환자 가족지지 등 역할 수행

---

① 치매 노인 공공후견제도
② 치매 가족 휴가제
③ 치매 파트너
④ 국가건강검진 인지기능 장애 검사

11 물부족국가에서 겪는 〈보기〉의 상황에 적합한 적정 기술을 올바르게 연결한 것은?

누구나 물을 깨끗하고 편리하게
생명水를 위한 적정 기술

적정 기술이란 제3세계의 문화적·정치적·환경적인 면을 고려해 삶의 질을 높이는 데 실질적 도움을 주는 기술을 뜻한다. 단순한 아이디어로 누구나 깨끗한 물 환경을 누리게 하는 착한 적정 기술을 소개한다.

• 라이프 스트로(Life Straw)
 – 불순물을 거르는 필터가 들어있는 빨대
 – 휴대하기 좋은 미니 정수기로써 바이러스나 박테리아의 제거 및 중금속, 미세먼지를 정수하는 기능이 있다.

• 히포 롤러(Hippo Roller)
 – 90L의 물을 손쉽게 옮길 수 있는 기구
 – 물통을 수레처럼 굴리는 방식으로 노동의 강도를 줄여 누구나 쉽게 물을 길 수 있다.

• 세라믹 진흙 정수기
 – 물을 보관하는 동안 정수하는 기구
 – 오염된 물을 이 정수기에 넣으면 진흙 숨구멍을 통과하면서 오염 물질이 걸러진다. 전기나 다른 설비가 필요 없다.

• 만능 수도꼭지(Balde a Balde)
 – 양동이에 꽂아 어디서나 흐르는 물을 쓰게끔 하는 수도꼭지
 – 깨끗한 물이 없는 환경에서 물통에 만능 수도꼭지를 설치해 오염원에 노출될 걱정 없이 필요한 만큼만 사용할 수 있다.

보기

ㄱ. 물 공급지가 많아 다량의 물을 확보할 수 있지만 오염되어 있어 식수로 사용하기 어려운 상황
ㄴ. 여러 용기로 물을 사용하여 오염에 노출된 상황
ㄷ. 물을 길어오는 장소가 너무 멀어 식수 공급이 어려운 상황
ㄹ. 이동이 잦은 부족이 깨끗한 물을 확보하기 어려운 상황

① ㄱ – 라이프 스트로　　　　　② ㄴ – 만능 수도꼭지
③ ㄷ – 세라믹 진흙 정수기　　　④ ㄹ – 히포 롤러

공유경제는 한번 생산된 제품을 여럿이 공유해 쓰는 협력 소비를 기본으로 한 경제 방식을 말한다. 이는 유형과 무형을 모두 포함하며 거래형태에 따라 크게 쉐어링, 물물교환, 협력적 커뮤니티로 분류할 수 있다. 쉐어링은 사용자들이 제품 혹은 서비스를 소유하지 않고 사용할 수 있는 방식으로 카쉐어링이 대표적이다. 물물교환은 필요하지 않은 제품을 필요한 사람에게 재분배하는 방식으로 주로 중고 매매를 말한다. 마지막으로 협력적 커뮤니티는 특정한 커뮤니티 내부의 사용자 사이의 협력을 통한 방식으로 유형과 무형의 자원 전부를 다룬다. 자신의 공간을 여행자에게 제공하는 에어비앤비(Airbnb)나 지식 공유플랫폼 등이 널리 알려져 있는 협력적 커뮤니티 공유경제이다.

공유경제는 _____ 예를 들어 기존 기업은 제품 판매를 통해 벌어들인 수익과 사회 환원을 별개로 생각한다면, 공유경제에서는 거래 당사자들이 이익을 취할 뿐만 아니라 거래 자체가 자원의 절약과 환경문제 해소로 이어져 사회 전체에 기여한다. 그러나 공유경제가 다 좋다고 말하기에는 다소 이른 감이 있다. 아직까지는 그 제도적 기반이 취약하여 실제 거래에 있어 불이익이 발생한다 하더라도 법적 보호를 받기 어렵기 때문이다. 이러한 점들을 면밀히 살피고 개선해 나갈 때 공유경제가 바꿔놓을 미래의 삶도 기대할 수 있을 것이다.

12 윗글의 공유경제의 사례로 보기 어려운 것은?

① 승객과 자동차를 운행하는 일반인을 매칭시켜 주는 자동차 공유플랫폼
② 집의 남는 방을 여행객에게 제공하는 단기 숙박 서비스
③ 서로 필요한 유아용품이나 아이의 옷을 교환하는 서비스
④ 자신의 일상 사진을 업로드하고 일상을 공유하는 소셜네트워크 서비스

`Easy`

13 윗글의 빈칸에 들어갈 내용으로 가장 적절한 것은?

① 세계 경제 위기 속에서 과소비를 줄이고, 합리적인 소비생활을 하도록 돕는다.
② 인터넷 중심의 IT기술과 모바일 산업의 발전을 통해 활성화되었다.
③ 소유자들이 많이 이용하지 않는 물건으로부터 더 많은 수익을 창출할 수 있다.
④ 이용자와 중개자, 사회 전체 모두에게 이익이 되는 윈윈(Win – win) 구조를 지향하고 있다.

지진이라는 적으로부터 우리들의 인명과 재산을 보호하기 위해서는 먼저 구조물의 내진설계에 대해 살펴봐야 한다. 내진설계란 지진에 견딜 수 있는 구조물의 내구성을 말하며 이는 구조물을 튼튼하게 설계하여 무조건적으로 지진에 대항하고자 하는 '내진구조'와 신기술을 개발하여 능동적으로 대처하고자 하는 '제진구조', 지진파가 갖는 강한 에너지 대역으로부터 도피하여 지진에 대항하지 않고자 하는 '면진구조' 등의 설계기법으로 나눌 수 있다.

이들을 쉽게 표현하기 위해 지진을 달리는 전동차에 비유해 보자. 전동차 속의 노인들은 전동차 내부의 손잡이를 붙잡아 몸의 균형을 유지하려고 하며, 젊은 사람들은 자신의 두 발로 버팀으로써 균형을 유지하려고 한다. 이러한 현상을 구조물에 적용해 보면 주위의 물체를 붙잡아 몸의 균형을 유지하는 것과 같이 구조물 내에 보조적인 부재(내진벽)를 설치하여 지진을 견딜 수 있게 하는 구조물은 내진 구조물이며, 두 발로 버텨 균형을 유지하는 것과 같이 구조물 자체에서 구조물의 진동과 반대되는 방향으로 인위적인 힘을 가하여 진동을 제어하는 설비를 갖춘 구조물이 제진 구조물이다.

제진의 방법으로는 외부의 진동과 이에 따른 구조물의 진동을 감지하는 검출 기능을 구조물 자체에서 갖추어 구조물의 내·외부에서 구조물의 진동에 대응하는 제어력을 가하여 구조물의 진동을 줄이는 방법과 강제적인 제어력을 가하지는 않으나, 구조물의 강성(剛性)이나 감쇠(減衰) 등을 입력 진동의 특성에 따라 순간적으로 변화시켜 구조물을 제어하는 방법이 있다. 전자는 구조물에 입력되는 진동과 구조물의 응답을 계산하여 이와 반대되는 방향의 제어력을 인위적으로 구조물에 가함으로써 진동 자체를 줄이는 방법이고, 후자는 입력되는 진동의 주기성분을 즉각적으로 분석하여 공진(共振)을 피할 수 있도록 구조물의 진동 특성을 바꾸는 방법이다. 이러한 방법들은 이론적으로 가능하나 실제로는 계산상의 작은 착오가 발생할 경우 오히려 구조물을 파괴하는 방향으로 힘을 더하게 되는 위험성이 있다. 또한 언제 발생할지 모르는 지진에 대비하여 항상 설비를 유지·보수해야 하고, 건물 자체에 대형 계산기와 여러 가지 계측기기들을 갖추어야 하므로 소형구조물에 사용하기에 아직까지는 경제적인 방법이라고 볼 수 없다.

마지막으로 면진구조물이란 진동에너지가 구조물에 크게 전파되지 않도록 지반과 구조물 사이에 고무 등과 같은 절연체를 설치하거나, 진동이 없는 자기부상열차와 같이 진동에너지가 구조물에 전달되지 않도록 진동을 원천적으로 봉쇄하는 구조물을 말한다.

이 밖에도 지진피해를 막기 위해 땅속에 거대한 콘크리트 층을 설치하여 지진파를 땅속으로 반사하는 방법이나 물처럼 지진력을 받지 않는 유체 위에 구조물을 설계하는 방법, 또는 원자폭탄과 같은 인위적인 폭발로 지진의 발생원인인 암반층의 응력을 해소해 대지진의 발생 자체를 해소하는 방법 등을 생각할 수 있으나, 이러한 방법은 아직까지는 실현 가능성이 없는 상상에 그치고 있다.

14 다음 중 윗글의 내용으로 적절하지 않은 것은?

① 내진설계는 내진구조, 면진구조, 제진구조의 세 가지 설계 기법으로 나눌 수 있다.

② 내진구조의 경우 구조물 내에 보조적인 내진벽을 설치하여 지진을 견딜 수 있게 한다.

③ 제진구조의 경우 이론과 달리 실제로는 구조물의 파괴 위험성이 있으며, 현재 소형구조물에서는 비경제적이다.

④ 제진구조를 수동적인 개념으로 본다면, 면진구조는 지진에 대항하여 피해를 극복하고자 하는 능동적인 개념이라 할 수 있다.

15 다음은 내진설계의 세 가지 설계 기법을 비교하기 위한 자료이다. 윗글을 토대로 이를 이해한 내용으로 적절하지 않은 것은?

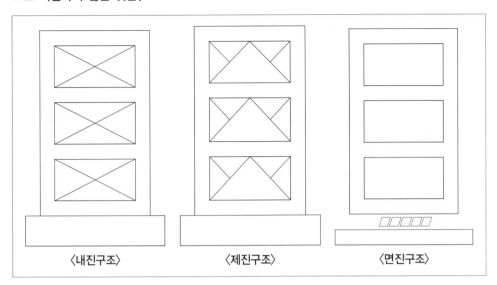

〈내진구조〉　　〈제진구조〉　　〈면진구조〉

① 내진구조의 X자 구조는 지진에 견딜 수 있도록 구조물을 더욱 튼튼하게 하는 역할을 한다.
② 내진구조의 X자 구조는 노인이 달리는 전동차 안에서 손잡이를 붙잡아 균형을 유지하는 원리와 같다.
③ 제진구조의 삼각형 구조는 지진의 진동과 같은 방향의 제어력을 구조물에 가함으로써 진동 자체를 줄인다.
④ 제진구조의 삼각형 구조는 젊은 사람들이 달리는 전동차 안에서 두 발로 버팀으로써 균형을 유지하는 원리와 같다.

01 다음은 P시에 거주하는 20 ~ 30대 청년들의 주거 점유 형태에 대한 통계자료이다. 이에 대한 설명으로 옳은 것은?(단, 소수점 둘째 자리에서 반올림한다)

〈20 ~ 30대 청년 주거 점유 형태〉

(단위 : 명)

구분	자가	전세	월세	무상	합계
20 ~ 24세	537	1,862	5,722	5,753	13,874
25 ~ 29세	795	2,034	7,853	4,576	15,258
30 ~ 34세	1,836	4,667	13,593	1,287	21,383
35 ~ 39세	2,489	7,021	18,610	1,475	29,595
합계	5,657	15,584	45,778	13,091	80,110

① 20 ~ 24세 전체 인원 중 월세 비중은 38.2%이고, 자가 비중은 2.9%이다.
② 20 ~ 24세를 제외한 20 ~ 30대 청년 중에서 무상이 차지하는 비중이 월세 비중보다 더 높다.
③ 20 ~ 30대 청년 인원대비 자가 비중보다 20대 청년 중에서 자가가 차지하는 비중이 더 낮다.
④ 연령대가 높아질수록 연령대별로 자가 비중이 높아지고, 월세 비중이 낮아진다.

Easy

02 다음은 A ~ E 5개국의 경제 및 사회 지표이다. 이에 대한 설명으로 옳지 않은 것은?

〈주요 5개국의 경제 및 사회 지표〉

구분	1인당 GDP(달러)	경제성장률(%)	수출(백만 달러)	수입(백만 달러)	총인구(백만 명)
A국	27,214	2.6	526,757	436,499	50.6
B국	32,477	0.5	624,787	648,315	126.6
C국	55,837	2.4	1,504,580	2,315,300	321.8
D국	25,832	3.2	277,423	304,315	46.1
E국	56,328	2.3	188,445	208,414	24.0

※ (총 GDP)=(1인당 GDP)×(총인구)

① 경제성장률이 가장 큰 나라가 총 GDP는 가장 작다.
② 총 GDP가 가장 큰 나라의 GDP는 가장 작은 나라의 GDP보다 10배 이상 더 크다.
③ 5개국 중 수출과 수입 규모에 따라 나열한 순위는 서로 일치한다.
④ 1인당 GDP에 따른 순위와 총 GDP에 따른 순위는 서로 일치한다.

03 다음은 지난 10년간 업종별 외국인 근로자의 고용 현황을 나타낸 자료이다. 이에 대한 〈보기〉의 설명 중 옳은 것을 모두 고르면?

〈업종별 외국인 근로자 고용 현황〉

(단위 : 명)

구분	2014년	2019년	2022년	2023년	2024년
제조업	31,114	31,804	48,967	40,874	40,223
건설업	84	2,412	1,606	2,299	2,228
농축산업	419	3,079	5,641	6,047	5,949
서비스업	41	56	70	91	71
어업	0	1,130	2,227	2,245	2,548
합계	31,658	38,481	58,511	51,556	51,019

보기

㉠ 2024년 전체 업종 대비 상위 2개 업종이 차지하는 비율은 2023년에 비해 낮아졌다.
㉡ 2024년 서비스업에 종사하는 외국인 근로자의 2019년 대비 증가율보다 전년 대비 증가율이 더 높다.
㉢ 국내에서 일하고 있는 외국인 근로자는 전년 대비 2023년부터 감소하는 추세이다.
㉣ 2019년 농축산업에 종사하는 외국인 근로자 수는 전체 외국인 근로자의 6% 이상이다.
㉤ 전체적으로 건설업보다 제조업에 종사하는 외국인 근로자의 소득이 더 높다.

① ㉠, ㉡, ㉣
② ㉠, ㉢, ㉣
③ ㉡, ㉣, ㉤
④ ㉢, ㉣, ㉤

04 다음은 사내전화 평균 통화시간을 조사한 자료이다. 평균 통화시간이 6 ~ 9분인 여자의 수는 12분 이상인 남자의 수의 몇 배인가?

〈사내전화 평균 통화시간〉

(단위 : %, 명)

구분	남자	여자
3분 이하	33	26
3 ~ 6분	25	21
6 ~ 9분	18	18
9 ~ 12분	14	16
12분 이상	10	19
대상 인원수	600	400

① 1.1배
② 1.2배
③ 1.3배
④ 1.4배

05 다음은 치료감호소 수용자 현황에 대한 자료이다. (가) ~ (라)의 수를 모두 더한 값은?

〈치료감호소 수용자 현황〉

(단위 : 명)

구분	약물	성폭력	심신장애자	합계
2019년	89	77	520	686
2020년	(가)	76	551	723
2021년	145	(나)	579	824
2022년	137	131	(다)	887
2023년	114	146	688	(라)
2024년	88	174	688	950

① 1,524 ② 1,639
③ 1,751 ④ 1,763

Easy

06 다음은 P사에 근무하는 김사원이 한 달 동안 작성한 업무관련 파일의 용량 및 개수를 나타낸 자료이다. 한 달 동안 작성한 파일들을 모두 USB에 저장하려고 할 때, 최소 몇 MB의 공간이 필요한가?(단, 1MB=1,020KB이며, 합계 파일 용량은 소수점 둘째 자리에서 반올림한다)

〈저장 파일 세부 사항〉

구분	용량	개수
한글	120KB	16개
	300KB	3개
엑셀	35KB	24개
PDF	2,500KB	10개
파워포인트	1,300KB	4개

① 33.2MB ② 33.5MB
③ 34.1MB ④ 34.4MB

07 다음은 가 ~ 라 4개의 과일 종류별 무게에 따른 가격표이다. 종류별 무게를 가중치로 적용하여 가격에 대한 가중평균을 구하면 42만 원일 때, 빈칸에 들어갈 가격은?

〈과일 종류별 가격 및 무게〉

(단위 : 만 원, kg)

구분	가	나	다	라
가격	25	40	60	
무게	40	15	25	20

① 40만 원

② 45만 원

③ 50만 원

④ 55만 원

Hard

08 국내의 유통업체 P사는 몽골 시장으로 진출하기 위해 현지에 진출해 있는 기업들이 경험한 진입 장벽에 대하여 다음과 같이 조사하였다. 이에 대한 설명으로 옳은 것은?

> P사는 몽골 시장의 진입 장벽에 해당하는 주요 요인 4가지를 선정하였고, 현지 진출 기업들은 경험을 바탕으로 요인별로 0 ~ 10점 사이의 점수를 부여하였다.
>
> 〈진출 기업 업종별 몽골 시장으로의 진입 장벽〉
>
> (단위 : 점)
>
> | 업종 | 몽골 기업의 시장 점유율 | 초기 진입 비용 | 현지의 엄격한 규제 | 문화적 이질감 |
> |------|------|------|------|------|
> | 유통업 | 7 | 5 | 9 | 2 |
> | 제조업 | 5 | 3 | 8 | 4 |
> | 서비스업 | 4 | 2 | 6 | 8 |
> | 식 · 음료업 | 6 | 7 | 5 | 6 |
>
> ※ 점수가 높을수록 해당 요인이 강력한 진입 장벽으로 작용함

① 유통업의 경우, 타 업종에 비해 높은 초기 진입 비용이 강력한 진입 장벽으로 작용한다.

② 현지의 엄격한 규제가 P사의 몽골 시장 진입을 방해하는 요소로 작용할 가능성이 크다.

③ 제조업의 경우, 타 업종에 비해 높은 몽골 기업의 시장 점유율이 강력한 진입 장벽으로 작용한다.

④ 문화적 이질감이 가장 강력한 진입 장벽으로 작용하는 업종은 식 · 음료업이다.

09 이동통신업체인 P통신사는 Y카드사와 제휴카드를 출시하고자 한다. 제휴카드별 정보가 다음과 같을 때, P통신사의 신규 제휴카드 출시에 대한 설명으로 옳은 것은?

〈제휴카드 출시위원회 심사 결과〉

구분	제공혜택	동종 혜택을 제공하는 타사 카드 개수	연간 예상필요자본 규모	신규가입 시 혜택 제공가능 기간
A카드	교통 할인	8개	40억 원	12개월
B카드	P통신사 통신요금 할인	3개	25억 원	24개월
C카드	제휴 레스토랑 할인	없음	18억 원	18개월
D카드	제휴보험사 보험료 할인	2개	11억 원	24개월

① 교통 할인을 제공하는 카드를 출시하는 경우 시장에서의 경쟁이 가장 치열할 것으로 예상된다.

② B카드를 출시하는 경우가 D카드를 출시하는 경우에 비해 자본 동원이 수월할 것이다.

③ 제휴 레스토랑 할인을 제공하는 카드를 출시하는 경우 신규가입 혜택 제공을 가장 길게 받는다.

④ 신규가입 시 혜택 제공가능 기간이 길수록 동종 혜택 분야에서의 현재 카드사 간 경쟁이 치열하다.

10 다음은 P식당의 2018 ~ 2024년 연도별 하루 평균 판매량을 나타낸 자료이다. 전년 대비 하루 평균 판매량 증가율이 가장 높은 해는?

① 2021년   ② 2022년

③ 2023년   ④ 2024년

11 다음은 연도별 노인 취업률 추이에 대한 자료이다. 조사한 직전 연도 대비 노인 취업률의 변화율이 가장 큰 연도는?

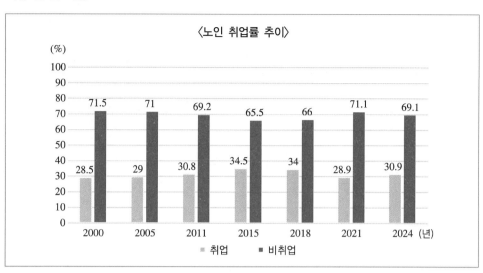

① 2005년   ② 2015년

③ 2018년   ④ 2021년

※ 다음은 2023 ~ 2024년 문화예술행사 관람 통계자료이다. 이어지는 질문에 답하시오. [12~13]

〈문화예술행사 관람률〉

(단위 : 명, %)

구분		2023년			2024년		
		표본 수	관람	미관람	표본 수	관람	미관람
연령별	15 ~ 19세	754	3.9	96.1	677	96	4
	20대	1,505	2.9	97.1	1,573	97.4	2.6
	30대	1,570	8.4	91.6	1,640	91.5	8.5
	40대	1,964	11	89	1,894	89.1	10.9
	50대	2,077	20.6	79.4	1,925	80.8	19.2
	60대	1,409	35.3	64.7	1,335	64.9	35.1
	70대 이상	1,279	53.1	46.9	1,058	49.9	50.1
가구소득별	100만 원 미만	869	57.5	42.5	1,019	51.7	48.3
	100 ~ 200만 원	1,204	41.6	58.4	1,001	60.4	39.6
	200 ~ 300만 원	1,803	24.1	75.9	1,722	76.5	23.5
	300 ~ 400만 원	2,152	18.6	81.4	2,098	82.5	17.5
	400 ~ 500만 원	2,228	11.9	88.1	1,725	89.3	10.7
	500 ~ 600만 원	1,278	8.4	91.6	1,344	92.1	7.9
	600만 원 이상	1,024	8.1	91.9	1,193	92.5	7.5

12 위 자료에 대한 〈보기〉의 설명 중 옳은 것을 모두 고르면?

보기
ㄱ. 2023년에 문화예술행사를 관람한 사람의 수는 가구소득이 100만 원 미만인 사람이 가구소득이 100 ~ 200만 원인 사람보다 많다.
ㄴ. 문화예술행사를 관람한 70대 이상의 사람의 수는 2023년도가 2024년도보다 더 많다.
ㄷ. 2023년에 소득이 100 ~ 300만 원인 사람들 중 문화예술행사를 관람한 사람의 비율은 2024년도 소득이 100 ~ 200만 원인 사람들 중 문화예술행사를 관람하지 않은 사람의 비율보다 작다.
ㄹ. 2024년에 문화예술행사를 관람한 사람의 수는 40대가 50대보다 더 많다.

① ㄱ, ㄴ
② ㄴ, ㄷ
③ ㄱ, ㄴ, ㄷ
④ ㄴ, ㄷ, ㄹ

13 위 자료를 그래프로 나타낸 것으로 옳지 않은 것은?

① 2023년 연령별 문화행사관람 비율

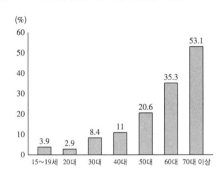

② 2023년 가구소득별 문화예술행사 관람 비율

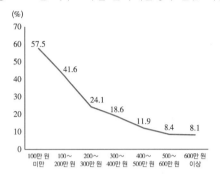

③ 2024년 연령별 문화행사 관람자 수

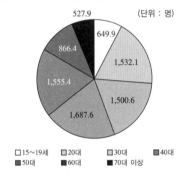

④ 2024년 가구소득별 문화예술행사 관람 비율

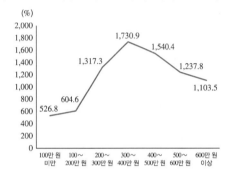

PART 2

※ 다음은 2023 ~ 2024년 현 직장 만족도에 대하여 조사한 자료이다. 이어지는 질문에 답하시오. [14~15]

<현 직장 만족도>

구분	직장유형별	2023년	2024년
전반적 만족도	기업	6.9	6.3
	공공연구기관	6.7	6.5
	대학	7.6	7.2
임금과 수입 만족도	기업	4.9	5.1
	공공연구기관	4.5	4.8
	대학	4.9	4.8
근무시간 만족도	기업	6.5	6.1
	공공연구기관	7.1	6.2
	대학	7.3	6.2
사내분위기 만족도	기업	6.3	6.0
	공공연구기관	5.8	5.8
	대학	6.7	6.2

14 2023년 3개 기관의 전반적 만족도의 합은 2024년 3개 기관의 임금과 수입 만족도의 합의 몇 배인가?(단, 소수점 둘째 자리에서 반올림한다)

① 1.4배   ② 1.6배

③ 1.8배   ④ 2.0배

Easy
15 다음 중 위 자료에 대한 설명으로 옳지 않은 것은?(단, 비율은 소수점 둘째 자리에서 반올림한다)

① 현 직장에 대한 전반적 만족도는 대학 유형에서 가장 높다.

② 2024년 근무시간 만족도에서는 공공연구기관과 대학의 만족도가 동일하다.

③ 2024년에 모든 유형의 직장에서 임금과 수입의 만족도는 전년 대비 증가했다.

④ 사내분위기 측면에서 2023년과 2024년 공공연구기관의 만족도는 동일하다.

Easy

01 다음은 어떤 제품의 생산 계획을 나타낸 것이다. 〈조건〉에 따라 공정이 진행될 때, 첫 번째 완제품이 생산되기 위해서는 최소 몇 시간이 소요되는가?

구분	선행 공정	소요 시간(hour)
A공정	없음	3
B공정	A	1
C공정	B, E	3
D공정	없음	2
E공정	D	1
F공정	C	2

조건

- 공정별로 1명의 작업 담당자가 공정을 수행한다.
- A공정과 D공정의 작업 시점은 같다.
- 공정 간 제품의 이동 시간은 무시한다.

① 6시간   ② 7시간
③ 8시간   ④ 9시간

02 A빵집과 B빵집은 서로 마주보고 있는 경쟁업체이다. 인근 상권에는 두 업체만 있으며, 각 매장에 하루 평균 100명의 고객이 방문한다. 고객은 가격변동에 따른 다른 매장으로의 이동은 있으나 이탈은 없다. 두 빵집이 서로 협상할 수 없는 조건이라면, 적절하지 않은 것은?

B빵집＼A빵집	인상	유지	인하
인상	(20%, 20%)	(30%, −20%)	(45%, −70%)
유지	(−20%, 30%)	(0%, 0%)	(10%, −30%)
인하	(−70%, 45%)	(−30%, 10%)	(−20%, −20%)

※ 괄호 안의 숫자는 A빵집과 B빵집의 매출증가율을 의미함(A빵집 매출증가율, B빵집 매출증가율)
※ 가격의 인상폭과 인하폭은 동일함

① A빵집과 B빵집 모두 가격을 유지할 가능성이 높다.
② A빵집이 가격을 인상할 때, B빵집이 가격을 유지한다면 A빵집은 손해를 입게 된다.
③ A빵집이 가격을 인상할 때, B빵집은 가격을 유지하는 것보다 인하하는 것이 더 큰 이익을 얻을 수 있다.
④ A빵집이 가격을 유지할 때, B빵집이 가격을 인상한다면 B빵집은 손해를 입게 된다.

PART 2

03 다음은 P사의 제품번호 등록 규칙이다. 'IND23Q03D9210'에 대한 설명으로 옳은 것은?

〈P사 제품번호 등록 규칙〉

- 제품번호 등록 규칙은 다음과 같다.
  [생산지 구분] − [생산 연도] − [생산 분기] − [제품 구분] − [운송 구분]
- 생산지 구분

국내	중국	인도네시아
KOR	CHN	IND

- 생산 연도

2020	2021	2022	2023	2024
20	21	22	23	24

- 생산 분기

1분기	2분기	3분기	4분기
Q01	Q02	Q03	Q04

- 제품 구분

식료품	의류	식기류	가전제품	기타
D81	D92	C13	E65	K00

- 운송 구분

일반	긴급	연기
10	20	30

① 중국에서 생산된 식기류 제품이다.

② 일반운송 대상이며 인도네시아에서 생산된 제품이다.

③ 2022년 3분기에 생산되었다.

④ 긴급한 운송을 요하는 제품이다.

04 P마트에서는 최근 시간관리 매트릭스에 대한 교육을 실시했다. 시간관리 매트릭스는 효율적으로 시간관리를 할 수 있도록 중요한 일과 중요하지 않은 일의 우선순위를 나누는 분류 방법이다. 다음 중 강의를 들은 A씨가 교육 내용을 적용하여 ㉠~㉢를 바르게 분류한 것은?

〈시간관리 매트릭스〉

구분	긴급한 일	긴급하지 않은 일
중요한 일	제1사분면	제2사분면
중요하지 않은 일	제3사분면	제4사분면

※ 각 사분면의 좌표의 위치는 우선 순위 정도에 고려하지 않음

A씨는 P마트 고객지원팀 사원이다. A씨는 ㉠ 다음 주에 상부에 보고할 내용을 마무리 하는 도중 고객으로부터 '상품을 먹은 후 두드러기가 나서 일상생활이 힘들 정도다.'라는 ㉡ 불만 접수를 받았다. 고객은 오늘 내로 해결할 방법을 알려달라는 강한 불만을 제기했다. 아직 업무는 다 끝내지 못한 상태고, 오늘 저녁에 ㉢ 친구와 약속이 있다. 약속 시간까지는 2시간 정도 남은 상태이다.

	제1사분면	제2사분면	제3사분면	제4사분면
①	㉠	㉢	㉡	–
②	㉡	㉠	–	㉢
③	㉡, ㉢	–	–	㉠
④	–	㉠	㉢	㉡

05 P씨는 점심식사 중 식당에 있는 TV에서 정부의 정책에 대한 뉴스가 나오는 것을 보았다. 함께 점심을 먹는 동료들과 뉴스를 보고 나눈 대화의 내용으로 적절하지 않은 것은?

> 앵커 : 저소득층에게 법률서비스를 제공하는 정책을 구상 중입니다. 정부는 무료로 법률자문을 하겠다고 자원하는 변호사를 활용하는 자원봉사제도, 정부에서 법률 구조공단 등의 기관을 신설하고 변호사를 유급으로 고용하여 법률서비스를 제공하는 유급법률구조제도, 정부가 법률서비스의 비용을 대신 지불하는 법률보호제도 등의 세 가지 정책대안 중 하나를 선택할 계획입니다.
>
> 이 정책대안을 비교하는 데 고려해야 할 정책목표는 비용저렴성, 접근용이성, 정치적 실현가능성, 법률서비스의 전문성입니다. 정책대안과 정책목표의 관계는 화면으로 보여드립니다. 각 대안이 정책목표를 달성하는 데 유리한 경우는 (+)로, 불리한 경우는 (−)로 표시하였으며, 유·불리 정도는 같습니다. 정책목표에 대한 가중치의 경우, '0'은 해당 정책목표를 무시하는 것을, '1'은 해당 정책목표를 고려하는 것을 의미합니다.

〈정책대안과 정책목표의 상관관계〉

정책목표	가중치		정책대안		
	A안	B안	자원봉사제도	유급법률구조제도	법률보호제도
비용저렴성	0	0	+	−	−
접근용이성	1	0	−	+	−
정치적 실현가능성	0	0	+	−	+
전문성	1	1	−	+	−

① 아마도 전문성 면에서는 유급법률구조제도가 자원봉사제도보다 더 좋은 정책 대안으로 평가받게 되겠군.

② A안에 가중치를 적용할 경우 유급법률구조제도가 가장 적절한 정책대안으로 평가받게 되지 않을까?

③ 반대로 B안에 가중치를 적용할 경우 자원봉사제도가 가장 적절한 정책대안으로 평가받게 될 것 같아.

④ A안과 B안 중 어떤 것을 적용하더라도 정책대안 비교의 결과는 달라지지 않을 것으로 보여.

※ 다음은 P기업의 상반기 공개채용을 통해 채용된 신입사원 정보와 부서별 팀원 선호 사항에 대한 자료이다. 이어지는 질문에 답하시오. [6~7]

〈신입사원 정보〉

구분	성별	경력	어학 능력	전공	운전면허	필기 점수	면접 점수
장경인	남	3년	–	회계학과	○	80점	77점
이유지	여	–	영어, 일본어	영문학과	○	76점	88점
이현지	여	5년	일본어	국어국문학과	○	90점	83점
김리안	남	1년	중국어	컴퓨터학과	×	84점	68점
강주환	남	7년	영어, 중국어, 프랑스어	영문학과	○	88점	72점

〈부서별 팀원 선호 사항〉

- 회계팀 : 경영학, 경제학, 회계학 전공자와 운전면허 소지자를 선호함
- 영업팀 : 일본어 능통자와 운전면허 소지자를 선호하며, 면접점수를 중요시함
- 고객팀 : 경력 사항을 중요시하되, 남성보다 여성을 선호함
- 제조팀 : 다양한 언어 사용자를 선호함
- 인사팀 : 컴퓨터 활용 능력이 뛰어난 사람을 선호함

Easy

06 부서별 팀원 선호 사항을 고려하여 신입사원을 배치한다고 할 때, 해당 부서에 따른 신입사원의 배치가 가장 적절한 것은?

① 회계팀 – 김리안
② 영업팀 – 강주환
③ 인사팀 – 장경인
④ 고객팀 – 이현지

07 신입사원을 부서별로 배치할 때 다음과 같은 부서 배치 기준이 정해진다면, 어느 부서에도 배치될 수 없는 신입사원은?

〈부서 배치 기준〉

- 회계팀 : 경영학, 경제학, 회계학, 통계학 중 하나를 반드시 전공해야 한다.
- 영업팀 : 면접점수가 85점 이상이어야 한다.
- 고객팀 : 5년 이상의 경력을 지녀야 한다.
- 제조팀 : 영어를 사용할 수 있어야 한다.
- 인사팀 : 필기점수가 85점 이상이어야 한다.

① 장경인
② 이유지
③ 이현지
④ 김리안

※ 다음 그림과 〈조건〉을 보고 이어지는 질문에 답하시오. [8~9]

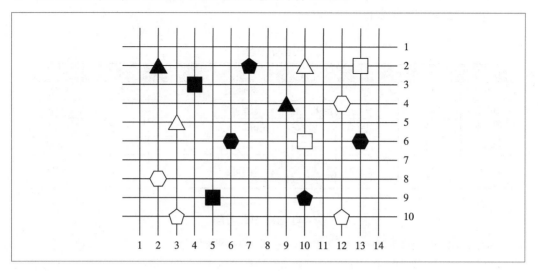

조건

1. W는 White, B는 Black이다.
2. 알파벳 뒤에 숫자는 도형의 각의 개수이다.
3. 좌표는 도형이 위치해 있는 열과 행을 가리킨다.

08 다음 중 위 그림에 대한 좌표로 옳은 것은?

① W3(3, 6)
② B3(8, 4)
③ W6(12, 4)
④ B6(2, 8)

09 다음 중 위 그림과 일치하지 않는 좌표는?

① B4(5, 9), B5(7, 2), B6(13, 6)
② W3(3, 5), W4(10, 6), W5(12, 10)
③ W4(13, 2), W5(3, 10), W6(13, 6)
④ B3(2, 2), B3(9, 4), B6(6, 6)

※ 서울시는 S ~ T 구간에 수도관을 매설하려고 한다. 다음 그림에서 각 마디(Node)는 지점을, 가지(Link)는 지점 간의 연결 가능한 구간을, 가지 위의 숫자는 두 지점 간의 거리(m)를 나타내고 있다. 이어지는 질문에 답하시오. [10~11]

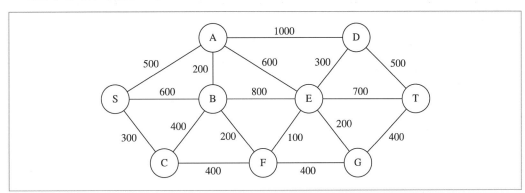

10 수도관 매설 공사를 총 지휘하고 있는 서울시 P소장은 S ~ T지점까지 최소 거리로 수도관 파이프라인을 설치하여 수도관 재료비용을 절감하려고 한다. 수도관 재료 비용이 1m당 1만 원일 때, 최소 수도관 재료비용은?

① 1,200만 원　　　　　　　　② 1,300만 원
③ 1,400만 원　　　　　　　　④ 1,500만 원

Hard

11 수도관 매설 공사를 진행하던 중 F지점 부근에서 청동기 시대 유적지가 발견되어 종전에 세워 둔 수도관 매설 계획에 차질이 빚어졌다. 서울시 P소장은 할 수 없이 공사 계획을 변경하여 F를 경유하지 않는 새로운 최적 경로를 재설정하기로 하였다. 수도관 재료비용이 1m당 1만 원일 때, 종전 F를 경유하는 최적 경로에서 새로 F를 경유하지 않는 최적 경로로 변경함으로써 추가되는 수도관 재료비용은 얼마인가?(단, 종전 공사를 복구하는 과정에서 추가되는 비용 등 다른 조건들은 무시한다)

① 300만 원　　　　　　　　② 400만 원
③ 500만 원　　　　　　　　④ 600만 원

※ 도형을 이동 및 변환시키는 작동 단추의 기능이 다음과 같다. 이어지는 질문에 답하시오. [12~13]

작동 단추	기능
◁ / ▷	도형을 왼쪽 / 오른쪽으로 1칸 옮긴다.
△ / ▽	도형을 위쪽 / 아래쪽으로 1칸 옮긴다.
↕	도형을 180° 회전한다.
▣	도형의 안과 밖의 색을 서로 교체한다.

Hard

12 도형이 다음과 같이 놓여 있을 때, 단추를 〈보기〉의 순서대로 누른 후 도형의 모양과 위치로 옳은 것은?

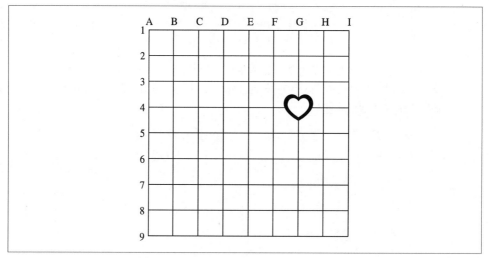

보기

↕ ◁ ▽ ◁ ▽ ▣ △ △ △ ▷

	모양	위치		모양	위치
①	♡	(F, 3)	②	♥	(F, 3)
③	♡	(H, 5)	④	♥	(H, 5)

13 도형이 다음과 같이 놓여 있을 때, 단추를 〈보기〉의 순서대로 눌렀을 때, 나올 수 있는 모든 도형을 구하면?

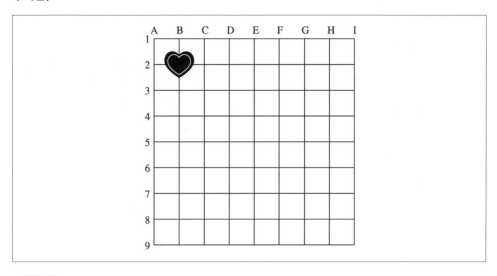

보기

▷ ▷ ▷ ↕ ▽ ▷ ▷ ◙ △ △ ▷ ◙ ◁ ◁ △ ↕

①

②

③

④

14 제시된 규칙에 따라 시침과 분침이 변화한다. 〈보기〉의 시계에 제시된 규칙을 적용할 때, 시계가 가리키는 시각으로 옳은 것은?

- 시침과 분침은 다음 규칙에 따라 위치가 변한다(단, 시침과 분침은 정확한 숫자만을 가리키며 서로 영향을 주지 않는다).

구분	규칙
◑	시침을 시계 방향으로 30°, 분침을 시계 방향으로 90° 회전한다.
◒	시침을 반시계 방향으로 60°, 분침을 반시계 방향으로 120° 회전한다.
◫	시침과 분침의 위치를 모두 좌우 대칭한다.
◨	시침과 분침이 가리키는 위치를 서로 바꾼다.

① 11시 50분   ② 2시 5분
③ 12시 10분   ④ 1시 10분

15 제시된 규칙에 따라 시침과 분침이 변화한다. 〈보기〉의 시계가 왼쪽에서 오른쪽으로 변화했을 때, 적용된 규칙으로 옳은 것은?

- 시침과 분침은 다음 규칙에 따라 위치가 변한다(단, 시침과 분침은 정확한 숫자만을 가리키며 서로 영향을 주지 않는다).

구분	규칙
㉮	시침과 분침의 위치를 모두 상하 대칭한다.
㉯	시침과 분침의 위치를 모두 좌우 대칭한다.
㉰	시침의 위치를 시계 방향으로 90° 회전한다.
㉱	분침의 위치를 반시계 방향으로 120° 회전한다.

보기

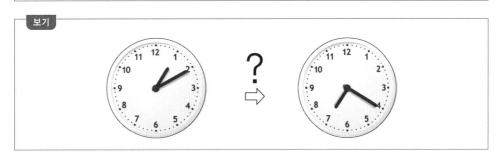

① ㉮㉱㉰㉯   ② ㉰㉯㉱㉮

③ ㉱㉯㉰㉯   ④ ㉮㉯㉱㉰

※ 다음 제시된 단어를 일정 기준에 따라 연관 지을 수 있다고 할 때, 빈칸에 들어갈 단어로 옳은 것은?
[1~2]

01

책   서가   (   )

① 종이   ② 금고
③ 사서   ④ 측정

Easy
02

모니터   키보드   (   )

① 운영체제   ② 바이러스
③ 소프트웨어   ④ 하드디스크

※ 일정한 규칙으로 수를 나열할 때, 빈칸에 들어갈 수로 알맞은 것을 고르시오. [3~5]

03

61   729   120   243   238   81   (   )   27

① 54   ② 81
③ 210   ④ 474

04

-4	9	7	7
17	-9	22	8
9	( )	-8	9
4	9	16	-3

① 16

② 17

③ 18

④ 19

Easy
05

⋮	2
3	5
5	10
6	16
10	( )

① 23

② 24

③ 25

④ 26

06 다음 명제가 참일 때, 빈칸에 들어갈 명제로 가장 적절한 것은?

바람이 불면 별이 회색이다.

─────────────────────

그러므로 별이 회색이 아니면 사과가 떨어지지 않는다.

① 별이 회색이면 바람이 분다.

② 바람이 불면 사과가 떨어진다.

③ 바람이 불지 않으면 사과가 떨어지지 않는다.

④ 사과가 떨어지면 바람이 불지 않는다.

07 A ~ D 4명이 다음 〈조건〉에 따라 구두를 샀다고 할 때, A는 주황색 구두를 포함하여 어떤 색의 구두를 샀는가?(단, 빨간색 – 초록색, 주황색 – 파란색, 노란색 – 남색은 보색 관계이다)

> **조건**
> • 세일하는 품목은 빨간색, 주황색, 노란색, 초록색, 파란색, 남색, 보라색으로 각 한 켤레씩 남았다.
> • A는 주황색을 포함하여 두 켤레를 샀다.
> • C는 빨간색 구두를 샀다.
> • B, D는 파란색을 좋아하지 않는다.
> • C, D는 같은 수의 구두를 샀다.
> • B는 C가 산 구두와 보색 관계인 구두를 샀다.
> • D는 B가 산 구두와 보색 관계인 구두를 샀다.
> • 모두 한 켤레 이상씩 샀으며, 네 사람은 세일 품목을 모두 샀다.

① 노란색   ② 초록색
③ 파란색   ④ 남색

Hard

08 P프랜차이즈 카페에서는 디저트로 빵, 케이크, 마카롱, 쿠키를 판매하고 있다. 최근 각 지점에서 디저트를 섭취하고 땅콩 알레르기가 발생했다는 컴플레인이 제기되었다. 해당 디저트에는 모두 땅콩이 들어가지 않으며, 땅콩을 사용한 제품과 인접 시설에서 제조하고 있다. 다음 자료를 참고할 때, 반드시 거짓인 것은?

> • 땅콩 알레르기 유발 원인이 된 디저트는 빵, 케이크, 마카롱, 쿠키 중 하나이다.
> • 각 지점에서 땅콩 알레르기가 있는 손님이 섭취한 디저트와 알레르기 유무는 다음과 같다.
>
> | | |
> |---|---|
> | A지점 | 빵과 케이크를 먹고, 마카롱과 쿠키를 먹지 않은 경우, 알레르기가 발생했다. |
> | B지점 | 빵과 마카롱을 먹고, 케이크와 쿠키를 먹지 않은 경우, 알레르기가 발생하지 않았다. |
> | C지점 | 빵과 쿠키를 먹고, 케이크와 마카롱을 먹지 않은 경우, 알레르기가 발생했다. |
> | D지점 | 케이크와 마카롱을 먹고, 빵과 쿠키를 먹지 않은 경우, 알레르기가 발생했다. |
> | E지점 | 케이크와 쿠키를 먹고, 빵과 마카롱을 먹지 않은 경우, 알레르기가 발생하지 않았다. |
> | F지점 | 마카롱과 쿠키를 먹고, 빵과 케이크를 먹지 않은 경우, 알레르기가 발생하지 않았다. |

① A, B, D지점의 사례만을 고려하면, 케이크가 알레르기의 원인이다.
② A, C, E지점의 사례만을 고려하면, 빵이 알레르기의 원인이다.
③ B, D, F지점의 사례만을 고려하면, 케이크가 알레르기의 원인이다.
④ C, D, F지점의 사례만을 고려하면, 마카롱이 알레르기의 원인이다.

※ 다음 도형 내부의 기호들은 일정한 패턴을 가지고 변화한다. '?'에 들어갈 도형으로 알맞은 것을 고르시오. [9~10]

09

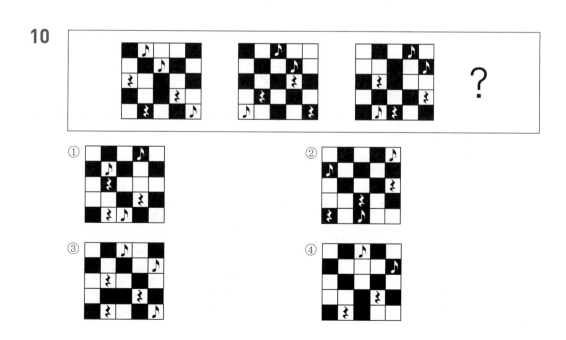

작동 버튼	기능
☆	1번과 3번의 숫자를 바꾼다.
★	홀수가 적힌 곳의 색을 바꾼다(흰색 ↔ 하늘색).
♤	4번과 5번이 적힌 곳의 숫자와 색을 바꾼다(흰색 ↔ 하늘색).
♠	도형을 180° 회전한다.

11 〈보기〉의 왼쪽 도형에서 버튼을 눌렀더니 오른쪽 도형으로 변형되었다. 다음 중 작동 버튼의 순서를 바르게 나열한 것은?

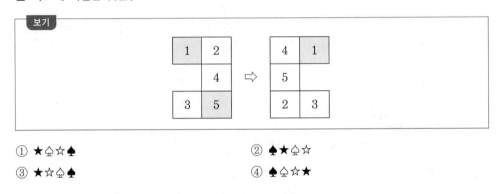

① ★♤☆♠   ② ♠★♤☆

③ ★☆♤♠   ④ ♠♤☆★

12 〈보기〉의 왼쪽 도형에서 버튼을 눌렀더니 오른쪽 도형으로 변형되었다. 작동 버튼의 순서를 바르게 나열한 것은?

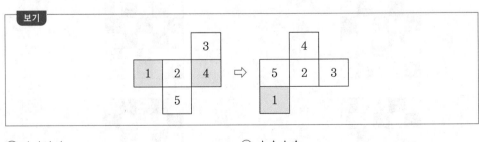

① ☆♤♠★   ② ★♤☆♠

③ ★★♤♠   ④ ♤♠☆★

※ 다음 규칙을 바탕으로 이어지는 질문에 답하시오. [13~14]

작동 버튼	기능
Σ	도형을 상하 반전한다.
∞	짝수가 적힌 곳의 색을 바꾼다(흰색 ↔ 하늘색).
□	1번과 2번이 적힌 곳의 색을 바꾼다(흰색 ↔ 하늘색).
※	도형을 180° 회전한다.

13 〈보기〉의 왼쪽 도형에서 버튼을 눌렀더니 오른쪽 도형으로 변형되었다. 다음 중 작동 버튼의 순서를 바르게 나열한 것은?

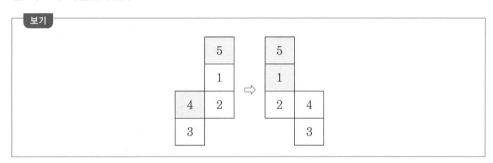

① ∞ □ ∞ Σ

② ※ Σ □ Σ

③ Σ ∞ ※ Σ

④ Σ □ ∞ ※

Hard

14 〈보기〉의 왼쪽 도형에서 버튼을 눌렀더니 오른쪽 도형으로 변형되었다. 다음 중 작동 버튼의 순서를 바르게 나열한 것은?

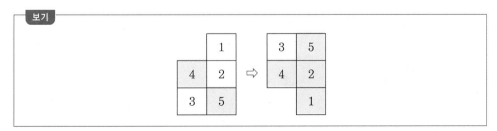

① Σ Σ □ ∞

② ※ Σ ※ □

③ □ ∞ Σ □

④ □ Σ □ ※

15

제시된 키패드의 버튼을 누르면 숫자의 배열이 규칙에 따라 달라진다. 다음과 같이 버튼을 눌렀을 때, 달라지는 숫자의 배열로 옳은 것은?(단, 제시된 배열은 한 자릿수 수들의 배열이다)

〈키패드〉

1	2	3
4	5	6
7	8	9
*	0	#

〈키패드 버튼별 규칙〉

버튼	규칙	버튼	규칙	버튼	규칙
1	가장 왼쪽에 위치한 숫자가 오른쪽 끝으로 이동	2	가운데 위치한 숫자가 왼쪽 끝으로 이동	3	가장 오른쪽에 위치한 숫자가 왼쪽 끝으로 이동
4	모든 짝수 오른쪽 정렬	5	모든 홀수 오른쪽 정렬	6	3의 배수 왼쪽 정렬
7	오름차순 정렬	8	내림차순 정렬	9	오름차순으로 짝수, 홀수 교차 정렬
*	내림차순으로 짝수, 홀수 교차 정렬	0	왼쪽에 위치한 숫자 3개를 오른쪽 끝으로 이동	#	역순으로 정렬

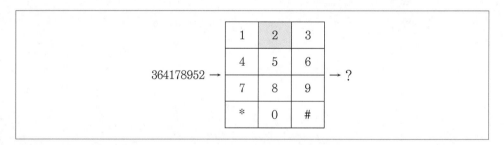

364178952 →

1	2	3
4	5	6
7	8	9
*	0	#

→ ?

① 317956482
② 736418952
③ 648231795
④ 246813579

01　언어이해

01 다음 중 밑줄 친 단어의 쓰임이 옳지 않은 것은?

① 너의 성공을 <u>바란다</u>.

② 대가를 <u>바라고</u> 도운 것이 아니다.

③ 우리는 명동을 <u>바라고</u> 뛰었다.

④ 너의 성공에 대한 나의 <u>바램은</u> 한 치의 거짓도 없다.

Easy

02 다음 글에서 틀린 단어는 모두 몇 개인가?

> Q : 감기와 독감이 다른가요?
> A : 독감은 인플루엔자 바이러스에 의한 급성 호흡기성질환으로 노인이나 만성질환자에서는 폐렴 등의 합병증으로 사망에 이르기도 하는 병입니다. 대게 11월 중순에서 3월 초까지 유행하며 일반적으로 증상이 심한 감기를 독감으로 생각하지만 일반적인 감기와는 원인바이러스가 상이 하고 전혀 다른 전염병입니다. 독감은 감기에 비해 증상이 매우 심한데 특히 발열이 흔하며 두통, 근육통, 피로감 등 전신 증상이 뚜렷하고 전염성이 강하여 단시일 내에 유행할 수 있습니다.

① 없음

② 1개

③ 2개

④ 3개

03 다음 글의 제목으로 가장 적절한 것은?

우리는 처음 만난 사람의 외모를 보고, 그를 어떤 방식으로 대우해야 할지를 결정할 때가 많다. 그가 여자인지 남자인지, 얼굴색이 흰지 검은지, 나이가 많은지 적은지 혹은 그의 스타일이 조금은 상류층의 모습을 띠고 있는지 아니면 너무나 흔해서 별 특징이 드러나 보이지 않는 외모를 하고 있는지 등을 통해 그들과 나의 차이를 재빨리 감지한다. 일단 감지가 되면 우리는 둘 사이의 지위 차이를 인식하고 우리가 알고 있는 방식으로 그를 대하게 된다. 한 개인이 특정 집단에 속한다는 것은 단순히 다른 집단의 사람과 다르다는 것뿐만 아니라, 그 집단이 다른 집단보다는 지위가 높거나 우월하다는 믿음을 갖게 한다. 모든 인간은 평등하다는 우리의 신념에도 불구하고 왜 인간들 사이의 이러한 위계화(位階化)를 당연한 것으로 받아들일까? 위계화란 특정 부류의 사람들은 자원과 권력을 소유하고 다른 부류의 사람들은 낮은 사회적 지위를 갖게 되는 사회적이며 문화적인 체계이다. 다음에서 우리는 이러한 불평등이 어떠한 방식으로 경험되고 조직화되는지를 살펴보기로 하자.

인간이 불평등을 경험하게 되는 방식은 여러 측면으로 나눌 수 있다. 산업 사회에서의 불평등은 계층과 계급의 차이를 통해서 정당화되는데, 이는 재산, 생산 수단의 소유 여부, 학력, 집안 배경 등등의 요소들의 결합에 의해 사람들 사이의 위계를 만들어 낸다. 또한 모든 사회에서 인간은 태어날 때부터 얻게 되는 인종, 성, 종족 등의 생득적 특성과 나이를 통해 불평등을 경험한다. 이러한 특성들은 단순히 생물학적인 차이를 지칭하는 것이 아니라, 개인의 열등성과 우등성을 가늠하게 만드는 사회적 개념이 되곤 한다.

한편 불평등이 재생산되는 다양한 사회적 기제들이 때로는 관습이나 전통이라는 이름 아래 특정 사회의 본질적인 문화적 특성으로 간주되고 당연시되는 경우가 많다. 불평등은 체계적으로 조직되고 개인에 의해 경험됨으로써 문화의 주요 부분이 되었고, 그 결과 같은 문화권 내의 구성원들 사이에 권력 차이와 그에 따른 폭력이나 비인간적인 행위들이 자연스럽게 수용될 때가 많다.

문화 인류학자들은 사회 집단의 차이와 불평등, 사회의 관습 또는 전통이라고 얘기되는 문화 현상에 대해 어떤 입장을 취해야 할지 고민을 한다. 문화 인류학자가 이러한 문화 현상은 고유한 역사적 산물이므로 나름대로 가치를 지닌다는 입장만을 반복하거나 단순히 관찰자로서의 입장에 안주한다면, 이러한 차별의 형태를 제거하는 데 도움을 줄 수 없다. 실제로 문화 인류학 연구는 기존의 권력 관계를 유지시켜주는 다양한 문화적 이데올로기를 분석하고, 인간 간의 차이가 우등성과 열등성을 구분하는 지표가 아니라 동등한 다름일 뿐이라는 것을 일깨우는 데 기여해 왔다.

① 차이와 불평등
② 차이의 감지 능력
③ 문화 인류학의 역사
④ 위계화의 개념과 구조

04 다음 글의 논지를 약화하는 사례로 가장 적절한 것은?

> 아프리카 남동쪽의 큰 섬인 마다가스카르로부터 북동쪽으로 약 1,100km, 인도로부터는 서쪽으로 약 2,800km 떨어진 서인도양의 세이셸 제도에는 '호랑이 카멜레온'이라는 토착종이 살고 있다. 날지도 못하고 수영도 능숙하지 않은 호랑이 카멜레온이 이곳에 살게 된 이유는 대륙의 분리와 이동 때문이다. 호랑이 카멜레온의 조상은 원래 장소에 계속 살고 있었으나, 대륙의 분리 및 이동으로 인해 외딴 섬에 살게 된 것이다. 세이셸 제도는 원래 아프리카, 인도, 마다가스카르 등과 함께 곤드와나 초대륙의 일부였으나 인도 – 마다가스카르와 아프리카가 분리되고, 이후 인도와 마다가스카르가 분리된 다음, 최종적으로 인도와 세이셸 제도가 분리되어 지금에 이르렀다. 호랑이 카멜레온의 조상은 세이셸 제도가 다른 지역과 분리된 후 독립적으로 진화한 것이다.

① 아프리카 남동쪽의 해안선과 마다가스카르 서쪽의 해안선이 거의 일치한다.

② 호랑이 카멜레온과 가장 가까운 공동 조상의 화석이 마다가스카르 섬과 아프리카 대륙에서 발견되었다.

③ 아프리카 남동쪽과 인도 서쪽에서 산맥과 지질 구조가 연속적으로 이어지고 있다.

④ 아프리카의 카멜레온과 호랑이 카멜레온의 가장 가까운 공동 조상이 마다가스카르의 카멜레온과 호랑이 카멜레온의 가장 가까운 공동 조상보다 더 나중에 출현했다.

05 다음 글의 빈칸에 들어갈 내용으로 가장 적절한 것은?

> 오늘날 유전 과학자들은 유전자의 발현에 관해 관심을 두고 있다. 맥길 대학의 연구팀은 이 물음에 답하려고 연구를 수행하였다. 어미 쥐가 새끼를 핥아주는 성향에는 편차가 있다. 어떤 어미는 다른 어미보다 더 많이 핥아주었다.
> 연구팀은 어미가 누구든 많이 핥인 새끼는 그렇지 않은 새끼보다 뇌의 특정 부분, 특히 해마에서 당질 코르티코이드 수용체들, 곧 GR이 더 많이 생겨났다는 것을 발견했다. 이렇게 생긴 GR의 수는 성체가 되어도 크게 바뀌지 않았다. GR의 수는 GR 유전자의 발현에 달려있다. 이 쥐들의 GR 유전자는 차이는 없지만 그 발현 정도에는 차이가 있을 수 있다. 이 발현을 촉진하는 인자 중 하나가 NGF 단백질인데, 많이 핥인 새끼는 그렇지 못한 새끼에 비해 NGF 수치가 더 높다.
> 스트레스 반응 정도는 코르티솔 민감성에 따라 결정되는데 GR이 많으면 코르티솔 민감성이 낮아지게 하는 되먹임회로가 강화된다. 이 때문에 _____

① GR 유전자가 스트레스 반응에 중요한 작용을 하는 것이다.

② 어미의 보살핌 정도에 따라 GR 유전자의 차이가 발생하는 것이다.

③ GR과 관계없이 코르티솔 민감성에 따라 스트레스 반응 정도가 달리 나타난다.

④ 똑같은 스트레스를 받아도 많이 핥인 새끼는 그렇지 않은 새끼보다 더 무디게 반응한다.

06 P일보에 근무 중인 A기자는 나들이가 많은 요즘 자동차 사고를 예방하고자 다음과 같은 기사를 작성하였다. 기사의 제목으로 가장 적절한 것은?

> 예전에 비해 많은 사람이 안전띠를 착용하지만, 우리나라 안전띠 착용률은 여전히 매우 낮다. 2013년 일본과 독일에서 조사한 승용차 앞좌석 안전띠 착용률은 각각 98%와 97%를 기록했다. 하지만 같은 해 우리나라는 84.4%에 머물렀다. 특히 뒷좌석 안전띠 착용률은 19.4%로 OECD 국가 중 최하위에 머물렀다.
>
> 지난 4월 13일, ○○공단은 경기도 화성에 있는 자동차안전연구원에서 '부적절한 안전띠 착용 위험성 실차 충돌시험'을 실시했다. 국내에서 처음 시행한 이번 시험은 안전띠 착용 상태에서 안전띠를 느슨하게 풀어주는 장치 사용(성인, 운전석), 안전띠 미착용 상태에서 안전띠 버클에 경고음 차단 클립 사용(성인, 보조석), 뒷좌석에 놀이방 매트 설치 및 안전띠와 카시트 모두 미착용(어린이, 뒷좌석) 총 세 가지 상황으로 실시했다.
>
> 성인 인체모형 2조와 3세 어린이 인체모형 1조를 활용해 승용 자동차가 시속 56km로 고정 벽에 정면충돌하도록 했다. 충돌시험 결과 놀랍게도 안전띠의 부적절한 사용은 중상 가능성이 최대 99.9%로 안전띠를 제대로 착용했을 때보다 최대 9배 높게 나타났다.
>
> 세 가지 상황별로 살펴보자. 먼저 안전띠를 느슨하게 풀어주는 장치를 사용할 경우다. 중상 가능성은 49.7%로, 올바른 안전띠 착용보다 약 5배 높게 나타났다. 느슨해진 안전띠로 인해 차량 충돌 시 탑승객을 효과적으로 구속하지 못하기 때문이다. 두 번째로 안전띠 경고음 차단 클립을 사용한 경우에는 중상 가능성이 80.3%로 더욱 높아졌다. 에어백이 충격 일부를 흡수하기는 하지만 머리는 앞면 창유리에, 가슴은 크래시 패드에 심하게 부딪친 결과다. 마지막으로 뒷좌석 놀이방 매트 위에 있던 3세 어린이 인체 모형은 중상 가능성이 99.9%로 생명에 치명적 위험을 초래하는 것으로 나타났다. 어린이 인체모형은 자동차 충격 때문에 튕겨 나가 앞좌석 등받이와 심하게 부딪쳤고, 안전띠와 카시트를 착용한 경우보다 머리 중상 가능성이 99.9%, 가슴 중상 가능성이 93.9% 이상 높았다. 덧붙여 안전띠를 제대로 착용하지 않으면 에어백의 효과도 줄어든다는 사실을 알 수 있었다. 안전띠를 정상적으로 착용하지 않으면, 자동차 충돌 시 탑승자가 앞으로 튕겨 나가려는 힘을 안전띠가 효과적으로 막아주지 못한다. 이러한 상황에서 탑승자가 에어백과 부딪치면 에어백의 흡수 가능 충격량을 초과한 힘이 탑승자에게 가해져 상해율이 높아지는 것이다.

① 안전띠! 제대로 맵시다.
② 어린이는 차량 뒷좌석에 앉히세요~!
③ 우리나라 안전띠 착용률 OCED 국가 중 최하위!
④ 우리 가족 안전수호대, 에어백과 안전띠의 특급 컬래버레이션!

07 다음은 감전사고 시 응급대처 요령이다. 이를 바탕으로 감전사고 시의 응급조치로 적절하지 않은 것을 고르면?

〈감전사고 시 응급조치〉

■ 구강 대 구강 법(입 맞추기 법)
1. 피해자의 입으로부터 오물, 이물질 등을 제거하고 평평한 바닥에 반듯하게 눕힌다.
2. 왼손의 엄지손가락으로 입을 열고, 오른손 엄지손가락과 집게손가락으로 코를 쥐고 피해자의 입에 처치자의 입을 밀착시켜서 숨을 불어넣는다.
3. 사정에 따라 손수건을 사용하되 종이수건의 사용은 금한다.
4. 처음 4회는 신속하고 강하게 불어넣어 폐가 완전히 수축되지 않도록 한다.
5. 사고자의 흉부가 팽창된 것을 확인하고 입을 뗀다.
6. 정상적인 호흡간격인 5초 간격으로(1분에 12~15회) 위와 같은 동작을 반복한다.
   *구강 대 구강 법으로 처치 시 주의사항은 다음과 같다.
   - 구강 대 구강 법은 모든 사람이 행할 수 있으므로 환자를 발견하면 그곳에서 곧바로 실시해야 한다.
   - 우선 인공호흡을 실시하고, 다른 사람은 구급차나 의사를 부른다.
   - 추락 등에 의해 출혈이 심한 경우 지혈을 한 후 인공호흡을 실시한다.
   - 구급차가 도착할 때까지 환자가 소생하지 않을 때는 구급차로 후송하면서 계속 인공호흡을 실시해야 한다.

■ 심장 마사지
1. 피해자를 딱딱하고 평평한 바닥에 눕힌다.
2. 한 손의 엄지손가락을 갈비뼈의 하단에서 3cm 위 부분에 놓고 다른 손을 그 위에 겹쳐 놓는다.
3. 처치자의 체중을 이용하여 엄지손가락이 4cm 정도 들어가도록 강하게 누른 후 힘을 빼되 가슴에서 손을 떼지 말아야 한다.
4. 심장 마사지 15회 정도와 인공호흡 2회를 교대로 연속 실시한다.
5. 심장 마사지와 인공호흡을 2명이 분담하여 5 : 1의 비율로 실시한다.

■ 전기화상 사고의 응급조치
1. 불이 붙은 곳은 물, 소화용 담요 등을 이용하여 소화하거나 급한 경우에는 피해자를 굴리면서 소화한다.
2. 상처에 달라붙지 않은 의복은 모두 벗긴다.
3. 화상부위를 세균 감염으로부터 보호하기 위하여 화상용 붕대를 감는다.
4. 화상을 사지에만 입었을 경우 통증이 줄어들도록 약 10분간 화상 부위를 물에 담그거나 물을 뿌릴 수도 있다.
5. 상처 부위에 파우더, 향유, 기름 등을 발라서는 안 된다.
6. 진정, 진통제는 의사의 처방에 의하지 않고는 사용하지 말아야 한다.
7. 의식을 잃은 환자에게는 물이나 차를 조금씩 먹이되 알코올은 삼가해야 하며 구토증 환자에게는 물, 차 등의 취식을 금해야 한다.
8. 피해자를 담요 등으로 감싸되 상처 부위가 닿지 않도록 한다.

---

① 구강 대 구강 법은 피해자의 흉부를 육안으로 확인하며 진행해야 한다.
② 출혈이 있는 경우, 의식회복이 우선이므로 지혈보다 인공호흡을 먼저 실시한다.
③ 피해자가 전기화상을 입은 경우, 함부로 진통제를 사용해서는 안 된다.
④ 심장 마사지는 인공호흡과 함께 실시한다.

08 다음 글을 읽은 P은행의 기획팀 팀장 A씨는 팀 회의를 통해 자사의 카멜레존 활용 방안을 제시하도록 요청하였을 때, 카멜레존 활용 방안으로 적절하지 않은 것은?

최근 현대의 소비 공간으로 '카멜레존'이 주목받고 있다. 카멜레온(Chameleon)과 공간(Zone)의 합성어인 카멜레존(Chamelezone)은 주변 상황에 따라 색을 바꾸는 카멜레온과 같이 특정 공간이 협업이나 재생, 공유 등을 통해 기존 용도에서 벗어나 상황에 맞춰 새롭게 변신하는 것을 말한다. 건축 분야의 가장 큰 화두로 떠오르고 있는 공간 재생은 카멜레존의 대표적인 유형이다. 공간 재생이란 이전 공간의 특성과 구조를 그대로 간직한 채 다른 용도로 사용하는 것으로, 예술 작품의 전시장으로 재탄생한 공장이나 카페로 운영되는 폐병원 등 일상생활에서도 쉽게 볼 수 있다.

공간을 특정 상황에 따라 변형하여 활용하는 팝업스토어도 카멜레존에 해당한다. 브랜드 홍보를 주목적으로 하는 팝업스토어는 주로 사람들이 많이 다니는 장소에 설치되어 일정기간만 제품을 판매한다. 이때 단순 판매에 그치지 않고, 소비자에게 브랜드에 대한 다양한 체험을 선사하여 기업에 대한 긍정적인 이미지를 각인시킨다.

기존의 공간이 하나의 기능을 수행했다면 카멜레존은 협업을 통해 두 가지 이상의 기능을 수행하기도 한다. 대형 쇼핑몰에 자리 잡은 도서관이나 세탁소와 카페가 결합한 카페형 빨래방이 대표적이다. 이들은 주요 기능을 수행하는 동안 소비자에게 휴식 공간을 제공한다는 점에서 단순한 기능의 결합을 넘어 또 다른 가치를 창출하는 공간으로 볼 수 있다.

과학과 기술의 발전을 통한 융·복합 시대에서 공간의 기존 형태로는 더 이상 더 큰 가치를 창출하기 어렵다. 소비자의 소비·여가 패턴 변화에 따라 공간 역시 카멜레존을 통한 새로운 변화를 시도하고 있다.

① 점심을 거르고 영업점을 방문하는 직장인들을 위해 영업점 한 편에 빵이나 음료를 판매하는 베이커리를 마련하는 것은 어떨까요?

② 업무 차례를 기다리느라 지루한 고객들을 위해 작은 서점과 함께 입점하는 방안도 좋을 것 같습니다.

③ SNS에서 유행하는 카페처럼 폐공장을 활용한 영업점으로 젊은 층의 고객을 공략하는 것은 어떨까요?

④ 고객이 붐비는 시간대에는 영업점에 AI 로봇이나 키오스크(Kiosk)를 도입하여 간단한 업무를 처리하도록 하는 방안은 어떤가요?

다음 문단을 논리적 순서대로 바르게 나열한 것은?

(가) 다만 각자에게 느껴지는 감각질이 뒤집혀 있을 뿐이고 경험을 할 때 겉으로 드러난 행동과 하는 말은 똑같다. 예컨대 그 사람은 신호등이 있는 건널목에서 똑같이 초록 불일 때 건너고 빨간 불일 때는 멈추며, 초록 불을 보고 똑같이 "초록 불이네."라고 말한다. 그러나 그는 자신의 감각질이 뒤집혀 있는지 전혀 모른다. 감각질은 순전히 사적이며 다른 사람의 감각질과 같은지를 확인할 수 있는 방법이 없기 때문이다.

(나) 그래서 어떤 입력이 들어올 때 어떤 출력을 내보낸다는 기능적·인과적 역할로써 정신을 정의하는 기능론이 각광을 받게 되었다. 기능론에서는 정신이 물질에 의해 구현되므로 그 둘이 별개의 것은 아니라고 주장한다는 점에서 이원론과 다르면서도, 정신의 인과적 역할이 뇌의 신경 세포에서든 로봇의 실리콘 칩에서든 어떤 물질에서도 구현될 수 있음을 보여 준다는 점에서 동일론의 문제점을 해결할 수 있기 때문이다.

(다) 심신 문제는 정신과 물질의 관계에 대해 묻는 오래된 철학적 문제이다. 정신 상태와 물질 상태는 별개의 것이라고 주장하는 이원론이 오랫동안 널리 받아들여졌으나, 신경 과학이 발달한 현대에는 그 둘은 동일하다는 동일론이 더 많은 지지를 받고 있다. 그러나 똑같은 정신 상태라고 하더라도 사람마다 그 물질 상태가 다를 수 있고, 인간과 정신 상태는 같지만 물질 상태는 다른 로봇이 등장한다면 동일론에서는 그것을 설명할 수 없다는 문제가 생긴다.

(라) 그래도 정신 상태가 물질 상태와 다른 무엇이 있다고 생각하는 이원론에서는 '나'가 어떤 주관적인 경험을 할 때 다른 사람에게 그 경험을 보여줄 수는 없지만 나는 분명히 경험하는 그 느낌에 주목한다. 잘 익은 토마토를 봤을 때의 빨간색의 느낌, 시디신 자두를 먹었을 때의 신 느낌, 꼬집힐 때의 아픈 느낌이 그런 예이다. 이런 질적이고 주관적인 감각 경험, 곧 현상적인 감각 경험을 철학자들은 '감각질'이라고 부른다. 이 감각질이 뒤집혔다고 가정하는 사고 실험을 통해 기능론에 대한 비판이 제기된다. 나에게 빨강으로 보이는 것이 어떤 사람에게는 초록으로 보이고 나에게 초록으로 보이는 것이 그에게는 빨강으로 보인다는 사고 실험이 그것이다.

① (가) - (나) - (다) - (라) ② (나) - (다) - (가) - (라)
③ (다) - (가) - (라) - (나) ④ (다) - (나) - (라) - (가)

10 다음 글을 읽고 추론한 것으로 적절하지 않은 것은?

외래어는 원래의 언어에서 가졌던 모습을 잃어버리고 새 언어에 동화되는 속성을 가지고 있다. 외래어의 동화양상을 음운, 형태, 의미적 측면에서 살펴보자.

첫째, 외래어는 국어에 들어오면서 국어의 음운적 특징을 띠게 되어 외국어 본래의 발음이 그대로 유지되지 못한다. 자음이든 모음이든 국어에 없는 소리는 국어의 가장 가까운 소리로 바뀌고 만다. 프랑스의 수도 Paris는 원래 프랑스어인데 국어에서는 [파리]가 된다. 프랑스어 [r] 발음은 국어에 없는 소리여서 비슷한 소리인 [ㄹ]로 바뀌고 마는 것이다. 그 외에 장단이나 강세, 성조와 같은 운율적 자질도 원래 외국어의 모습을 잃어버리고 만다.

둘째, 외래어는 국어의 형태적인 특징을 갖게 된다. 외래어의 동사와 형용사는 '-하다'가 반드시 붙어서 쓰이게 된다. 영어 형용사 smart가 국어에 들어오면 '스마트하다'가 된다. '아이러니하다'라는 말도 있는데 이는 명사에 '-하다'가 붙어 형용사처럼 쓰인 경우이다.

셋째, 외래어는 원래 언어의 의미와 다른 의미로 쓰일 수 있다. 일례로 프랑스어 'Madame'이 국어에 와서는 '마담'이 되는데 프랑스어에서의 '부인'의 의미가 국어에서는 '술집이나 다방의 여주인'의 의미로 쓰이고 있다.

---

① 외래어로 만들고자 하는 외국어의 발음이 국어에 없는 소리일 때는 국어에 있는 비슷한 성질의 음운으로 바뀐다.

② 외국어의 장단, 강세, 성조와 같은 운율적 자질은 국어의 체계와 다를 수 있다.

③ 서울의 로마자 표기 'Seoul'은 실제 우리말 발음과 다르게 읽어야 한다.

④ '-하다'는 외국어의 형용사와 명사에 붙어 형용사를 만드는 기능이 있다.

11 다음 글을 읽고 추론한 것으로 가장 적절한 것은?

> 종래의 철도는 일정한 간격으로 된 2개의 강철레일 위를 강철바퀴 차량이 주행하는 것이다. 반면 모노레일은 높은 지주 위에 설치된 콘크리트 빔(Beam) 위를 복렬(複列)의 고무타이어 바퀴 차량이 주행하는 것이다. 빔 위에 다시 레일을 고정하고, 그 위를 강철바퀴 차량이 주행하는 모노레일도 있다. 처음으로 실용화된 모노레일은 1880년경 아일랜드의 밸리뷰니온사(社)에서 건설한 것이었다.
>
> 1901년에는 현수장치를 사용하는 모노레일이 등장하였는데, 이 모노레일은 독일 부퍼탈시(市)의 전철교식 복선으로 건설되어 본격적인 운송수단으로서의 역할을 하였다. 그 후 여러 나라에서 각종 모노레일 개발 노력이 이어졌다. 제2차 세계대전이 끝난 뒤 독일의 알베그사(社)를 창설한 베너그렌은 1952년 1/2.5 크기의 시제품을 만들고, 실험과 연구를 거듭하여 1957년 알베그식(式) 모노레일을 완성하였다.
>
> 그리고 1958년에는 기존의 강철레일·강철바퀴 방식에서 콘크리트 빔·고무타이어 방식으로 개량하여 최고 속력이 80km/h에 달하는 모노레일이 등장하기에 이르렀다. 프랑스에서도 1950년 말엽 사페즈사(社)가 독자적으로 사페즈식(式) 모노레일을 개발하였다. 이것은 쌍레일 방식과 공기식 타이어차량 운용 경험을 살려 개발한 현수식 모노레일로, 1960년 오를레앙 교외에 시험선(線)이 건설되었다.

① 콘크리트 빔·고무타이어 방식은 1960년대까지 개발되지 않았다.
② 독일에서 모노레일이 본격적인 운송수단 역할을 수행한 것은 1950년대부터이다.
③ 주행에 강철바퀴가 이용되느냐의 여부에 따라 종래의 철도와 모노레일이 구분된다.
④ 베너그렌이 개발한 알베그식 모노레일은 오를레앙 교외에 건설된 사페즈식 모노레일 시험선보다 먼저 완성되었다.

※ 다음은 인류의 오른손 선호에 대한 글이다. 이어지는 질문에 답하시오. [12~13]

오늘날 인류가 왼손보다 오른손을 선호하는 경향은 어디서 비롯되었을까? 무기를 들고 싸우는 결투에서 오른손잡이는 왼손잡이인 상대를 만나면 곤혹을 치르곤 한다. 왼손잡이인 적수가 무기를 든 왼손은 뒤로 감춘 채 오른손을 내밀어 화해의 몸짓을 보이다가 방심한 틈에 공격할 수도 있다. 그러나 이런 상황이 왼손에 대한 폭넓고 뿌리 깊은 반감을 다 설명해 준다고는 생각되지 않는다. 예컨대 그런 종류의 겨루기와 거의 무관했던 여성들의 오른손 선호는 어떻게 설명할 것인가? 오른손을 귀하게 여기고 왼손을 천대하는 현상은 어쩌면 산업화 이전 사회에서 배변 후 사용할 휴지가 없었다는 사실과 관련이 있을 법하다. 인류 역사에서 대부분의 기간 동안 배변 후 뒤처리를 담당한 것은 맨손이었다. 맨손으로 배변 뒤처리를 하는 것은 불쾌할뿐더러 병균을 옮길 위험을 수반하는 일이었다. 이런 위험의 가능성을 낮추는 간단한 방법은 음식을 먹거나 인사할 때 다른 손을 사용하는 것이었다. 기술 발달 이전의 사회에서는 대개 왼손을 배변 뒤처리에, 오른손을 먹고 인사하는 일에 사용했다. 이런 전통에서 벗어난 행동을 보면 사람들은 기겁하지 않을 수 없었다. 오른손과 왼손의 역할 분담에 대한 관습을 따르지 않는 어린아이는 벌을 받았을 것이다. 나는 이런 배경이 인간 사회에서 널리 나타나는 '오른쪽'에 대한 긍정과 '왼쪽'에 대한 반감을 어느 정도 설명해 줄 수 있으리라고 생각한다. 그러나 이 설명은 왜 애초에 오른손이 먹는 일에, 그리고 왼손이 배변 처리에 사용되었는지 설명해 주지 못한다. 확률로 말하자면 왼손이 배변 처리를 담당하게 될 확률은 2분의 1이다. 그렇다면 인간 사회 가운데 절반 정도는 왼손잡이 사회였어야 할 것이다. 그러나 동서양을 막론하고 왼손잡이 사회는 확인된 바 없다. 세상에는 왜 온통 오른손잡이 사회들뿐인지에 대한 근본적인 설명은 다른 곳에서 찾아야 할 것 같다. 한쪽 손을 주로 쓰는 경향은 뇌의 좌우반구의 기능 분화와 관련되어 있는 것으로 보인다. 보고된 증거에 따르면, 왼손잡이는 읽기와 쓰기, 개념적·논리적 사고 같은 좌반구 기능에서 오른손잡이보다 상대적으로 미약한 대신 상상력, 패턴 인식, 창의력 등 전형적인 우반구 기능에서는 상대적으로 기민한 경우가 많다. 비비원숭이의 두개골 화석을 연구함으로써 오스트랄로피테쿠스가 어느 손을 즐겨 썼는지를 추정할 수 있다. 이들이 비비원숭이를 몽둥이로 때려서 입힌 상처의 흔적이 남아 있기 때문이다. 연구에 따르면 오스트랄로피테쿠스는 약 80%가 오른손잡이였다. 이는 현대인과 거의 일치한다. 사람이 오른손을 즐겨 쓰듯 다른 동물들도 앞발 중에 더 선호하는 쪽이 있는데, 포유류에 속하는 동물들은 대개 왼발을 즐겨 쓰는 것으로 나타났다. 이들 동물에서도 뇌의 좌우반구 기능은 인간과 본질적으로 다르지 않으며, 좌우반구의 신체 제어에서 좌우 교차가 일어난다는 점도 인간과 다르지 않다. 왼쪽과 오른쪽의 대결은 인간이라는 종의 먼 과거까지 거슬러 올라간다. 나는 이성 대(對) 직관의 힘겨루기, 뇌의 두 반구 사이의 힘겨루기가 오른손과 왼손의 힘겨루기로 표면화된 것이 아닐까 생각한다. 즉, 오른손이 원래 왼손보다 더 능숙했기 때문이 아니라 뇌의 좌반구가 인간의 행동을 지배하는 권력을 갖게 되었기 때문에 오른손 선호에 이르렀다는 생각이다. 그리고 이것이 사실이라면 직관적 사고에 대한 논리적 비판은 거시적 관점에서 그 타당성을 의심해볼 만하다. 어쩌면 뇌의 우반구 역시 좌반구의 권력을 못마땅하게 여기고 있는지도 모른다. 다만 논리적인 언어로 반론을 펴지 못할 뿐이다.

12 다음 중 윗글을 통해 추론할 수 있는 내용으로 적절하지 않은 것은?

① 위생에 대한 관습은 명문화된 규범 없이도 형성될 수 있다.

② 직관적 사고보다 논리적 사고가 인간의 행위를 더 강하게 지배해 왔다고 볼 수 있다.

③ 인류를 제외한 대부분의 포유류의 경우에는 뇌의 우반구가 좌반구와의 힘겨루기에서 우세하다고 볼 수 있다.

④ 먹는 손과 배변을 처리하는 손이 다르게 된 이유는 먹는 행위와 배변 처리 행위에 요구되는 뇌 기능이 다르기 때문이다.

Hard

13 다음 중 윗글의 논지를 약화하는 진술로 가장 적절한 것은?

① 오스트랄로피테쿠스의 지능은 현생 인류보다 현저하게 뒤떨어지는 수준이었다.

② '왼쪽'에 대한 반감의 정도가 서로 다른 여러 사회에서 왼손잡이의 비율은 거의 일정함이 밝혀졌다.

③ 오른손잡이와 왼손잡이가 뇌의 해부학적 구조에서 유의미한 차이를 보이지 않는다는 사실이 입증되었다.

④ 진화 연구를 통해 인류 조상들의 행동 성패를 좌우한 것이 언어·개념과 무관한 시각 패턴 인식 능력이었음이 밝혀졌다.

※ 다음은 표피의 구조에 대한 글이다. 이어지는 질문에 답하시오. [14~15]

피부 표피는 각화중층편평상피로, 주 구성 세포인 각질형성 세포는 여러 단계의 분화를 거치면서 모양이 변하는데, 모양을 기준으로 4개의 층으로 구분한다. 가장 아래에 있는 기저층은 세포가 분열 증식 후 위층으로 이동하여 가시층을 이루고 더 위로 이동하여 과립층이 되며, 마지막으로 각질층을 형성하여 외부에서 들어오는 세균의 침입과 견인력, 장력, 기계적 자극으로부터 피부를 보호하고 수분의 증발을 막아준다.
이외에도 면역기능을 수행하는 랑겔한스 세포와 자외선으로부터 인체를 보호하는 멜라닌을 합성하는 멜라닌 세포가 표피에 있다. 특히 멜라닌 세포는 기저층의 각질형성 세포들 사이에 있는데 마치 문어다리처럼 가지를 뻗어 생성한 멜라닌을 각질형성 세포에 전달한다. 멜라닌 세포는 자외선으로부터 피부를 보호할 뿐만 아니라 피부색을 결정하기도 하는데 멜라닌 세포의 밀도와 수는 인종에 따라 다르지 않고 일정하다. 인간의 피부색은 멜라닌 세포의 수가 아니라 멜라닌 세포 내의 멜라닌 합성의 활성도와 성숙한 멜라닌 소체의 비율, 멜라닌 소체의 각질형성 세포로의 이동과 분포에 의해 결정된다. 밝은 피부색에서는 멜라닌 소체가 더 작고 각질형성 세포에서 무리를 이루는 반면에, 어두운 피부색에서는 멜라닌 소체가 더 크고 어두우며 각질형성 세포 내에서 개별적으로 산재해 있다.

14 다음 중 윗글의 내용으로 적절하지 않은 것은?

① 제일 아래쪽에 있는 층에서는 세포의 분열과 증식이 일어난다.
② 가시층은 각질층보다는 안쪽, 기저층보다는 바깥쪽에 있다.
③ 랑겔한스 세포와 멜라닌 세포는 같은 층에 위치한다.
④ 인간의 피부색은 멜라닌 세포에 의해 결정된다.

15 멜라닌 세포에 따른 피부색의 차이로 가장 적절한 것은?

	피부색이 밝은 사람	피부색이 어두운 사람
①	멜라닌 세포 수가 많다	멜라닌 세포의 밀도가 높다
②	멜라닌 소체가 더 작다	각질형성 세포 내에 개별적으로 산재해 있다
③	각질형성 세포 내에 개별적으로 산재해 있다	멜라닌 소체가 더 크다
④	각질형성 세포에서 무리를 이루고 있다	멜라닌 소체가 더 작다

Easy

01 다음은 학교별 급식학교수와 급식인력(영양사, 조리사, 조리보조원)의 현황을 나타낸 자료이다. 이에 대한 설명으로 옳지 않은 것은?

〈학교별 급식학교수와 급식인력 현황〉

(단위 : 개, 명)

구분	급식학교 수	직종					
		영양사			조리사	조리보조원	총계
		정규직	비정규직	소계			
초등학교	5,417	3,377	579	3,956	4,955	25,273	34,184
중학교	2,492	626	801	1,427	1,299	10,147	12,873
고등학교	1,951	1,097	603	1,700	1,544	12,485	15,729
특수학교	129	107	6	113	135	211	459
전체	9,989	5,207	1,989	7,196	7,933	48,116	63,245

① 급식인력은 4개의 학교 중 초등학교가 가장 많다.

② 중학교 정규직 영양사는 고등학교 비정규직 영양사보다 23명 더 많다.

③ 특수학교는 4개의 학교 중 유일하게 정규직 영양사보다 비정규직 영양사가 더 적다.

④ 4개의 학교 모두 급식인력(영양사, 조리사, 조리보조원) 중 조리보조원이 차지하는 비율이 가장 높다.

Hard

02 다음은 2022 ~ 2024년 동안 네 국가의 관광 수입 및 지출을 나타낸 자료이다. 2023년 관광수입이 가장 많은 국가와 가장 적은 국가의 2024년 관광지출 대비 관광수입 비율의 차이는?(단, 소수점 둘째 자리에서 반올림한다)

〈국가별 관광 수입 및 지출〉

(단위 : 백만 달러)

구분	관광수입			관광지출		
	2022년	2023년	2024년	2022년	2023년	2024년
한국	15,214	17,300	13,400	25,300	27,200	30,600
중국	44,969	44,400	32,600	249,800	250,100	257,700
홍콩	36,150	32,800	33,300	23,100	24,100	25,400
인도	21,013	22,400	27,400	14,800	16,400	18,400

① 25%p

② 27.5%p

③ 28.3%p

④ 31.1%p

03 다음은 2024년 차종별 일평균 주행거리를 정리한 자료이다. 이에 대한 설명으로 적절하지 않은 것은?

〈2024년 차종별 일평균 주행거리〉

(단위 : km/대)

구분	서울	부산	대구	인천	광주	대전	울산	세종
승용차	31.7	34.7	33.7	39.3	34.5	33.5	32.5	38.1
승합차	54.6	61.2	54.8	53.9	53.2	54.5	62.5	58.4
화물차	55.8	55.8	53.1	51.3	57.0	56.6	48.1	52.1
특수차	60.6	196.6	92.5	125.6	114.2	88.9	138.9	39.9
합계	35.3	40.1	37.1	41.7	38.3	37.3	36.0	40.1

※ 항구도시는 '부산, 인천, 울산'임

① 세종을 제외한 지역에서 일평균 주행거리의 최댓값과 최솟값의 차이가 승합차의 일평균 주행거리 보다 긴 지역은 5곳 이상이다.

② 특정지역 차종별 일평균 주행거리가 길수록 해당지역 합계 일평균 주행거리도 길다.

③ 특수차종의 일평균 주행거리는 세종시가 최하위이지만 승합차는 상위 40%이다.

④ 부산은 모든 차종의 일평균 주행거리가 상위 50%이다.

Easy

04 다음은 성인의 독서프로그램 정보 획득 경로에 대한 자료이다. 관공서, 도서관 등의 안내에 따라 독서프로그램 정보를 획득한 여성 수 대비 스스로 탐색하여 독서프로그램 정보를 획득한 남성 수의 비율로 옳은 것은?(단, 인원은 소수점 첫째 자리에서, 비율은 소수점 둘째 자리에서 반올림한다)

〈성인의 독서프로그램 정보 획득 경로〉

(단위 : %)

구분	남성	여성
사례 수(명)	137	181
지인	23.4	20.1
스스로 탐색	22.0	27.6
소속단체에서의 권장	28.8	23.0
관공서, 도서관 등의 안내	22.8	20.5
인터넷, 동호회, SNS	3.0	6.4
기타	0	2.4

① 72.6%

② 75.5%

③ 79.8%

④ 81.1%

05 다음은 A지역 전체 가구를 대상으로 원자력발전소 사고 전·후 식수 조달원 변경에 대해 사고 후 설문조사한 결과이다. 이에 대한 설명으로 옳은 것은?

〈원자력발전소 사고 전·후 A지역 조달원별 가구 수〉

(단위 : 가구)

사고 전 조달원 \ 사고 후 조달원	수돗물	정수	약수	생수
수돗물	40	30	20	30
정수	10	50	10	30
약수	20	10	10	40
생수	10	10	10	40

※ A지역 가구의 식수 조달원은 수돗물, 정수, 약수, 생수로 구성되며, 각 가구는 한 종류의 식수 조달원만 이용함

① 사고 전에 비해 사고 후에 이용 가구 수가 감소한 식수 조달원의 수는 3개이다.
② 사고 전·후 식수 조달원을 변경한 가구 수는 전체 가구 수의 60% 이하이다.
③ 사고 전에 식수 조달원으로 정수를 이용하던 가구는 모두 사고 후에도 정수를 이용한다.
④ 각 식수 조달원 중에서 사고 전·후에 이용 가구 수의 차이가 가장 큰 것은 생수이다.

Easy

06 다음은 2020 ~ 2024년까지 우리나라의 사고유형별 발생 현황에 대한 통계자료이다. 이에 대한 설명으로 옳은 것은?

〈사고유형별 발생 현황〉

(단위 : 건)

구분	2020년	2021년	2022년	2023년	2024년
도로교통	215,354	223,552	232,035	220,917	216,335
화재	40,932	42,135	44,435	43,413	44,178
가스	72	72	72	122	121
환경오염	244	316	246	116	87
자전거	6,212	4,571	7,498	8,529	5,330

① 환경오염사고 발생 수는 매년 증감을 거듭하고 있다.
② 매년 환경오염사고 발생 수는 가스사고 발생 수보다 많다.
③ 도로교통사고 발생 수는 매년 화재사고 발생 수의 5배 이상이다.
④ 2020 ~ 2024년까지 일어난 전체 사고 발생 수에서 자전거사고 발생 수 비중은 3% 미만이다.

※ 다음은 한·미·일의 세계무역 수출입 통계 자료이다. 이어지는 질문에 답하시오. [7~9]

〈한·미·일 세계무역 수출입 통계〉

(단위 : 백만 불)

구분	연도	국가		
		한국	미국	일본
수입액	2024년	436,499	2,241,663	647,989
	2023년	525,514	2,347,684	812,222
	2022년	515,585	2,268,370	832,343
	2021년	519,584	2,276,267	886,036
	2020년	524,375	2,207,955	854,998
수출액	2024년	526,744	1,504,572	624,801
	2023년	572,651	1,620,483	690,213
	2022년	559,625	1,578,429	714,613
	2021년	547,861	1,545,802	798,620
	2020년	555,400	1,482,483	822,564

※ (무역액)＝(수입액)＋(수출액)

Easy

07 다음 중 위 자료의 수입액과 수출액의 전년 대비 증감 폭이 가장 큰 것은?

① 2024년 일본 수입   ② 2024년 미국 수입

③ 2023년 미국 수출   ④ 2022년 한국 수출

08 2025년 일본의 무역액이 전년 대비 12% 감소했다고 할 때, 2025년 일본의 무역액은?(단, 소수점 첫째 자리에서 반올림한다)

① 약 1,098,400백만 불

② 약 1,120,055백만 불

③ 약 1,125,250백만 불

④ 약 1,263,760백만 불

Hard

09 다음 중 위 자료에 대한 설명으로 옳지 않은 것은?

① 전년 대비 2024년 한국 수입액의 증감률 절댓값은 전년 대비 2023년 미국 수입액의 증감률 절댓값보다 크다.

② 매년 미국의 무역액은 한국과 일본의 무역액을 더한 것보다 많다.

③ 미국과 일본은 수입액의 증감 추세가 동일하다.

④ 수출 부문에서 매년 수출액이 감소한 나라가 있다.

※ 다음은 각 지역이 중앙정부로부터 배분받은 지역산업기술개발사업 예산 중 다른 지역으로 유출된 예산의 비중에 대한 자료이다. 이어지는 질문에 답하시오. [10~12]

<지역산업기술개발사업 유출 예산 비중>

(단위 : %)

지역	2020년	2021년	2022년	2023년	2024년
강원	21.9	2.26	4.74	4.35	10.08
경남	2.25	1.55	1.73	1.90	3.77
경북	0	0	3.19	2.25	2.90
광주	0	0	0	4.52	2.85
대구	0	0	1.99	7.19	10.51
대전	3.73	5.99	4.87	1.87	0.71
부산	2.10	2.02	3.08	5.53	5.72
수도권	0	0	23.71	0	0
울산	6.39	6.57	12.65	7.13	9.62
전남	1.35	0	6.98	5.45	7.55
전북	0	0	2.19	2.67	5.84
제주	0	1.32	6.43	5.82	6.42
충남	2.29	1.54	3.23	4.45	4.32
충북	0	0	1.58	4.13	5.86

Easy

10 다음 중 위 자료에 대한 설명으로 옳지 않은 것은?

① 조사 기간에 다른 지역으로 유출된 예산의 비중의 합이 가장 적은 곳은 광주이다.
② 조사 기간 동안 한 번도 0%를 기록하지 못한 곳은 5곳이다.
③ 2022년부터 부산의 유출된 예산 비중이 계속 상승하고 있다.
④ 조사 기간 동안 가장 높은 유출 예산 비중을 기록한 지역은 수도권이다.

11 2020년부터 2024년까지 유출된 예산 비중의 총합이 가장 큰 지역의 평균은?(단, 소수점 둘째 자리에서 반올림한다)

① 약 7.7%
② 약 8.2%
③ 약 8.7%
④ 약 9.2%

12 위 자료에 대한 〈보기〉의 설명 중 옳은 것을 모두 고르면?

> **보기**
>
> ㄱ. 2022 ~ 2024년 대전의 유출된 예산 비중은 전년 대비 계속 감소했다.
> ㄴ. 지역별로 유출된 예산 비중의 총합이 가장 높은 연도는 2023년이다.
> ㄷ. 2022년에 전년 대비 유출된 예산 비중이 1%p 이상 오르지 못한 곳은 총 4곳이다.
> ㄹ. 2020년 강원의 유출된 예산 비중은 다른 모든 지역의 비중의 합보다 높다.

① ㄱ, ㄴ   ② ㄱ, ㄹ

③ ㄴ, ㄷ   ④ ㄴ, ㄹ

13 다음은 자영업 업종에 대한 자료이다. 이를 참고하여 자영업 업종별 차지하는 비중을 나타낸 그래프로 옳은 것은?(단, 모든 그래프의 단위는 '%'이다)

> 국내 자영업자 비율이 세계 3위에 오른 가운데, 자영업의 상위 5개 업종을 살펴보면 다음과 같다. 먼저 치킨집이 가장 많았으며, 커피전문점보다 5%p 높은 1위였다. 커피전문점 또한 자영업의 30% 이상을 차지할 정도로 인기 있는 업종이었다. 다음으로 헤어샵, 편의점, 요식업 순서로 높았으며, 그 외에는 전체 자영업 업종의 5% 미만을 차지하였다.

①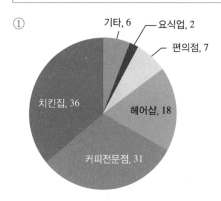

②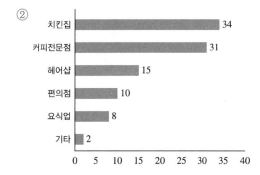

③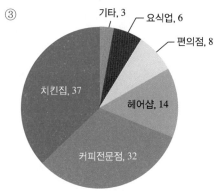

④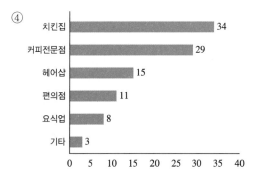

※ 다음은 2019년과 2024년의 해수면어업부문 종사 가구 및 성별 인구에 대한 자료이다. 이어지는 질문에 답하시오. **[14~15]**

〈해수면어업부문 종사 가구 및 성별 인구 현황〉

(단위 : 가구, 명)

행정구역	2019년				2024년			
	어가 수	어가인구	어가인구 (남자)	어가인구 (여자)	어가 수	어가인구	어가인구 (남자)	어가인구 (여자)
전국	65,775	171,191	85,590	85,601	54,793	128,352	64,443	63,909
서울특별시	7	25	10	15	9	26	15	11
부산광역시	2,469	7,408	3,716	3,692	2,203	5,733	2,875	2,858
대구광역시	8	29	18	11	3	10	5	5
인천광역시	2,678	6,983	3,563	3,420	2,172	5,069	2,552	2,517
광주광역시	12	37	24	13	8	24	14	10
대전광역시	4	17	7	10	0	0	0	0
울산광역시	1,021	2,932	1,445	1,487	905	2,292	1,125	1,167
경기도	844	2,475	1,278	1,197	762	1,843	955	888
강원도	3,039	8,320	4,302	4,018	2,292	5,669	2,961	2,708
충청남도	11,021	27,302	13,238	14,064	8,162	18,076	8,641	9,435
전라북도	2,633	6,771	3,418	3,353	2,908	6,434	3,259	3,175
전라남도	21,809	54,981	27,668	27,313	18,819	43,818	22,434	21,384
경상북도	4,069	10,422	5,245	5,177	3,017	6,865	3,430	3,435
경상남도	10,768	28,916	14,571	14,345	9,417	22,609	11,543	11,066
제주특별자치도	5,393	14,573	7,087	7,486	4,116	9,884	4,634	5,250

14 다음 중 위 자료에 대한 설명으로 옳은 것은?

① 2024년에 모든 지역에서 어가인구는 남성이 여성보다 많았다.

② 부산광역시와 인천광역시는 2024년에 2019년 대비 어가인구가 10% 이상 감소하였다.

③ 강원도의 어가 수는 2019년과 2024년 모두 경기도의 어가 수의 4배 이상이다.

④ 2019년에 어가 수가 두 번째로 많은 지역과 어가인구가 두 번째로 많은 지역은 동일하다.

15 다음은 해수면어업부문 종사 가구 및 성별 인구 현황을 토대로 작성한 보고서이다. 이에 대한 설명으로 옳지 않은 내용을 모두 고르면?

> 통계청은 2019년과 2024년의 해수면어업부문에 종사하는 가구 수와 인구에 대한 통계자료를 공개하였다. 자료는 광역자치단체를 기준으로 행정구역별로 구분되어 있다. 자료에 따르면, ㉠ 2019년에 해수면어업에 종사하는 가구가 가장 많은 행정구역은 전라남도였다. ㉡ 반면, 해수면어업 종사 가구 수가 가장 적은 행정구역은 대전광역시로, 가구와 인구 측면에서 모두 최저를 기록하였다. 내륙에 위치한 지리적 특성과 행정도시라는 특성상 어업에 종사하는 가구 및 인구가 적은 것으로 추정된다. ㉢ 2024년 해수면어업부문 종사 가구 및 성별 인구 현황을 보면, 어가 수의 경우 부산광역시, 인천광역시 등 3개 이상의 행정구역에서 감소하였지만, 어가가 소멸한 지역은 없었다. 전반적으로 2019년에 비해 어업 종사 가구와 인구가 줄어드는 것은 지속적인 산업구조 변화에 따른 것으로 해석할 수 있다. ㉣ 서울특별시와 강원도만 2019년 대비 2024년에 어가인구가 증가하였다.

① ㉠, ㉡

② ㉠, ㉢

③ ㉡, ㉢

④ ㉢, ㉣

01 P사는 직원들의 문화생활을 위해 매달 티켓을 준비하여 신청을 받는다. 인사부서에서 선정한 이 달의 문화생활은 다음과 같고, 마지막 주 수요일 오후 업무시간에 모든 직원들이 하나의 문화생활에 참여한다고 할 때, 이번 달 티켓 구매에 필요한 예산은?

〈부서별 문화생활 신청현황〉

(단위 : 명)

구분	연극 '지하철 1호선'	영화 '컨저링'	음악회 '차이코프스키'	미술관 '마네·모네'
A부서	5	6	4	0
B부서	1	8	4	0
C부서	0	3	0	1
D부서	4	2	3	1
E부서	3	2	0	1
F부서	1	5	2	1

〈문화생활 정보〉

구분	연극 '지하철 1호선'	영화 '컨저링'	음악회 '차이코프스키'	미술관 '마네·모네'
정원	20명	30명	10명	30명
1인당 금액	20,000원	12,000원	50,000원	13,000원
기타 사항	단체 10명 이상 총금액의 15% 할인	마지막 주 수요일은 1인당 50% 할인	–	단체 10명 이상 총금액의 20% 할인

※ 정원이 초과된 문화생활은 정원이 초과되지 않은 것으로 다시 신청함
※ 정원이 초과된 인원은 1인당 금액이 비싼 문화생활 순서로 남은 정원을 모두 채움

① 920,600원
② 958,600원
③ 997,000원
④ 1,000,000원

02 X제품을 운송하는 Q씨는 업무상 편의를 위해 고객의 주문 내역을 임의의 기호로 기록하고 있다. 다음과 같은 주문 전화가 왔을 때 Q씨가 기록한 기호로 옳은 것은?

〈임의기호〉

재료	연강	고강도강	초고강도강	후열처리강
	MS	HSS	AHSS	PHTS
판매량	낱개	1묶음	1box	1set
	01	10	11	00
지역	서울	경기남부	경기북부	인천
	E	S	N	W
윤활유 사용	청정작용	냉각작용	윤활작용	밀폐작용
	P	C	I	S
용도	베어링	스프링	타이어코드	기계구조
	SB	SS	ST	SM

※ Q씨는 [재료] – [판매량] – [지역] – [윤활유 사용] – [용도]의 순서로 기호를 기록한다.

〈주문전화〉

어이~ Q씨 나야. 나, 인천 지점에서 같이 일했던 P. 내가 필요한 것이 있어서 전화했어. 일단 서울 지점의 B씨가 스프링으로 사용할 제품이 필요하다고 하는데 한 박스 정도면 될 것 같아. 이전에 주문했던 대로 연강에 윤활용으로 윤활유를 사용한 제품으로 부탁하네. 나는 이번에 경기 남쪽으로 가는데 거기에 있는 내 사무실 알지? 거기로 초고강도강 타이어코드용으로 1세트 보내줘. 튼실한 걸로 밀폐용 윤활유 사용해서 부탁해. 저번에 냉각용으로 사용한 제품은 생각보다 좋진 않았어.

	B씨	P씨		B씨	P씨
①	MS11EISB	AHSS00SSST	②	MS11EISS	AHSS00SSST
③	MS11EISS	HSS00SSST	④	MS11WISS	AHSS10SSST

03 다음은 과업에 따른 소요 인력의 구성을 나타낸 것이다. 해당 인력이 최적의 조합이라고 할 때, A와 B능력수준의 업무능력지수를 옳게 나타낸 것은?

〈과업별 소요 인력〉

• 과업 1(업무량 : 7) – A능력수준 3명, B능력수준 2명
• 과업 2(업무량 : 9) – A능력수준 4명, B능력수준 1명

	A능력지수	B능력지수
①	2.0	0.4
②	2.2	0.2
③	2.4	0.6
④	2.6	0.8

04 성경책을 리폼하는 P사는 현재 다음과 같은 할인 이벤트를 진행 중이다. 다음 중 할인 이벤트를 이해한 내용으로 적절하지 않은 것은?(단, 할인되지 않은 모든 디자인의 성경리폼 기존 원가는 3만 원이다)

〈성경리폼 20%+10% 할인 이벤트〉

• 행사기간 : 오픈형 성경리폼 기존 20% 할인+10% 추가 할인 행사
• 대상 : 오픈형 성경책 리폼만 해당됨(지퍼형, 지갑결합형의 경우 10% 할인 행사 중)
• 주문 및 할인방법
 – 검색어에 P사 성경리폼을 검색하여 N쇼핑에서 주문합니다.
 – 본 용지를 프린트하여 아래 빈칸을 작성한 후, 보내주실 성경책에 동봉해주셔야 추가 10% 할인을 받으실 수 있습니다.
 – 10% 추가 할인은 작업이 끝나는 동시에 고객님이 원하시는 방법으로 돌려드립니다.

성함		연락처	
신청 디자인	• 오픈형( ) • 지퍼형( ) • 지갑결합형( )	10% 환불 방법	• 성경책 받으실 때 10% 현금 동봉( ) • 작업완료 시 아래의 계좌로 입금( ) – 은행명 : ( ) – 예금주 : ( ) – 계좌번호 : ( )
택배 받을 주소			

〈성경리폼 구매평 이벤트〉

• 회원 가입 후 댓글을 통해 리폼된 성경책의 구매평을 남기면 1,000원 할인 쿠폰 지급
• 회원 가입 후 리폼된 성경책 사진과 함께 댓글로 구매평을 남기면 3,000원 할인 쿠폰 지급

---

① 10% 추가 할인 전에 오픈형 성경리폼의 가격은 2만 4천 원이었을 것이다.
② 사진과 함께 댓글로 구매평을 남길 경우 기존 원가의 20% 가격이 환급된다.
③ 지퍼형으로 성경을 리폼하고 사진과 함께 구매평을 남길 경우, 기존 원가보다 6천 원 더 이익이다.
④ 오픈형으로 성경을 리폼하고 사진 없이 댓글로 구매평을 남길 경우, 기존 원가보다 1만 원 더 이익이다.

※ P씨는 다음 〈조건〉에 따라 모든 약을 복용해야 한다. 이어지는 질문에 답하시오. [5~6]

약 종류	횟수	복용 시기	혼용하면 안 되는 약	복용 우선순위
A	4	식후	B, C, E	3
B	4	식후	A, C	1
C	3	식전	A, B	2
D	5	식전	–	5
E	4	식후	A	4

조건
- 혼용하면 안 되는 약은 한 끼니를 전후하여 혼용해선 안 된다.
  – 아침 전후 or 점심 전후 or 저녁 전후는 혼용 불가
- 약은 우선순위대로 최대한 빨리 복용하여야 한다.
- 식사는 아침, 점심, 저녁만 해당한다.
- 하루 최대 6회까지 복용할 수 있다.
- 약은 한번 복용하기 시작하면 해당 약을 모두 먹을 때까지 매일 끊지 않고 복용하여야 한다.
- 같은 약은 하루 최대 1회 복용할 수 있다.

Hard

05 1일차 식전에 시작해 〈조건〉에 맞춰 최대한 빨리 복용하였을 때, 언제 모든 약의 복용이 완료되는가?

① 4일 차 점심   ② 4일 차 저녁

③ 5일 차 아침   ④ 5일 차 저녁

06 P씨의 약물 A ~ E 복용에 대한 〈보기〉의 설명 중 옳은 것을 모두 고르면?

보기
ㄱ. 하루에 A ~ E를 모두 복용할 수 있다.
ㄴ. D는 점심에만 복용한다.
ㄷ. 최단 시일 내에 모든 약을 복용하기 위해서는 A는 저녁에만 복용하여야 한다.
ㄹ. C와 A를 전부 복용하는 날은 총 2일이다.

① ㄱ, ㄴ   ② ㄱ, ㄷ

③ ㄴ, ㄷ   ④ ㄴ, ㄹ

※ 다음은 P회사 직원들의 출퇴근 관련 자료이다. 이어지는 질문에 답하시오. [7~9]

조건

- 경호, 지연, 준일, 새봄은 모두 M아파트에 거주한다.
- 경호와 지연은 P회사 본부에 근무하고, 준일과 새봄은 P회사 지부에 근무한다.
- M아파트와 P회사 본부 사이에는 A와 B의 두 가지 경로가, P회사 본부와 P회사 지부 사이에는 C와 D의 두 가지 경로가 있다.
- M아파트와 P회사 본부, 그리고 P회사 지부 간에는 A, B, C, D 외에 다른 경로가 없다.
- 경로 A, B, C, D에서의 이동 수단은 자가용뿐이다.
- P회사 본부의 출근 시간은 오전 9시까지, P회사 지부의 출근 시간은 오전 9시 30분까지이다.

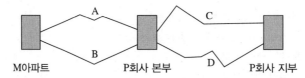

〈각 경로의 거리 및 구간별·시간대별 자가용 주행속도〉

구간	경로	거리(km)	자가용 주행속도(km/h)	
			출근 시간대	기타 시간대
M아파트 ↔ P회사 본부	A	30	30	45
	B	30	60	90
P회사 본부 ↔ P회사 지부	C	40	40	60
	D	50	50	120

※ 출근 시간대는 오전 7시부터 오전 10시까지이며, 그 이외 시간은 기타 시간대임

07 위 〈조건〉을 참고할 때, 다음 중 옳지 않은 것은?

① 경로 A의 거리와 경로 B의 거리는 서로 같다.

② 경로 B의 출근 시간대 자가용 주행속도와 경로 C의 기타 시간대 자가용 주행속도는 같다.

③ 경로 A, B, C, D 각각의 자가용 주행속도는 기타 시간대가 출근 시간대보다 빠르다.

④ 새봄이 근무하는 곳보다 지연이 근무하는 곳의 출근 시간이 더 늦다.

08 경호는 M아파트에서 경로 B를 통해 자신이 근무하는 P회사 본부에 출근하고자 한다. P회사 본부에 출근 시간보다 10분 일찍 도착하기 위해서는 어느 시각에 출발해야 하는가?

① 오전 7시 50분   ② 오전 8시 10분

③ 오전 8시 20분   ④ 오전 8시 50분

09 경호의 차가 망가져 일주일간 준일이와 함께 출퇴근하기로 하였다. 경호와 준일이의 퇴근 시간은 오후 6시로 동일할 때, 옳지 않은 것은?

① 경호는 평소보다 적어도 30분 빨리 회사에 도착한다.

② 경호는 퇴근 후 1시간을 기다려야 준일이와 함께 퇴근할 수 있다.

③ 퇴근시간대에 준일이가 경로 C를 통해 경호를 데리러 가면 경로 D로 가는 것보다 15분 더 오래 걸린다.

④ 준일이가 최단시간으로 출퇴근을 한다면 경호는 출근은 30분 빨라지고 퇴근은 25분 늦어진다.

※ 다음은 그래프 구성 명령어 실행 예시이다. 이어지는 질문에 답하시오. [10~11]

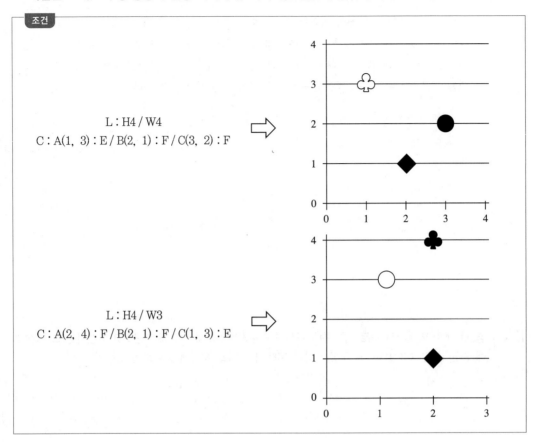

조건

L : H4 / W4
C : A(1, 3) : E / B(2, 1) : F / C(3, 2) : F

L : H4 / W3
C : A(2, 4) : F / B(2, 1) : F / C(1, 3) : E

Easy

10 다음의 그래프에 알맞은 명령어는 무엇인가?

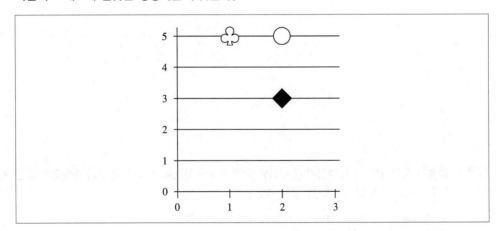

① L : H5 / W3

　C : A(5, 1) : E / B(3, 2) : F / C(5, 2) : E

② L : H5 / W3

　C : A(2, 3) : E / B(5, 1) : E / C(5, 2) : F

③ L : H5 / W3

　C : A(1, 5) : E / B(2, 3) : F / C(2, 5) : E

④ L : H3 / W5

　C : A(1, 5) : E / B(2, 3) : F / C(2, 5) : E

11　L : H3 / W4, C : A(3, 2) : E / B(1, 3) : F / C(4, 1) : F의 그래프를 산출할 때, 오류가 발생하여 다음과 같은 그래프가 산출되었다. 다음 중 오류가 발생한 것은?

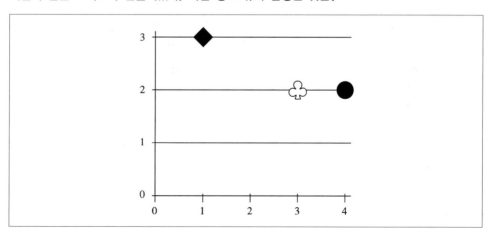

① H3 / W4　　　　　　　　　② A(3, 2) : E

③ B(1, 3) : F　　　　　　　　④ C(4, 1) : F

※ 도형을 이동 및 변환시키는 작동 단추의 기능이 다음과 같을 때, 이어지는 질문에 답하시오. **[12~13]**

작동 단추	기능
◁ / ▷	도형을 왼쪽 / 오른쪽으로 1칸 옮긴다.
△ / ▽	도형을 위쪽 / 아래쪽으로 1칸 옮긴다.
⊂ / ⊃	도형을 시계 방향 / 반시계 방향으로 90° 회전한다.

12 도형이 다음과 같이 놓여 있을 때, 단추를 〈보기〉의 순서대로 누른 후 도형의 모양과 위치로 옳은 것은?

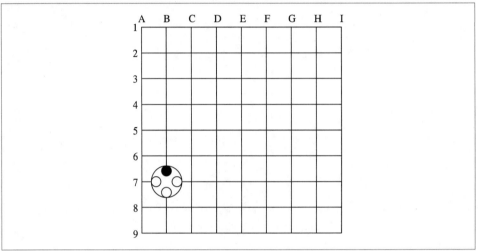

보기

▷ ▷ ▷ ▷ △ ⊃ △ △ △ ◁

	모양	위치		모양	위치
①		(D, 7)	②		(E, 3)
③		(D, 7)	④		(E, 3)

13 다음과 같이 (H, 2)에 놓인 도형을 〈보기〉의 순서대로 눌렀더니 (B, 4)로 도형이 이동하였다. 이때 (E, 4)에서의 도형의 모양으로 옳은 것은?

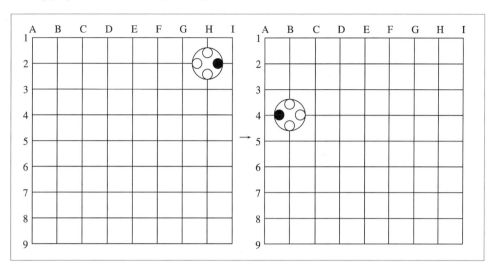

보기

⊂ ◁ ◁ ◁ ▽ ▷ ⊂ ▽ ◁ ◁ ⊂ ◁ ⊃ ◁

①

②

③

④ 지나가지 않는다.

14 제시된 규칙에 따라 시침과 분침이 변화한다. 〈보기〉의 시계에 제시된 규칙을 적용할 때, 시계가 가리키는 시각으로 옳은 것은?

• 시침과 분침은 다음 규칙에 따라 위치가 변한다(단, 시침과 분침은 정확한 숫자만을 가리키며 서로 영향을 주지 않는다).

구분	규칙
◑	분침을 시계 방향으로 60° 회전한다.
◐	시침을 반시계 방향으로 30° 회전한다.
◉	시침과 분침이 가리키는 위치를 서로 바꾼다.
○	시침과 분침을 모두 시계 방향으로 180° 회전한다.

보기

① 9시 5분　　　　　　　　② 9시 35분

③ 3시 5분　　　　　　　　④ 3시 35분

15 제시된 규칙에 따라 시침과 분침이 변화한다. 〈보기〉의 시계가 왼쪽에서 오른쪽으로 변화했을 때, 적용된 규칙으로 옳은 것은?

- 시침과 분침은 다음 규칙에 따라 위치가 변한다(단, 시침과 분침은 정확한 숫자만을 가리키며 서로 영향을 주지 않는다).

구분	규칙
≪	분침을 반시계 방향으로 60° 회전한다.
≫	시침을 시계 방향으로 90° 회전한다.
◆	시침과 분침의 위치를 모두 상하 대칭한다.
■	시침과 분침의 위치를 모두 좌우 대칭한다.

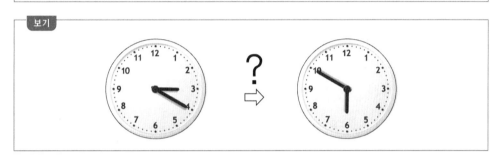

① ≫≪■

② ◆≪≫

③ ≪◆■

④ ≫◆■

01 다음 제시된 단어를 일정 기준에 따라 연관 지을 수 있다고 할 때, 빈칸에 들어갈 옳은 단어는?

습기　　강　（　　）

① 태풍　　　　　　　　　　　　② 얼음
③ 풍화　　　　　　　　　　　　④ 모래

02 일정한 규칙으로 수를 나열할 때, 빈칸에 들어갈 수로 알맞은 것은?

41　216　51　36　61　（　）　71　1

① 6　　　　　　　　　　　　　② 9
③ 11　　　　　　　　　　　　④ 14

03 일정한 규칙으로 수를 나열할 때 B−A의 값으로 알맞은 것은?

A　15　10　13　20　15　18　25　B

① 8　　　　　　　　　　　　　② 10
③ 12　　　　　　　　　　　　④ 13

04 다음은 4차 마방진이다. 빈칸에 들어갈 수들의 합은?

3	10	6	15
( )	8	( )	1
16	5	9	4
( )	11	( )	14

① 33

② 34

③ 35

④ 36

PART 2

Hard

05 다음은 일정한 규칙에 따라 나열된 수열이다. 3A+2B의 값은?

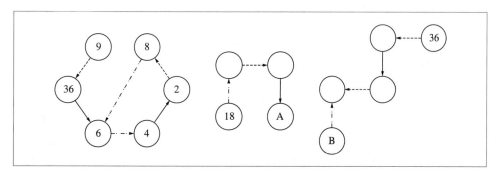

① 104

② 114

③ 124

④ 134

06 제시된 명제가 모두 참일 때, 빈칸에 들어갈 명제로 가장 적절한 것은?

> 인생은 예술보다 짧다.
> 하루살이는 인생보다 짧다.
> 그러므로 _____

① 예술은 인생보다 길지 않다.
② 하루살이는 예술보다 짧다.
③ 어떤 예술은 인생보다 짧다.
④ 인생이 가장 짧다.

Hard

07 동성, 현규, 영희, 영수, 미영이는 A의 이사를 도와주면서 A가 사용하지 않는 물건들을 각각 하나씩 받았다. 다음 중 〈조건〉을 만족할 때의 설명으로 옳지 않은 것은?

> **조건**
> • A가 사용하지 않는 물건은 세탁기, 컴퓨터, 드라이기, 로션, 핸드크림이고, 동성, 현규, 영희, 영수, 미영 순으로 물건을 고를 수 있다.
> • 동성이는 세탁기 또는 컴퓨터를 받길 원한다.
> • 현규는 세탁기 또는 드라이기를 받길 원한다.
> • 영희는 로션 또는 핸드크림을 받길 원한다.
> • 영수는 전자기기 이외의 것을 받길 원한다.
> • 미영은 아무 것이나 받아도 상관없다.

① 동성이는 자신이 원하는 물건을 받을 수 있다.
② 영희는 영수와 원하는 물건이 동일하다.
③ 미영이는 드라이기를 받을 수 없다.
④ 영수는 원하는 물건을 고를 수 있는 선택권이 없다.

※ 다음 기호들은 일정한 규칙에 따라 도형을 변화시킨다. 기호에 해당하는 규칙을 파악하여 물음표에 들어갈 도형으로 알맞은 것을 고르시오. [8~9]

08

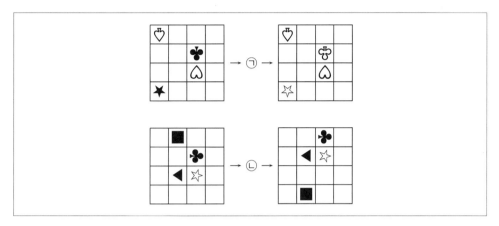

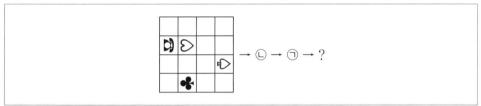

①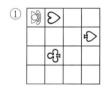

②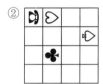

③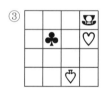

④

09

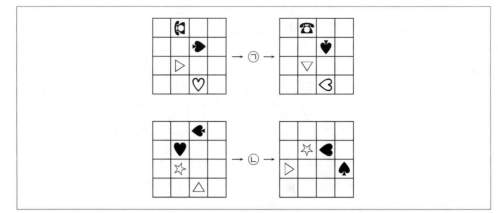

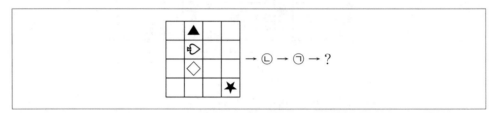

①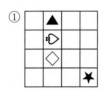

②

③

④

※ 다음 규칙을 바탕으로 이어지는 질문에 답하시오. [10~11]

작동 버튼	기능
○	1번과 4번의 숫자를 바꾼다.
◉	홀수가 적힌 곳의 색을 바꾼다(흰색 ↔ 하늘색).
□	1번과 2번이 적힌 곳의 색을 바꾼다(흰색 ↔ 하늘색).
■	도형을 180° 회전한다.

10 〈보기〉의 왼쪽 도형에서 버튼을 눌렀더니 오른쪽 도형으로 변형되었다. 다음 중 작동 버튼의 순서를 바르게 나열한 것은?

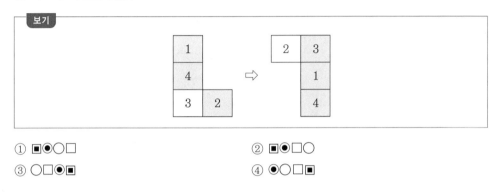

① ■◉○□   ② ■◉□○
③ ○□◉■   ④ ◉○□■

11 〈보기〉의 왼쪽 도형에서 버튼을 눌렀더니 오른쪽 도형으로 변형되었다. 다음 중 작동 버튼의 순서를 바르게 나열한 것은?

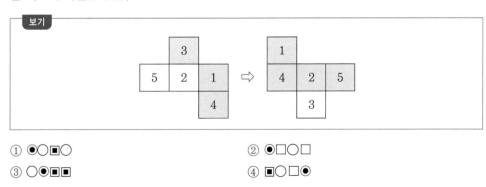

① ◉○■○   ② ◉□○□
③ ○◉■■   ④ ■○□◉

12 다음은 체스 게임에서 사용하는 기물의 행마법이다. 백색 룩(♖)이 흑색 킹(♚)을 잡으려면 최소한 몇 번 움직여야 하는가?(단, 움직일 기물을 제외한 다른 기물은 움직이지 않는다)

- 다음은 체스의 나이트(♘), 비숍(♗), 룩(♖), 퀸(♕)의 행마법이다.
- 나이트(♘)는 직선으로 2칸 이동 후 양 옆으로 1칸 이동하며, 다른 기물을 뛰어 넘을 수 있다.
- 비숍(♗)은 대각선으로, 룩(♖)은 직선으로, 퀸(♕)은 대각선과 직선 모두 끝까지 이동할 수 있으며, 다른 기물은 뛰어 넘을 수 없다.

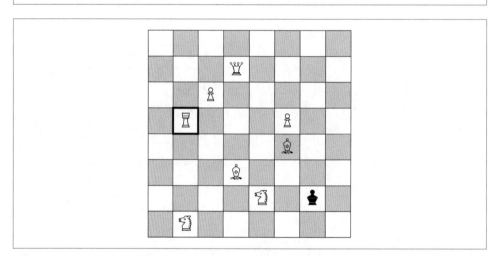

① 3번   ② 4번

③ 5번   ④ 6번

13 다음 규칙을 바탕으로 A에서 B까지 이어지는 길을 이으려고 할 때, 눌러야 할 버튼의 순서를 바르게 나열한 것은?

- ⇨는 A에서 B까지 이어지는 길의 입구와 출구이다.
- 서로 떨어져 있지 않은 4×4=16개의 칸을 1개의 타일로 가정하고, 길은 회색으로 표시한다.
- 타일 사이 떨어져 있는 부분은 맞닿아 있는 양쪽 칸이 모두 길인 경우 이어진 것으로 가정한다.
- 각 타일은 다음 작동 버튼에 따라 위치와 모양이 바뀐다.

작동 버튼	기능
☆	홀수 행의 타일을 모두 상하 반전한다.
★	홀수 열의 타일을 모두 좌우 반전한다.
△	모든 타일을 1개씩 위로 이동한다(가장 위쪽의 타일은 가장 아래쪽으로 이동).
▼	짝수 열의 타일을 1개씩 아래로 이동한다(가장 아래쪽의 타일은 가장 위쪽으로 이동).

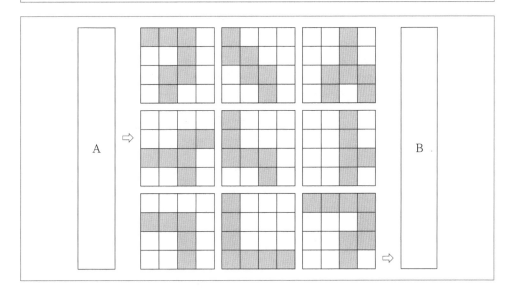

① ★△▼

② ★△☆

③ ★▼☆

④ △▼☆

※ 다음과 같은 키패드의 버튼을 누르면 숫자의 배열이 규칙에 따라 달라진다. 이어지는 질문에 답하시오 (단, 제시된 숫자의 배열은 한 자릿수 수들의 배열이다). **[14~15]**

〈키패드〉

1	2	3
4	5	6
7	8	9
*	0	#

〈키패드 버튼별 규칙〉

버튼	규칙	버튼	규칙	버튼	규칙
1	가장 왼쪽에 위치한 숫자가 오른쪽 끝으로 이동	2	가운데 위치한 숫자가 왼쪽 끝으로 이동	3	가장 오른쪽에 위치한 숫자가 왼쪽 끝으로 이동
4	모든 짝수 오른쪽 정렬	5	모든 홀수 오른쪽 정렬	6	3의 배수를 내림차순으로 왼쪽 정렬
7	오름차순 정렬	8	내림차순 정렬	9	오름차순으로 짝수, 홀수 교차 정렬
*	내림차순으로 짝수, 홀수 교차 정렬	0	왼쪽에 위치한 숫자 3개를 오른쪽 끝으로 이동	#	4의 배수를 오름차순으로 오른쪽 정렬

14 다음과 같이 버튼을 눌렀을 때 달라지는 숫자의 배열로 옳은 것은?

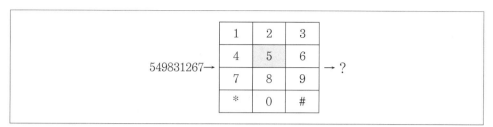

① 482659317

② 593174826

③ 831267549

④ 354981267

Easy

15 다음과 같은 숫자의 배열을 키패드의 어떤 버튼을 눌러 바꾸었을 때 누른 버튼으로 옳은 것은?

647895231 → ? → 123456789

①

1	2	3
4	5	6
7	8	9
*	0	#

②

1	2	3
4	5	6
7	8	9
*	0	#

③

1	2	3
4	5	6
7	8	9
*	0	#

④

1	2	3
4	5	6
7	8	9
*	0	#

얼마나 많은 사람들이 책 한 권을 읽음으로써
인생에 새로운 전기를 맞이했던가.

– 헨리 데이비드 소로 –

PART 3

인성검사

3 | 인성검사

개인이 업무를 수행하면서 능률적인 성과물을 만들기 위해서는 개인의 능력과 경험 그리고 회사에서의 교육 및 훈련 등이 필요하지만 개인의 성격이나 성향 역시 중요하다. 여러 직무분석 연구에서 나온 결과들에 따르면, 직무에서의 성공과 관련된 특성들 중 최고 70% 이상이 능력보다는 성격과 관련이 있다고 한다. 따라서 최근 기업들은 인성검사의 비중을 높이고 있는 추세이다.

현재 기업들은 인성검사를 KIRBS(한국행동과학연구소)나 SHR(에스에이치알) 등의 전문기관에 의뢰해서 시행하고 있다. 전문기관에 따라서 인성검사 방법에 차이가 있고, 보안을 위해서 인성검사를 의뢰한 기업을 공개하지 않아 특정 기업의 인성검사를 정확하게 판단할 수 없지만, 지원자들이 후기에 올린 문제를 통해 인성검사 유형을 예상할 수 있다. 본서는 포스코그룹의 인성검사와 수검요령 및 검사 시 유의 사항에 대해 간략하게 정리하였다. 또한 인성검사 모의연습을 통해 실제 시험 유형을 확인할 수 있도록 하였다.

01   인성검사의 개요

포스코그룹의 인재상과 적합한 인재인지 평가하는 테스트로, 지원자의 개인 성향이나 인성에 대한 질문으로 구성되어 있다.

① 문항 수 : 260문항
② 시간 : 50분
③ 유형 : 각 문항에 대해, 자신의 성격에 맞게 '예', '아니요'를 선택하는 문제가 출제된다.

02   인성검사 수검요령

인성검사는 특별한 수검요령이 없다. 다시 말하면 모범답안이 없고, 정답이 없다는 이야기이다. 국어 문제처럼 말의 뜻을 풀이하는 것도 아니다. 굳이 수검요령을 말하자면, 진실하고 솔직한 자신의 생각이 최고의 답변이라고 할 수 있을 것이다.

인성검사에서 가장 중요한 것은 첫째, 솔직한 답변이다. 지금까지의 경험을 통해서 축적해 온 자신의 생각과 행동을 거짓 없이 솔직하게 기재를 하는 것이다. 예를 들어 '나는 타인의 물건을 훔치고 싶은 충동을 느껴본 적이 있다.'란 질문에 지원자들은 많은 생각을 하게 된다. 생각해 보라. 유년기에 또는 성인이 되어서도 타인의 물건을 훔치는 일을 저지른 적은 없더라도, 훔치고 싶은 충동은 누구나 조금이라도 느껴보았을 것이다. 그런데 이 질문에 고민을 하는 사람이 간혹 있다. 이 질문에 '예'라고 대답하면 담당 검사관들이 나를 사회적으로 문제가 있는 사람으로 여기지는 않을까 하는 생각에 '아니요'라는 답을 기재하게 된다. 이런 솔직하지 않은 답변이 답변의 신뢰와 솔직함을 나타내는 타당성 척도에 좋지 않은 점수를 주게 된다.

둘째, 일관성 있는 답변이다. 인성검사의 수많은 질문 문항 중에는 비슷한 뜻의 질문이 여러 개 숨어있는 경우가 많이 있다. 그 질문들은 지원자의 솔직한 답변과 심리적인 상태를 알아보기 위해 내포되어 있는 문항들이다. 예컨대 '나는 유년시절 타인의 물건을 훔친 적이 있다.'라는 질문에 '예'라고 대답했는데, '나는 유년시절 타인의 물건을 훔쳐보고 싶은 충동을 느껴본 적이 있다.'라는 질문에는 '아니요'라는 답을 기재한다면 어떻겠는가. 일관성 없이 '대충 기재하자.'라는 식의 심리적 무성의성 답변이 되거나, 정신적으로 문제가 있는 사람으로 보일 수 있다.

인성검사는 많은 문항을 풀어야하므로 지원자들은 지루함과 따분함, 반복된 뜻의 질문에 의한 인내력 상실 등이 나타날 수 있다. 인내를 가지고 솔직하게 내 생각을 대답하는 것이 무엇보다 중요한 요령이 될 것이다.

03 인성검사 시 유의사항

(1) 충분한 휴식으로 불안을 없애고 정서적인 안정을 취한다. 심신이 안정되어야 자신의 마음을 표현할 수 있다.

(2) 생각나는 대로 솔직하게 응답한다. 자신을 너무 과대포장하지도, 너무 비하하지 않도록 한다. 답변을 꾸며서 하면 앞뒤가 맞지 않게끔 구성돼 있어 불리한 평가를 받게 되므로 솔직하게 답하도록 한다.

(3) 검사 문항에 대해 지나치게 골똘히 생각해서는 안 된다. 지나치게 몰두하면 엉뚱한 답변이 나올 수 있으므로 불필요한 생각은 삼간다.

(4) 인성검사는 대개 문항 수가 많기에 자칫 건너뛰는 경우가 있는데, 가능한 모든 문항에 답해야 한다. 응답하지 않은 문항이 많을 경우 평가자가 정확한 평가를 내리지 못해 불리한 평가를 받을 수 있기 때문이다.

04 인성검사 모의연습

※ 인성검사는 정답이 따로 없는 유형의 검사이므로 결과지를 제공하지 않습니다.

※ 다음 질문 내용을 읽고 본인에 해당하는 응답의 '예', '아니요'에 ○표 하시오. [1~210]

번호	질문	응답	
1	조심스러운 성격이라고 생각한다.	예	아니요
2	사물을 신중하게 생각하는 편이라고 생각한다.	예	아니요
3	동작이 기민한 편이다.	예	아니요
4	포기하지 않고 노력하는 것이 중요하다.	예	아니요
5	일주일의 예정을 만드는 것을 좋아한다.	예	아니요
6	노력의 여하보다 결과가 중요하다.	예	아니요
7	자기주장이 강하다.	예	아니요
8	장래의 일을 생각하면 불안해질 때가 있다.	예	아니요
9	소외감을 느낄 때가 있다.	예	아니요
10	훌쩍 여행을 떠나고 싶을 때가 자주 있다.	예	아니요

번호	질문	응답	
11	대인관계가 귀찮다고 느낄 때가 있다.	예	아니요
12	자신의 권리를 주장하는 편이다.	예	아니요
13	낙천가라고 생각한다.	예	아니요
14	싸움을 한 적이 없다.	예	아니요
15	자신의 의견을 상대에게 잘 주장하지 못한다.	예	아니요
16	좀처럼 결단하지 못하는 경우가 있다.	예	아니요
17	하나의 취미를 오래 지속하는 편이다.	예	아니요
18	한 번 시작한 일은 끝을 맺는다.	예	아니요
19	행동으로 옮기기까지 시간이 걸린다.	예	아니요
20	다른 사람들이 하지 못하는 일을 하고 싶다.	예	아니요
21	해야 할 일은 신속하게 처리한다.	예	아니요
22	병이 아닌지 걱정이 들 때가 있다.	예	아니요
23	다른 사람의 충고를 기분 좋게 듣는 편이다.	예	아니요
24	다른 사람에게 의존적이 될 때가 많다.	예	아니요
25	타인에게 간섭받는 것은 싫다.	예	아니요
26	의식 과잉이라는 생각이 들 때가 있다.	예	아니요
27	수다를 좋아한다.	예	아니요
28	잘못된 일을 한 적이 한 번도 없다.	예	아니요
29	모르는 사람과 이야기하는 것은 용기가 필요하다.	예	아니요
30	끙끙거리며 생각할 때가 있다.	예	아니요
31	다른 사람에게 항상 움직이고 있다는 말을 듣는다.	예	아니요
32	매사에 얽매인다.	예	아니요
33	잘하지 못하는 게임은 하지 않으려고 한다.	예	아니요
34	어떠한 일이 있어도 출세하고 싶다.	예	아니요
35	막무가내라는 말을 들을 때가 많다.	예	아니요
36	신경이 예민한 편이라고 생각한다.	예	아니요
37	쉽게 침울해한다.	예	아니요
38	쉽게 싫증을 내는 편이다.	예	아니요
39	옆에 사람이 있으면 싫다.	예	아니요
40	토론에서 이길 자신이 있다.	예	아니요
41	친구들과 남의 이야기를 하는 것을 좋아한다.	예	아니요
42	푸념을 한 적이 없다.	예	아니요
43	남과 친해지려면 용기가 필요하다.	예	아니요
44	통찰력이 있다고 생각한다.	예	아니요
45	집에서 가만히 있으면 기분이 우울해진다.	예	아니요
46	매사에 느긋하고 차분하게 매달린다.	예	아니요
47	좋은 생각이 떠올라도 실행하기 전에 여러모로 검토한다.	예	아니요
48	누구나 권력자를 동경하고 있다고 생각한다.	예	아니요
49	몸으로 부딪혀 도전하는 편이다.	예	아니요
50	당황하면 갑자기 땀이 나서 신경 쓰일 때가 있다.	예	아니요

번호	질문	응답	
51	친구들이 진지한 사람으로 생각하고 있다.	예	아니요
52	감정적으로 될 때가 많다.	예	아니요
53	다른 사람의 일에 관심이 없다.	예	아니요
54	다른 사람으로부터 지적받는 것은 싫다.	예	아니요
55	지루하면 마구 떠들고 싶어진다.	예	아니요
56	부모에게 불평을 한 적이 한 번도 없다.	예	아니요
57	내성적이라고 생각한다.	예	아니요
58	돌다리도 두들기고 건너는 타입이라고 생각한다.	예	아니요
59	굳이 말하자면 시원시원하다.	예	아니요
60	나는 끈기가 강하다.	예	아니요
61	전망을 세우고 행동할 때가 많다.	예	아니요
62	일에는 결과가 중요하다고 생각한다.	예	아니요
63	활력이 있다.	예	아니요
64	항상 천재지변을 당하지는 않을까 걱정하고 있다.	예	아니요
65	때로는 후회할 때도 있다.	예	아니요
66	다른 사람에게 위해를 가할 것 같은 기분이 든 때가 있다.	예	아니요
67	진정으로 마음을 허락할 수 있는 사람은 없다.	예	아니요
68	기다리는 것에 짜증내는 편이다.	예	아니요
69	친구들로부터 줏대 없는 사람이라는 말을 듣는다.	예	아니요
70	사물을 과장해서 말한 적은 없다.	예	아니요
71	인간관계가 폐쇄적이라는 말을 듣는다.	예	아니요
72	매사에 신중한 편이라고 생각한다.	예	아니요
73	눈을 뜨면 바로 일어난다.	예	아니요
74	난관에 봉착해도 포기하지 않고 열심히 해본다.	예	아니요
75	실행하기 전에 재확인할 때가 많다.	예	아니요
76	리더로서 인정을 받고 싶다.	예	아니요
77	어떤 일이 있어도 의욕을 가지고 열심히 하는 편이다.	예	아니요
78	다른 사람의 감정에 민감하다.	예	아니요
79	다른 사람들이 남을 배려하는 마음씨가 있다는 말을 한다.	예	아니요
80	사소한 일로 우는 일이 많다.	예	아니요
81	반대에 부딪혀도 자신의 의견을 바꾸는 일은 없다.	예	아니요
82	누구와도 편하게 이야기할 수 있다.	예	아니요
83	가만히 있지 못할 정도로 침착하지 못할 때가 있다.	예	아니요
84	다른 사람을 싫어한 적은 한 번도 없다.	예	아니요
85	그룹 내에서는 누군가의 주도하에 따라가는 경우가 많다.	예	아니요
86	차분하다는 말을 듣는다.	예	아니요
87	스포츠 선수가 되고 싶다고 생각한 적이 있다.	예	아니요
88	모두가 싫증을 내는 일에도 혼자서 열심히 한다.	예	아니요
89	휴일은 세부적인 예정을 세우고 보낸다.	예	아니요
90	완성된 것보다 미완성인 것에 흥미가 있다.	예	아니요

번호	질문	응답	
91	잘하지 못하는 것이라도 자진해서 한다.	예	아니요
92	가만히 있지 못할 정도로 불안해질 때가 많다.	예	아니요
93	자주 깊은 생각에 잠긴다.	예	아니요
94	이유도 없이 다른 사람과 부딪힐 때가 있다.	예	아니요
95	타인의 일에는 별로 관여하고 싶지 않다고 생각한다.	예	아니요
96	무슨 일이든 자신을 가지고 행동한다.	예	아니요
97	유명인과 서로 아는 사람이 되고 싶다.	예	아니요
98	지금까지 후회를 한 적이 없다.	예	아니요
99	의견이 다른 사람과는 어울리지 않는다.	예	아니요
100	무슨 일이든 생각해 보지 않으면 만족하지 못한다.	예	아니요
101	다소 무리를 하더라도 피로해지지 않는다.	예	아니요
102	굳이 말하자면 장거리 주자에 어울린다고 생각한다.	예	아니요
103	여행을 가기 전에는 세세한 계획을 세운다.	예	아니요
104	능력을 살릴 수 있는 일을 하고 싶다.	예	아니요
105	성격이 시원시원하다고 생각한다.	예	아니요
106	굳이 말하자면 자의식 과잉이다.	예	아니요
107	자신을 쓸모없는 인간이라고 생각할 때가 있다.	예	아니요
108	주위의 영향을 받기 쉽다.	예	아니요
109	지인을 발견해도 만나고 싶지 않을 때가 많다.	예	아니요
110	다수의 반대가 있더라도 자신의 생각대로 행동한다.	예	아니요
111	번화한 곳에 외출하는 것을 좋아한다.	예	아니요
112	지금까지 다른 사람의 마음에 상처준 일이 없다.	예	아니요
113	다른 사람에게 자신이 소개되는 것을 좋아한다.	예	아니요
114	실행하기 전에 재고하는 경우가 많다.	예	아니요
115	몸을 움직이는 것을 좋아한다.	예	아니요
116	나는 완고한 편이라고 생각한다.	예	아니요
117	신중하게 생각하는 편이다.	예	아니요
118	커다란 일을 해보고 싶다.	예	아니요
119	계획을 생각하기보다 빨리 실행하고 싶어한다.	예	아니요
120	작은 소리도 신경 쓰인다.	예	아니요
121	나는 자질구레한 걱정이 많다.	예	아니요
122	이유도 없이 화가 치밀 때가 있다.	예	아니요
123	융통성이 없는 편이다.	예	아니요
124	나는 다른 사람보다 기가 세다.	예	아니요
125	다른 사람보다 쉽게 우쭐해진다.	예	아니요
126	다른 사람을 의심한 적이 한 번도 없다.	예	아니요
127	어색해지면 입을 다무는 경우가 많다.	예	아니요
128	하루의 행동을 반성하는 경우가 많다.	예	아니요
129	격렬한 운동도 그다지 힘들어하지 않는다.	예	아니요
130	새로운 일에 처음 한 발을 좀처럼 떼지 못한다.	예	아니요

번호	질문	응답	
131	앞으로의 일을 생각하지 않으면 진정이 되지 않는다.	예	아니요
132	인생에서 중요한 것은 높은 목표를 갖는 것이다.	예	아니요
133	무슨 일이든 선수를 쳐야 이긴다고 생각한다.	예	아니요
134	다른 사람이 나를 어떻게 생각하는지 궁금할 때가 많다.	예	아니요
135	침울해지면서 아무 것도 손에 잡히지 않을 때가 있다.	예	아니요
136	어린 시절로 돌아가고 싶을 때가 있다.	예	아니요
137	아는 사람을 발견해도 피해버릴 때가 있다.	예	아니요
138	굳이 말하자면 기가 센 편이다.	예	아니요
139	성격이 밝다는 말을 듣는다.	예	아니요
140	다른 사람이 부럽다고 생각한 적이 한 번도 없다.	예	아니요
141	결점을 지적받아도 아무렇지 않다.	예	아니요
142	피곤하더라도 밝게 행동한다.	예	아니요
143	실패했던 경험을 생각하면서 고민하는 편이다.	예	아니요
144	언제나 생기가 있다.	예	아니요
145	선배의 지적을 순수하게 받아들일 수 있다.	예	아니요
146	매일 목표가 있는 생활을 하고 있다.	예	아니요
147	열등감으로 자주 고민한다.	예	아니요
148	남에게 무시당하면 화가 난다.	예	아니요
149	무엇이든지 하면 된다고 생각하는 편이다.	예	아니요
150	자신의 존재를 과시하고 싶다.	예	아니요
151	사람을 많이 만나는 것을 좋아한다.	예	아니요
152	사람들이 당신에게 말수가 적다고 하는 편이다.	예	아니요
153	특정한 사람과 교제를 하는 타입이다.	예	아니요
154	친구에게 먼저 말을 하는 편이다.	예	아니요
155	친구만 있으면 된다고 생각한다.	예	아니요
156	많은 사람 앞에서 말하는 것이 서툴다.	예	아니요
157	새로운 환경으로 이동하는 것을 싫어한다.	예	아니요
158	송년회 등에서 자주 책임을 맡는다.	예	아니요
159	새 팀의 분위기에 쉽게 적응하지 못하는 편이다.	예	아니요
160	누구하고나 친하게 교제한다.	예	아니요
161	충동구매는 절대 하지 않는다.	예	아니요
162	컨디션에 따라 기분이 잘 변한다.	예	아니요
163	옷 입는 취향이 오랫동안 바뀌지 않고 그대로이다.	예	아니요
164	남의 물건이 좋아 보인다.	예	아니요
165	광고를 보면 그 물건을 사고 싶다.	예	아니요
166	자신이 낙천주의자라고 생각한다.	예	아니요
167	에스컬레이터에서도 걷지 않는다.	예	아니요
168	꾸물대는 것을 싫어한다.	예	아니요
169	고민이 생겨도 심각하게 생각하지 않는다.	예	아니요
170	반성하는 일이 거의 없다.	예	아니요

번호	질문	응답	
171	남의 말을 호의적으로 받아들인다.	예	아니요
172	혼자 있을 때가 편안하다.	예	아니요
173	친구에게 불만이 있다.	예	아니요
174	남의 말을 좋은 쪽으로 해석한다.	예	아니요
175	남의 의견을 절대 참고하지 않는다.	예	아니요
176	문화재 위원과 체육대회 위원 중 체육대회 위원을 하고 싶다.	예	아니요
177	보고 들은 것을 문장으로 옮기기를 좋아한다.	예	아니요
178	남에게 뭔가 가르쳐주는 일이 좋다.	예	아니요
179	많은 사람과 장시간 함께 있으면 피곤하다.	예	아니요
180	엉뚱한 일을 하기 좋아하고 발상도 개성적이다.	예	아니요
181	전표 계산 또는 장부 기입 같은 일을 싫증내지 않고 할 수 있다.	예	아니요
182	책이나 신문을 열심히 읽는 편이다.	예	아니요
183	신경이 예민한 편이며, 감수성도 예민하다.	예	아니요
184	연회석에서 망설임 없이 노래를 부르거나 장기를 보이는 편이다.	예	아니요
185	즐거운 캠프를 위해 계획 세우는 것을 좋아한다.	예	아니요
186	데이터를 분류하거나 통계 내는 일을 싫어하지는 않는다.	예	아니요
187	드라마나 소설 속 등장인물의 생활과 사고 방식에 흥미가 있다.	예	아니요
188	자신의 미적 표현력을 살리면 상당히 좋은 작품이 나올 것 같다.	예	아니요
189	화려한 것을 좋아하며 주위의 평판에 신경을 쓰는 편이다.	예	아니요
190	여럿이서 여행할 기회가 있다면 즐겁게 참가한다.	예	아니요
191	여행 소감문을 쓰는 것을 좋아한다.	예	아니요
192	상품 전시회에서 상품 설명을 한다면 잘할 수 있을 것 같다.	예	아니요
193	변화가 적고 손이 많이 가는 일도 꾸준히 하는 편이다.	예	아니요
194	신제품 홍보에 흥미가 있다.	예	아니요
195	열차 시간표 한 페이지 정도라면 정확하게 옮겨 쓸 자신이 있다.	예	아니요
196	자신의 장래에 대해 자주 생각해 본다.	예	아니요
197	혼자 있는 것에 익숙하다.	예	아니요
198	별 근심이 없다.	예	아니요
199	나의 환경에 아주 만족한다.	예	아니요
200	상품을 고를 때 디자인과 색에 신경을 많이 쓴다.	예	아니요
201	극단이나 연기학원에서 공부해 보고 싶다는 생각을 한 적 있다.	예	아니요
202	외출할 때 날씨가 좋지 않아도 그다지 신경을 쓰지 않는다.	예	아니요
203	손님을 불러들이는 호객 행위도 마음만 먹으면 할 수 있을 것 같다.	예	아니요
204	신중하고 주의 깊은 편이다.	예	아니요
205	하루 종일 책상 앞에 앉아 있어도 지루해하지 않는 편이다.	예	아니요
206	알기 쉽게 요점을 정리한 다음 남에게 잘 설명하는 편이다.	예	아니요
207	생물 시간보다는 미술 시간에 흥미가 있다.	예	아니요
208	남이 자신에게 상담을 해오는 경우가 많다.	예	아니요
209	친목회나 송년회 등의 총무 역할을 좋아하는 편이다.	예	아니요
210	실패하든 성공하든 그 원인은 꼭 분석한다.	예	아니요

PART 4

면접

01 | AI면접 소개

01 AI면접 소개

AI면접은 '공정성'과 '객관적 평가'를 면접 과정에 도입하기 위한 수단으로, 최근 채용 과정에 AI면접을 도입하는 기업들이 급속도로 증가하고 있다.

AI기반의 평가는 서류전형 또는 면접전형에서 활용된다. 서류전형에서는 AI가 모든 지원자의 자기소개서를 1차적으로 스크리닝한 후, 통과된 자기소개서를 인사담당자가 다시 평가하는 방식으로 활용되고 있다. 또한 면접전형에서는 서류전형과 함께 또는 면접 절차를 대신하여 AI면접의 활용을 통해 지원자의 전반적인 능력을 종합적으로 판단하여 채용에 도움을 준다.

AI면접은 다음과 같이 구성되어 있다.

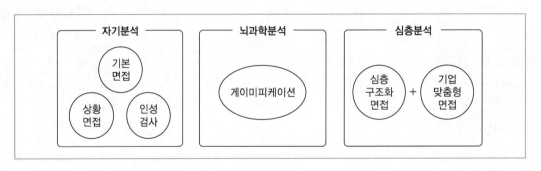

02 AI면접 프로세스

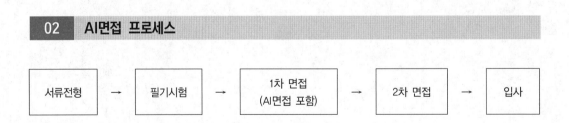

1. AI면접 정의

뇌신경과학 기반의 인공지능 면접

2. 소요시간

60분 내외(1인)

3. 진행순서

① 웹캠 / 음성체크
② 안면 등록
③ 기본 질문
④ 탐색 질문
⑤ 상황 질문
⑥ 뇌과학 게임
⑦ 심층 / 구조화 질문
⑧ 종합평가

    → 뇌과학 게임 : 게임 형식의 AI면접을 통해 지원자의 성과 역량, 성장 가능성 분석
    → 기본 질문, 상황 질문, 탐색 질문을 통해 지원자의 강점, 약점을 분석하여 심층 / 구조화 질문 제시

기본적인 질문 및 상황 질문 → 지원자의 특성을 분석하기 위한 질문 → 지원자의 강점 / 약점 실시간 분석 → 심층 / 구조화 질문

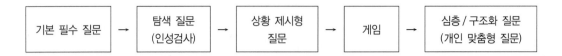

기본 필수 질문

모든 지원자가 공통으로 받게 되는 질문으로 기본적인 자기소개, 지원동기, 성격의 장·단점 등을 질문하는 구성으로 되어 있다. 이는 대면 면접에서도 높은 확률로 받게 되는 질문 유형이므로, AI면접에서 답변한 내용을 대면면접에서도 다르지 않게 답변해야 한다.

탐색 질문(인성검사)

인적성 시험의 인성검사와 일치하는 유형으로, 정해진 시간 내에 해당 문장과 지원자의 가치관이 일치하는 정도를 빠르게 체크해야 하는 단계이다.

상황 제시형 질문

특정한 상황을 제시하여, 제시된 상황 속에서 어떻게 대응할지에 대한 답변을 묻는 유형이다. 기존의 대면면접에서는 이러한 질문에 대하여 지원자가 어떻게 행동할지에 대한 '설명'에 초점이 맞춰져 있었다면, AI면접에서는 실제로 '행동'하며, 상대방에게 이야기하듯 답변이 이루어져야 한다.

게임

약 5가지 유형의 게임이 출제되고, 정해진 시간 내에 해결해야 하는 유형이다. 인적성 시험의 새로운 유형으로, AI면접을 실시하는 기업의 경우, 인적성시험을 생략하는 기업도 증가하고 있다. AI면접 중에서도 비중이 상당한 게임 문제풀이 유형이다.

심층 / 구조화 질문(개인 맞춤형 질문)

인성검사 과정 중 지원자가 선택한 항목들에 기반한 질문에 답변을 해야 하는 유형이다. 때문에 인성검사 과정에서 인위적으로 접근하지 않는 것이 중요하고, 주로 가치관에 대하여 묻는 질문이 많이 출제되는 편이다.

종합 코멘트, 주요 및 세부 역량 점수, 응답신뢰 가능성 등을 분석하여 종합평가 점수를 도출한다.

① 성과능력지수	스스로 성과를 내고 지속적으로 성장하기 위해 갖춰야 하는 성과 지향적 태도 및 실행력
② 조직적합지수	조직에 적응하고 구성원들과 시너지를 내기 위해 갖춰야 하는 심리적 안정성
③ 관계역량지수	타인과의 관계를 좋게 유지하기 위해 갖춰야 하는 고객지향적 태도 및 감정 파악 능력
④ 호감지수	대면 상황에서 자신의 감정과 의사를 적절하게 전달할 수 있는 소통 능력

1. 면접 환경 점검

Windows 7 이상 OS에 최적화되어 있다. 웹카메라와 헤드셋(또는 이어폰과 마이크)은 필수 준비물이며, 크롬 브라우저도 미리 설치해 놓는 것이 좋다. 또한 주변 정리정돈과 복장을 깔끔하게 해야 한다.

2. 이미지

AI면접은 동영상으로 녹화되므로 지원자의 표정이나 자세, 태도 등에서 나오는 전체적인 이미지가 상당히 중요하다. 특히 '상황 제시형 질문'에서는 실제로 대화하듯이 답변해야 하므로 표정과 제스처의 중요성은 더 더욱 커진다. 그러므로 자연스럽고 부드러운 표정과 정확한 발음은 기본이자 필수 요소이다.

(1) 시선 처리

눈동자가 위나 아래로 향하는 것은 피해야 한다. 대면면접의 경우 아이컨택(Eye Contact)이 가능하기 때문에 대화의 흐름상 눈동자가 자연스럽게 움직일 수 있지만 AI면접에서는 카메라를 보고 답변하기 때문에 다른 곳을 응시하거나, 시선이 분산되는 경우에는 불안감으로 눈빛이 흔들린다고 평가될 수 있다. 따라서 카메라 렌즈 혹은 모니터를 바라보면서 대화를 하듯이 면접을 진행하는 것이 가장 좋다. 시선 처리는 연습하는 과정에서 동영상 촬영을 하며 확인하는 것이 좋다.

(2) 입 모양

좋은 인상을 주기 위해서는 입꼬리가 올라가도록 미소를 짓는 것이 좋으며, 이때 입꼬리는 양쪽 꼬리가 동일하게 올라가야 한다. 그러나 입만 움직이게 되면 거짓된 웃음으로 보일 수 있기에 눈과 함께 미소 짓는 연습을 해야 한다. 자연스러운 미소 짓기는 쉽지 않기 때문에 매일 재미있는 사진이나 동영상, 아니면 최근 재미있었던 일 등을 떠올리면서 자연스러운 미소를 지을 수 있는 연습을 해야 한다.

(3) 발성 · 발음

답변을 할 때, 말을 더듬는다거나 '음…', '아…' 하는 소리는 마이너스 요인이다. 질문마다 답변을 생각할 시간을 함께 주지만, 지원자의 의견을 체계적으로 정리하지 못한 채 답변을 시작한다면 발생할 수 있는 상황이다. 생각할 시간이 주어진다는 것은 답변에 대한 기대치가 올라간다는 것을 의미하므로 주어진 시간 동안에 빠르게 답변 구조를 구성하는 연습을 진행해야 하고, 말끝을 흐리는 습관이나 조사를 흐리는 습관을 교정해야 한다. 이때, 연습 과정을 녹음하여 체크하는 것이 효과가 좋고, 답변에 대한 부분 또한 명료하고 체계적으로 답변할 수 있도록 연습해야 한다.

3. 답변방식

AI면접 후기를 보다 보면, 대부분 비슷한 유형의 질문패턴이 진행되는 것을 알 수 있다. 따라서 대면면접 준비 방식과 동일하게 질문 리스트를 만들고 연습하는 과정이 필요하다. 특히 AI면접은 질문이 광범위하기 때문에 출제 유형 위주의 연습이 이루어져야 한다.

(1) 유형별 답변방식 습득

① 기본 필수 질문 : 지원자들에게 필수로 질문하는 유형으로, 지원자만의 답변이 확실하게 구성되어 있어야 한다.

② 상황 제시형 질문 : AI면접에서 주어지는 상황은 크게 8가지 유형으로 분류된다. 유형별로 효과적인 답변 구성 방식을 연습해야 한다.

③ 심층 / 구조화 질문(개인 맞춤형 질문) : 가치관에 따라 선택을 해야 하는 질문이 대다수를 이루는 유형으로, 여러 예시를 통해 유형을 익히고 그에 맞는 답변을 연습해야 한다.

(2) 유성(有聲) 답변 연습

AI면접을 연습할 때에는 같은 유형의 예시를 연습한다고 해도, 실제 면접에서의 세부 소재는 거의 다르다고 할 수 있다. 따라서 새로운 상황이 주어졌을 때 유형을 빠르게 파악하고 답변의 구조를 구성하는 반복연습이 필요하며, 항상 목소리를 내어 답변하는 연습을 하는 것이 좋다.

(3) 면접에 필요한 연기

면접은 연기가 반이라고 할 수 있다. 물론 가식적이고 거짓된 모습을 보이라는 것이 아닌, 상황에 맞는 적절한 행동과 답변의 인상을 극대화시킬 수 있는 연기를 해야 한다는 것이다. 면접이 무난하게 흘러가면 무난하게 탈락할 확률이 높다. 때문에 하나의 답변에도 깊은 인상을 전달해 주어야 하고, 이때 필요한 것이 연기이다. 특히 AI면접에서는 답변 내용에 따른 표정 변화가 필요하고, 답변에 연기를 더할 수 있는 부분까지 연습이 되어있다면 면접 준비가 완벽히 되어있다고 말할 수 있다.

지원자의 외면적 요소 V4를 활용한 정서 및 성향, 거짓말 파악	
Vision Analysis	미세 표정(Micro Expression)
Voice Analysis	바디 랭귀지(Body Language)
Verbal Analysis ▶	진술 분석 기법(Scientific Contents Analysis)
Vital Analysis	자기 최면 기법(Auto Hypnosis)
AI면접의 V4를 대비하는 방법으로 미세 표정, 바디 랭귀지, 진술 분석 기법, 자기 최면 기법을 활용	

02 | 면접 유형 및 실전 대책

01 면접 주요사항

면접의 사전적 정의는 면접관이 지원자를 직접 만나보고 인품(人品)이나 언행(言行) 따위를 시험하는 일로, 흔히 필기시험 후에 최종적으로 심사하는 방법이다.

최근 주요 기업의 인사담당자들을 대상으로 채용 시 면접이 차지하는 비중을 설문조사했을 때, 50 ~ 80% 이상이라고 답한 사람이 전체 응답자의 80%를 넘었다. 이와 대조적으로 지원자들을 대상으로 취업 시험에서 면접을 준비하는 기간을 물었을 때, 대부분의 응답자가 2 ~ 3일 정도라고 대답했다.

지원자가 일정 수준의 스펙을 갖추기 위해 자격증 시험과 토익을 치르고 이력서와 자기소개서까지 쓰다 보면 면접까지 챙길 여유가 없는 것이 사실이다. 그리고 서류전형과 인적성검사를 통과해야만 면접을 볼 수 있기 때문에 자연스럽게 면접은 취업시험 과정에서 그 비중이 작아질 수밖에 없다. 하지만 아이러니하게도 실제 채용 과정에서 면접이 차지하는 비중은 절대적이라고 해도 과언이 아니다.

기업들은 채용 과정에서 토론 면접, 인성 면접, 프레젠테이션 면접, 역량 면접 등의 다양한 면접을 실시한다. 1차 커트라인이라고 할 수 있는 서류전형을 통과한 지원자들의 스펙이나 능력은 서로 엇비슷하다고 판단되기 때문에 서류상 보이는 자격증이나 토익 성적보다는 지원자의 인성을 파악하기 위해 면접을 더욱 강화하는 것이다. 일부 기업은 의도적으로 압박 면접을 실시하기도 한다. 지원자가 당황할 수 있는 질문을 던져서 그것에 대한 지원자의 반응을 살펴보는 것이다.

면접은 다르게 생각한다면 '나는 누구인가?'에 대한 물음에 해답을 줄 수 있는 가장 현실적이고 미래적인 경험이 될 수 있다. 취업난 속에서 자격증을 취득하고 토익 성적을 올리기 위해 앞만 보고 달려온 지원자들은 자신에 대해서 고민하고 탐구할 수 있는 시간을 평소 쉽게 가질 수 없었을 것이다. 자신을 잘 알고 있어야 자신에 대해서 자신감 있게 말할 수 있다. 대체로 사람들은 자신에게 관대한 편이기 때문에 자신에 대해서 어떤 기대와 환상을 가지고 있는 경우가 많다. 하지만 면접은 제삼자에 의해 개인의 능력을 객관적으로 평가받는 시험이다. 어떤 지원자들은 다른 사람에게 자신을 표현하는 것을 어려워한다. 평소에 잘 사용하지 않는 용어를 내뱉으면서 거창하게 자신을 포장하는 지원자도 많다. 면접에서 가장 기본은 자기 자신을 면접관에게 알기 쉽게 표현하는 것이다.

이러한 표현을 바탕으로 자신이 앞으로 하고자 하는 것과 그에 대한 이유를 설명해야 한다. 최근에는 자신감을 향상시키거나 말하는 능력을 높이는 학원도 많기 때문에 얼마든지 자신의 단점을 극복할 수 있다.

1. 자기소개의 기술

자기소개를 시키는 이유는 면접자가 지원자의 자기소개서를 압축해서 듣고, 지원자의 첫인상을 평가할 시간을 가질 수 있기 때문이다. 면접을 위한 워밍업이라고 할 수 있으며, 첫인상을 결정하는 과정이므로 매우 중요한 순간이다.

(1) 정해진 시간에 자기소개를 마쳐야 한다.

쉬워 보이지만 의외로 지원자들이 정해진 시간을 넘기거나 혹은 빨리 끝내서 면접관에게 지적을 받는 경우가 많다. 본인이 면접을 받는 마지막 지원자가 아닌 이상, 정해진 시간을 지키지 않는 것은 수많은 지원자를 상대하기에 바쁜 면접관과 대기 시간에 지친 다른 지원자들에게 불쾌감을 줄 수 있다.

또한 회사에서 시간관념은 절대적인 것이므로 반드시 자기소개 시간을 지켜야 한다. 말하기는 1분에 200자 원고지 2장 분량의 글을 읽는 만큼의 속도가 가장 적당하다. 이를 A4 용지에 10point 글자 크기로 작성하면 반 장 분량이 된다.

(2) 간단하지만 신선한 문구로 자기소개를 시작하자.

요즈음 많은 지원자가 이 방법을 사용하고 있기 때문에 웬만한 소재의 문구가 아니면 면접관의 관심을 받을 수 없다. 이러한 문구는 시대적으로 유행하는 광고 카피를 패러디하는 경우와 격언 등을 인용하는 경우, 그리고 지원한 회사의 CI나 경영이념, 인재상 등을 사용하는 경우 등이 있다. 지원자는 이러한 여러 문구 중에 자신의 첫인상을 북돋아 줄 수 있는 것을 선택해서 말해야 한다. 자신의 이름을 문구 속에 적절하게 넣어서 말한다면 좀 더 효과적인 자기소개가 될 것이다.

(3) 무엇을 먼저 말할 것인지 고민하자.

면접관이 많이 던지는 질문 중 하나가 지원동기이다. 그래서 성장기를 바로 건너뛰고, 지원한 회사에 들어오기 위해 대학에서 어떻게 준비했는지를 설명하는 자기소개가 대세이다.

(4) 면접관의 호기심을 자극해 관심을 불러일으킬 수 있게 말하라.

면접관에게 질문을 많이 받는 지원자의 합격률이 반드시 높은 것은 아니지만, 질문을 전혀 안 받는 것보다는 좋은 평가를 기대할 수 있다.

지원한 분야와 관련된 수상 경력이나 프로젝트 등을 말하는 것도 좋다. 이는 지원자의 업무 능력과 직접 연결되는 것이므로 효과적인 자기 홍보가 될 수 있다. 일부 지원자들은 자신만의 특별한 경험을 이야기하는데, 이때는 그 경험이 보편적으로 사람들의 공감대를 얻을 수 있는 것인지 다시 생각해 봐야 한다.

(5) 마지막 고개를 넘기가 가장 힘들다.

첫 단추도 중요하지만, 마지막 단추도 중요하다. 하지만 왠지 격식을 따지는 인사말은 지나가는 인사말 같고, 다르게 하자니 예의에 어긋나는 것 같은 기분이 든다. 이때는 처음에 했던 자신만의 문구를 다시 한 번 말하는 것도 좋은 방법이다. 자연스러운 끝맺음이 될 수 있도록 적절한 연습이 필요하다.

2. 1분 자기소개 시 주의사항

(1) 자기소개서와 자기소개가 똑같다면 감점일까?

아무리 자기소개서를 외워서 말한다 해도 자기소개가 자기소개서와 완전히 똑같을 수는 없다. 자기소개서의 분량이 더 많고 회사마다 요구하는 필수 항목들이 있기 때문에 굳이 고민할 필요는 없다. 오히려 자기소개서의 내용을 잘 정리한 자기소개가 더 좋은 결과를 만들 수 있다. 하지만 자기소개서와 상반된 내용을 말하는 것은 적절하지 않다. 지원자의 신뢰성이 떨어진다는 것은 곧 불합격을 의미하기 때문이다.

(2) 말하는 자세를 바르게 익혀라.

지원자가 자기소개를 하는 동안 면접관은 지원자의 동작 하나하나를 관찰한다. 그렇기 때문에 바른 자세가 중요하다는 것은 우리가 익히 알고 있다. 하지만 문제는 무의식적으로 나오는 습관 때문에 자세가 흐트러져 나쁜 인상을 줄 수 있다는 것이다. 이러한 습관을 고칠 수 있는 가장 좋은 방법은 캠코더 등으로 자신의 모습을 담는 것이다. 거울을 사용할 경우에는 시선이 자꾸 자기 눈과 마주치기 때문에 집중하기 힘들다. 하지만 촬영된 동영상은 제삼자의 입장에서 자신을 볼 수 있기 때문에 많은 도움이 된다.

(3) 정확한 발음과 억양으로 자신 있게 말하라.

지원자의 모양새가 아무리 뛰어나도, 목소리가 작고 발음이 부정확하면 큰 감점을 받는다. 이러한 모습은 지원자의 좋은 점에까지 악영향을 끼칠 수 있다. 직장을 흔히 사회생활의 시작이라고 말하는 시대적 정서에서 사람들과 의사소통을 하는 데 문제가 있다고 판단되는 지원자는 부적절한 인재로 평가될 수밖에 없다.

3. 대화법

전문가들이 말하는 대화법의 핵심은 '상대방을 배려하면서 이야기하라.'는 것이다. 대화는 나와 다른 사람의 소통이다. 내용에 대한 공감이나 이해가 없다면 대화는 더 진전되지 않는다.

『카네기 인간관계론』이라는 베스트셀러의 작가인 철학자 카네기가 말하는 최상의 대화법은 자신의 경험을 토대로 이야기하는 것이다. 즉, 살아오면서 직접 겪은 경험이 상대방의 관심을 끌 수 있는 가장 좋은 이야깃거리인 것이다. 특히 어떤 일을 이루기 위해 노력하는 과정에서 겪은 실패나 희망에 대해 진솔하게 얘기한다면 상대방은 어느새 당신의 편에 서서 그 이야기에 동조할 것이다.

독일의 사업가이자, 동기부여 트레이너인 위르겐 힐러의 연설법 중 가장 유명한 것은 '시즐(Sizzle)'을 잡는 것이다. 시즐이란, 새우튀김이나 돈가스가 기름에서 지글지글 튀겨질 때 나는 소리이다. 즉, 자신의 말을 듣고 시즐처럼 반응하는 상대방의 감정에 적절하게 대응하라는 것이다.

말을 시작한 지 10 ~ 15초 안에 상대방의 '시즐'을 알아차려야 한다. 자신의 이야기에 대한 상대방의 첫 반응에 따라 말하기 전략도 달라져야 한다. 첫 이야기의 반응이 미지근하다면 가능한 한 그 이야기를 빨리 마무리하고 새로운 이야깃거리를 생각해 내야 한다. 길지 않은 면접 시간 내에 몇 번 오지 않는 대답의 기회를 살리기 위해서 보다 전략적이고 냉철해야 하는 것이다.

4. 차림새

(1) 구두

면접에 어떤 옷을 입어야 할지를 며칠 동안 고민하면서 정작 구두는 면접 보는 날 현관을 나서면서 즉흥적으로 신고 가는 지원자들이 많다. 특히 남자 지원자들이 이러한 실수를 많이 한다. 구두를 보면 그 사람의 됨됨이를 알 수 있다고 한다. 면접관 역시 이러한 것을 놓치지 않기 때문에 지원자는 자신의 구두에 더욱 신경을 써야 한다. 스타일의 마무리는 발끝에서 이루어지는 것이다. 아무리 멋진 옷을 입고 있어도 구두가 어울리지 않는다면 전체 스타일이 흐트러지기 때문이다.

정장용 구두는 디자인이 깔끔하고, 에나멜 가공처리를 하여 광택이 도는 페이턴트 가죽 소재 제품이 무난하다. 검정 계열 구두는 회색과 감색 정장에, 브라운 계열의 구두는 베이지나 갈색 정장에 어울린다. 참고로 구두는 오전에 사는 것보다 발이 충분히 부은 상태인 저녁에 사는 것이 좋다. 마지막으로 당연한 일이지만 반드시 면접을 보는 전날 구두 뒤축이 닳지는 않았는지 확인하고 구두에 광을 내 둔다.

(2) 양말

양말은 정장과 구두의 색상을 비교해서 골라야 한다. 특히 검정이나 감색의 진한 색상의 바지에 흰 양말을 신는 것은 시대에 뒤처지는 일이다. 일반적으로 양말의 색깔은 바지의 색깔과 같아야 한다. 또한 양말의 길이도 신경 써야 한다. 남성의 경우에 의자에 바르게 앉거나 다리를 꼬아서 앉을 때 다리털이 보여서는 안 된다. 반드시 긴 정장 양말을 신어야 한다.

(3) 정장

지원자는 평소에 정장을 입을 기회가 많지 않기 때문에 면접을 볼 때 본인 스스로도 옷을 어색하게 느끼는 경우가 많다. 옷을 불편하게 느끼기 때문에 자세마저 불안정한 지원자도 볼 수 있다. 그러므로 면접 전에 정장을 입고 생활해 보는 것도 나쁘지는 않다.

일반적으로 면접을 볼 때는 상대방에게 신뢰감을 줄 수 있는 남색 계열의 옷이나 어떤 계절이든 무난하고 깔끔해 보이는 회색 계열의 정장을 많이 입는다. 정장은 유행에 따라서 재킷의 디자인이나 버튼의 개수가 바뀌기 때문에 특히 남성 지원자의 경우, 너무 오래된 옷을 입어서 아버지 옷을 빌려 입고 나온 듯한 인상을 주어서는 안 된다.

(4) 헤어스타일과 메이크업

헤어스타일에 자신이 없다면 미용실에 다녀오는 것도 좋은 방법이다. 그리고 여성 지원자의 경우에는 자신에게 어울리는 메이크업을 하는 것도 괜찮다. 메이크업은 상대에 대한 예의를 갖추는 것이므로 지나치게 화려한 메이크업이 아니라면 보다 준비된 지원자처럼 보일 수 있다.

5. 첫인상

취업을 위해 성형수술을 받는 사람들에 대한 이야기는 더 이상 뉴스거리가 되지 않는다. 그만큼 많은 사람이 좁은 취업문을 뚫기 위해 이미지 향상에 신경을 쓰고 있다. 이는 면접관에게 좋은 첫인상을 주기 위한 것으로, 지원서에 올리는 증명사진을 이미지 프로그램을 통해 수정하는 이른바 '사이버 성형'이 유행하는 것과 같은 맥락이다. 실제로 외모가 채용 과정에서 영향을 끼치는가에 대한 설문조사에서도 60% 이상의 인사담당자들이 그렇다고 답변했다.

하지만 외모와 첫인상을 절대적인 관계로 이해하는 것은 잘못된 판단이다. 외모가 첫인상에서 많은 부분을 차지하지만, 외모 외에 다른 결점이 발견된다면 그로 인해 장점들이 가려질 수도 있다. 이러한 현상은 아래에서 다시 논하겠다.

첫인상은 말 그대로 한 번밖에 기회가 주어지지 않으며 몇 초 안에 결정된다. 첫인상을 결정짓는 요소 중 시각적인 요소가 80% 이상을 차지한다. 첫눈에 들어오는 생김새나 복장, 표정 등에 의해서 결정되는 것이다. 면접을 시작할 때 자기소개를 시키는 것도 지원자별로 첫인상을 평가하기 위해서이다. 첫인상이 중요한 이유는 만약 첫인상이 부정적으로 인지될 경우, 지원자의 다른 좋은 면까지 거부당하기 때문이다. 이러한 현상을 심리학에서는 초두효과(Primacy Effect)라고 한다.

한 번 형성된 첫인상은 여간해서 바꾸기 힘들다. 이는 첫인상이 나중에 들어오는 정보까지 영향을 주기 때문이다. 첫인상의 정보가 나중에 들어오는 정보 처리의 지침이 되는 것을 심리학에서는 맥락효과(Context Effect)라고 한다. 따라서 평소에 첫인상을 좋게 만들기 위한 노력을 꾸준히 해야만 하는 것이다.

좋은 첫인상이 반드시 외모에만 집중되는 것은 아니다. 오히려 깔끔한 옷차림과 부드러운 표정 그리고 말과 행동 등에 의해 전반적인 이미지가 만들어진다. 누구나 이러한 것 중에 한두 가지 단점을 가지고 있다. 요즈음은 이미지 컨설팅을 통해서 자신의 단점들을 보완하는 지원자도 있다. 특히 표정이 밝지 않은 지원자는 평소 웃는 연습을 의식적으로 하여 면접을 받는 동안 계속해서 여유 있는 표정을 짓는 것이 중요하다. 성공한 사람들은 인상이 좋다는 것을 명심하자.

1. 면접의 유형

과거 천편일률적인 일대일 면접과 달리 면접에는 다양한 유형이 도입되어 현재는 "면접은 이렇게 보는 것이다."라고 말할 수 있는 정해진 유형이 없어졌다. 그러나 포스코그룹 면접에서는 현재까지는 집단 면접과 다대일 면접이 진행되고 있으므로 어느 정도 유형을 파악하여 사전에 대비가 가능하다. 면접의 기본인 단독 면접부터, 다대일 면접, 집단 면접의 유형과 그 대책에 대해 알아보자.

(1) 단독 면접

단독 면접이란 응시자와 면접관이 1대1로 마주하는 형식을 말한다. 면접위원 한 사람과 응시자 한 사람이 마주 앉아 자유로운 화제를 가지고 질의응답을 되풀이하는 방식이다. 이 방식은 면접의 가장 기본적인 방법으로 소요시간은 10~20분 정도가 일반적이다.

① 장점

필기시험 등으로 판단할 수 없는 성품이나 능력을 알아내는 데 가장 적합하다고 평가받아 온 면접방식으로 응시자 한 사람 한 사람에 대해 여러 면에서 비교적 폭넓게 파악할 수 있다. 응시자의 입장에서는 한 사람의 면접관만을 대하는 것이므로 상대방에게 집중할 수 있으며, 긴장감도 다른 면접방식에 비해서는 적은 편이다.

② 단점

면접관의 주관이 강하게 작용해 객관성을 저해할 소지가 있으며, 면접 평가표를 활용한다 하더라도 일면적인 평가에 그칠 가능성을 배제할 수 없다. 또한 시간이 많이 소요되는 것도 단점이다.

> **단독 면접 준비 Point**
>
> 단독 면접에 대비하기 위해서는 평소 1대1로 논리 정연하게 대화를 나눌 수 있는 능력을 기르는 것이 중요하다. 그리고 면접장에서는 면접관을 선배나 선생님 혹은 아버지를 대하는 기분으로 면접에 임하는 것이 부담도 훨씬 적고 실력을 발휘할 수 있는 방법이 될 것이다.

(2) 다대일 면접

다대일 면접은 일반적으로 가장 많이 사용되는 면접방법으로 보통 2~5명의 면접관이 1명의 응시자에게 질문하는 형태의 면접 방법이다. 면접관이 여러 명이므로 다각도에서 질문을 하여 응시자에 대한 정보를 많이 알아낼 수 있다는 점 때문에 선호하는 면접 방법이다.

하지만 응시자의 입장에서는 질문도 면접관에 따라 각양각색이고 동료 응시자가 없으므로 숨 돌릴 틈도 없게 느껴진다. 또한 관찰하는 눈도 많아서 조그만 실수라도 지나치는 법이 없기 때문에 정신적 압박과 긴장감이 높은 면접 방법이다. 따라서 응시자는 긴장을 풀고 한 시험관이 묻더라도 면접관 전원을 향해 대답한다는 느낌으로 또박또박 대답하는 자세가 필요하다.

① 장점

면접관이 집중적인 질문과 다양한 관찰을 통해 응시자가 과연 조직에 필요한 인물인가를 완벽히 검증할 수 있다.

② 단점

면접시간이 보통 10 ~ 30분 정도로 좀 긴 편이고 응시자에게 지나친 긴장감을 조성하는 면접 방법이다.

> **다대일 면접 준비 Point**
>
> 질문을 들을 때 시선은 면접위원을 향하고 다른 데로 돌리지 말아야 하며, 대답할 때에도 고개를 숙이거나 입속에서 우물거리는 소극적인 태도는 피하도록 한다. 면접위원과 대등하다는 마음가짐으로 편안한 태도를 유지하면 대답도 자연스러운 상태에서 좀 더 충실히 할 수 있고, 이에 따라 면접위원이 받는 인상도 달라진다.

(3) 집단 면접

집단 면접은 다수의 면접관이 여러 명의 응시자를 한꺼번에 평가하는 방식으로 짧은 시간에 능률적으로 면접을 진행할 수 있다. 각 응시자에 대한 질문 내용, 질문 횟수, 시간 배분이 똑같지는 않으며, 모두에게 같은 질문이 주어지기도 하고, 각각 다른 질문을 받기도 한다.

또한 어떤 응시자가 한 대답에 대한 의견을 묻는 등 그때그때의 분위기나 면접관의 의향에 따라 변수가 많다. 집단 면접은 응시자의 입장에서는 개별 면접에 비해 긴장감은 다소 덜한 반면에 다른 응시자들과의 비교가 확실하게 나타나므로 응시자는 몸가짐이나 표현력·논리성 등이 결여되지 않도록 자신의 생각이나 의견을 솔직하게 발표하여 집단 속에 묻히거나 밀려나지 않도록 주의해야 한다.

① 장점

집단 면접의 장점은 면접관이 응시자 한 사람에 대한 관찰 시간이 상대적으로 길고, 비교 평가가 가능하기 때문에 결과적으로 평가의 객관성과 신뢰성을 높일 수 있다는 점이며, 응시자는 동료들과 함께 면접을 받기 때문에 긴장감이 다소 덜하다는 것을 들 수 있다. 또한 동료가 답변하는 것을 들으며 자신의 답변 방식이나 자세를 조정할 수 있다는 것도 큰 이점이다.

② 단점

응답하는 순서에 따라 응시자마다 유리하고 불리한 점이 있고, 면접 위원의 입장에서는 각각의 개인적인 문제를 깊게 다루기가 곤란하다는 것이 단점이다.

> **집단 면접 준비 Point**
>
> 너무 자기과시를 하지 않는 것이 좋다. 대답은 자신이 말하고 싶은 내용을 간단명료하게 말해야 한다. 내용이 없는 발언을 한다거나 대답을 질질 끄는 태도는 좋지 않다. 또 말하는 중에 내용이 주제에서 벗어나거나 자기중심적으로만 말하는 것도 피해야 한다. 집단 면접에 대비하기 위해서는 평소에 설득력을 지닌 자신의 논리력을 계발하는 데 힘써야 하며, 다른 사람 앞에서 자신의 의견을 조리 있게 개진할 수 있는 발표력을 갖추는 데에도 많은 노력을 기울여야 한다.
> • 실력에는 큰 차이가 없다는 것을 기억하라.
> • 동료 응시자들과 서로 협조하라.
> • 답변하지 않을 때의 자세가 중요하다.
> • 개성표현은 좋지만 튀는 것은 위험하다.

(4) 집단 토론식 면접

집단 토론식 면접은 집단 면접과 형태는 유사하지만 질의응답이 아니라 응시자들끼리의 토론이 중심이 되는 면접 방법으로 최근 들어 급증세를 보이고 있다. 이는 공통의 주제에 대해 다양한 견해들이 개진되고 결론을 도출하는 과정, 즉 토론을 통해 응시자의 다양한 면에 대한 평가가 가능하다는 집단 토론식 면접의 장점이 널리 확산된 데 따른 것으로 보인다. 사실 집단 토론식 면접을 활용하면 주제와 관련된 지식 정도와 이해력, 판단력, 설득력, 협동성은 물론 리더십, 조직 적응력, 적극성과 대인관계 능력 등을 쉽게 파악할 수 있다.

토론식 면접에서는 자신의 의견을 명확히 제시하면서도 상대방의 의견을 경청하는 토론의 기본자세가 필수적이며, 지나친 경쟁심이나 자기 과시욕은 접어두는 것이 좋다. 또한 집단 토론의 목적이 결론을 도출해 나가는 과정에 있다는 것을 감안하여 무리하게 자신의 주장을 관철시키기보다 오히려 토론의 질을 높이는 데 기여하는 것이 좋은 인상을 줄 수 있다는 점을 알아야 한다. 취업 희망자들은 토론식 면접이 급속도로 확산되는 추세임을 감안해 특히 철저한 준비를 해야 한다. 평소에 신문의 사설이나 매스컴 등의 토론 프로그램을 주의 깊게 보면서 논리 전개 방식을 비롯한 토론 과정을 익히도록 하고, 친구들과 함께 간단한 주제를 놓고 토론을 진행해 볼 필요가 있다. 또한 사회·시사 문제에 대해 자기 나름대로의 관점을 정립해 두는 것도 꼭 필요하다.

(5) PT 면접

PT 면접, 즉 프레젠테이션 면접은 최근 들어 집단 토론 면접과 더불어 그 활용도가 점차 커지고 있다. PT 면접은 기업마다 특성이 다르고 인재상이 다른 만큼 인성 면접만으로는 알 수 없는 지원자의 문제해결 능력, 전문성, 창의성, 기본 실무능력, 논리성 등을 관찰하는 데 중점을 두는 면접으로, 지원자 간의 변별력이 높아 대부분의 기업에서 적용하고 있으며, 확산되는 추세이다.

면접 시간은 기업별로 차이가 있지만, 전문지식, 시사성 관련 주제를 제시한 다음, 보통 20~50분 정도 준비하여 5분가량 발표할 시간을 준다. 면접관과 지원자의 단순한 질의응답식이 아닌, 주제에 대해 일정 시간 동안 지원자의 발언과 발표하는 모습 등을 관찰하게 된다. 정확한 답이나 지식보다는 논리적 사고와 의사표현력이 더 중시되기 때문에 자신의 생각을 어떻게 설명하느냐가 매우 중요하다.

PT 면접에서 같은 주제라도 직무별로 평가요소가 달리 나타난다. 예를 들어 영업직은 설득력과 의사소통 능력에 중점을 둘 수 있겠고, 관리직은 신뢰성과 창의성 등을 더 중요하게 평가한다.

> **PT 면접 준비 Point**
>
> - 면접관의 관심과 주의를 집중시키고, 발표 태도에 유의한다.
> - 모의 면접이나 거울 면접으로 미리 점검한다.
> - PT 내용은 세 가지 정도로 정리해서 말한다.
> - PT 내용에는 자신의 생각이 담겨 있어야 한다.
> - PT 중간에 자문자답 방식을 활용한다.
> - 평소 지원하는 업계의 동향이나 직무에 대한 전문 지식을 쌓아둔다.
> - 부적절한 용어 사용이나 무리한 주장 등은 하지 않는다.

(6) 합숙 면접

합숙 면접은 대체로 1박 2일이나 2박 3일 동안 해당 기업의 연수원이나 수련원 등에서 이루어지는 면접으로, 평가 항목으로는 PT 면접, 토론 면접, 인성 면접 등을 기본으로 새벽등산, 레크리에이션, 게임 등 다양한 형태로 진행된다. 경쟁자들과 함께 생활하고 협동해야 하는 만큼 스트레스도 많이 받는 경우가 허다하다.

모든 지원자를 하루 동안 평가하게 되므로 지원자 1명을 평가하는 데 걸리는 시간은 짧게는 5분에서 길게는 1시간 이상 정도인데, 이 시간으로는 지원자를 제대로 평가하기에는 한계가 있다. 합숙 면접은 24시간 이상을 지원자와 면접관이 함께 생활하면서 다양한 프로그램을 통해 지원자의 역량을 폭넓게 평가할 수 있기 때문에 기업에서는 합숙 면접을 선호한다. 대체로 은행, 증권 등 금융권에서 합숙 면접을 통해 지원자의 의도되고 꾸며진 모습 외에 창의력, 의사소통 능력, 협동심, 책임감, 리더십 등 다양한 모습을 평가하였지만, 최근에는 기업에서도 많이 실시되고 있다.

합숙 면접에서 좋은 점수를 얻기 위해서는 무엇보다 팀워크를 중시하는 모습을 보여야 한다. 합숙 면접은 일반 면접과는 달리 개인보다는 그룹별로 과제가 주어지고 해결해야 하므로 조원 또는 동료와 얼마나 잘 어울리느냐가 중요한 평가기준이 된다. 장시간에 걸쳐 평가하기 때문에 힘든 부분도 있지만, 지원자들이 지쳐 있거나 당황하고 있는 사이에도 면접관들은 지원자들의 조직 적응력, 적극성, 사회성, 친화력 등을 꼼꼼하게 체크하기 때문에 잠시도 긴장을 늦춰서는 안 된다.

2. 면접의 실전 대책

(1) 면접 대비사항

① 지원 회사에 대한 사전지식을 충분히 준비한다.

필기시험에서 합격 또는 서류전형에서의 합격통지가 온 후 면접시험 날짜가 정해지는 것이 보통이다. 이때 수험자는 면접시험을 대비해 사전에 자기가 지원한 계열사 또는 부서에 대해 폭넓은 지식을 준비할 필요가 있다.

> **지원 회사에 대해 알아두어야 할 사항**
>
> - 회사의 연혁
> - 회장 또는 사장의 이름, 출신학교, 관심사
> - 회장 또는 사장이 요구하는 신입사원의 인재상
> - 회사의 사훈, 사시, 경영이념, 창업정신
> - 회사의 대표적 상품, 특색
> - 업종별 계열회사의 수
> - 해외지사의 수와 그 위치
> - 신 개발품에 대한 기획 여부
> - 자기가 생각하는 회사의 장단점
> - 회사의 잠재적 능력개발에 대한 제언

② 충분한 수면을 취한다.

충분한 수면으로 안정감을 유지하고 첫 출발의 상쾌한 마음가짐을 갖는다.

③ 얼굴을 생기 있게 한다.

첫인상은 면접에 있어서 가장 결정적인 당락 요인이다. 면접관에게 좋은 인상을 줄 수 있도록 화장하는 것도 필요하다. 면접관들이 가장 좋아하는 인상은 얼굴에 생기가 있고 눈동자가 살아 있는 사람, 즉 기가 살아 있는 사람이다.

④ 아침에 인터넷 뉴스를 읽고 간다.

그날의 뉴스가 질문 대상에 오를 수가 있다. 특히 경제면, 정치면, 문화면 등을 유의해서 볼 필요가 있다.

출발 전 확인할 사항

이력서, 자기소개서, 지갑, 신분증(주민등록증), 휴지, 볼펜, 메모지 등을 준비하자.

(2) 면접 시 옷차림

면접에서 옷차림은 간결하고 단정한 느낌을 주는 것이 가장 중요하다. 색상과 디자인 면에서 지나치게 화려한 색상이나, 노출이 심한 디자인은 자칫 면접관의 눈살을 찌푸리게 할 수 있다. 단정한 차림을 유지하면서 자신만의 독특한 멋을 연출하는 것, 지원하는 회사의 분위기를 파악했다는 센스를 보여주는 것 또한 코디네이션의 포인트이다.

복장 점검

- 구두는 잘 닦여 있는가?
- 옷은 깨끗이 다려져 있으며 스커트 길이는 적당한가?
- 손톱은 길지 않고 깨끗한가?
- 머리는 흐트러짐 없이 단정한가?

(3) 면접요령

① 첫인상을 중요시한다.

상대에게 인상을 좋게 주지 않으면 어떠한 얘기를 해도 이쪽의 기분이 충분히 전달되지 않을 수 있다. 예를 들어 '저 친구는 표정이 없고 무엇을 생각하고 있는지 전혀 알 길이 없다.'처럼 생각되면 최악의 상태이다. 우선 청결한 복장, 바른 자세로 침착하게 들어가야 한다. 건강하고 신선한 이미지를 주어야 하기 때문이다.

② 좋은 표정을 짓는다.

얘기를 할 때의 표정은 중요한 사항의 하나다. 거울 앞에서 웃는 연습을 해본다. 웃는 얼굴은 상대를 편안하게 하고, 특히 면접 등 긴박한 분위기에서는 천금의 값이 있다 할 것이다. 그렇다고 하여 항상 웃고만 있어서는 안 된다. 자기의 할 얘기를 진정으로 전하고 싶을 때는 진지한 얼굴로 상대의 눈을 바라보며 얘기한다. 면접을 볼 때 눈을 감고 있으면 마이너스 이미지를 주게 된다.

③ **결론부터 이야기힌다.**

자기의 의사나 생각을 상대에게 정확하게 전달하기 위해서 먼저 무엇을 말하고자 하는가를 명확히 결정해 두어야 한다. 대답을 할 경우에는 결론을 먼저 이야기하고 나서 그에 따른 설명과 이유를 덧붙이면 논지(論旨)가 명확해지고 이야기가 깔끔하게 정리된다.

한 가지 사실을 이야기하거나 설명하는 데는 3분이면 충분하다. 복잡한 이야기라도 어느 정도의 길이로 요약해서 이야기하면 상대도 이해하기 쉽고 자기도 정리할 수 있다. 긴 이야기는 오히려 상대를 불쾌하게 할 수가 있다.

④ **질문의 요지를 파악한다.**

면접 때의 이야기는 간결성만으로는 부족하다. 상대의 질문이나 이야기에 대해 적절하고 필요한 대답을 하지 않으면 대화는 끊어지고 자기의 생각도 제대로 표현하지 못하여 면접자로 하여금 수험생의 인품이나 사고방식 등을 명확히 파악할 수 없게 한다. 무엇을 묻고 있는지, 무슨 이야기를 하고 있는지 그 요점을 정확히 알아내야 한다.

면접에서 고득점을 받을 수 있는 성공요령

1. 자기 자신을 겸허하게 판단하라.
2. 지원한 회사에 대해 100% 이해하라.
3. 실전과 같은 연습으로 감각을 익히라.
4. 단답형 답변보다는 구체적으로 이야기를 풀어나가라.
5. 거짓말을 하지 말라.
6. 면접하는 동안 대화의 흐름을 유지하라.
7. 친밀감과 신뢰를 구축하라.
8. 상대방의 말을 성실하게 들으라.
9. 근로조건에 대한 이야기를 풀어나갈 준비를 하라.
10. 끝까지 긴장을 풀지 말라.

PART 4

03 | 포스코그룹 실제 면접

01 직무역량평가

[분석발표면접(AP; Analysis&Presentation)]
제시된 과제에 대해 분석 및 발표하는 면접이다. 이 면접에서는 지원자의 전략적 사고, 창의적 문제해결력 등을 평가한다.

[조별활동(GA; Group Activity)]
6~7명 내외의 지원자로 조를 구성하여, 협업과제를 진행한다. 협업과제의 완성도, 팀워크, 커뮤니케이션 역량 등을 평가한다.

[인성면접(ST1; Specialty Test 1)]
지원동기, 회사 정착성 및 적응력, 성장잠재력 등을 평가하는 면접으로 HR분야 면접관이 참여한다.

[직무면접(ST2; Specialty Test 2)]
지원 직무에 적합한 지식, 스킬, 태도 등 역량 보유수준을 평가하는 면접으로 해당 직무의 현업 면접관이 참여한다. 특히 이공계는 직무지식과 더불어 물리, 수학, 화학 등 공학기초지식도 평가한다.

[역사에세이]
제시된 역사 관련 주제에 대해 의견을 자유롭게 서술하는 형식으로 진행되며, 작성한 에세이를 통해 지원자의 역사 이해도와 인문학적 소양 등을 평가한다.

[도서퀴즈]
회사와 관련된 도서를 읽고, 책 내용에 대한 이해도를 평가한다. 도서는 인적성검사 응시자를 대상으로 미리 배부한다.

1. AP 면접

AP 면접은 제시된 업무과제에 대한 분석, 발표 및 질의·응답을 통해 개인적인 업무수행능력을 평가하는 단계이다. 지원자들은 주어진 비즈니스 케이스를 분석하여 문제를 해결하고 그 내용을 면접관 앞에서 발표하게 된다. 주로 개인의 전략적 사고, 창의적 문제 해결, 기획력, 프레젠테이션 능력, 정보 분석 및 활용역량 등을 평가한다.

2. 직무적합성 면접

직무적합성 면접은 지원자의 회사 정착성, 적응력, 성장 잠재력과 지원직군에 적합한 지식, 스킬, 태도 등 직무역량 보유 수준을 평가하는 단계이다. 직무역량은 지원직군의 현업부서 면접관이 NCS(국가직무능력표준) 기반의 직무지식 중심으로 심사한다. 특히 기술계는 물리·수학·화학 등 공학기초 지식도 평가한다. 지원자의 회사 정착성, 적응력, 성장 잠재력 등은 기존의 ST1(조직적합성평가) 면접에서, 지원 직군에 적합한 지식, 스킬, 태도 등은 ST2(직무적합성평가) 면접에서 평가를 했다. 따라서 기존의 ST1, ST2 면접 기출 질문을 살펴보는 것이 많은 도움이 될 것이며, 이와 더불어 NCS 기반의 면접 평가가 어떤 방식으로 진행되는지도 알아두는 것이 좋다.

[ST1(조직적합성평가) 면접 기출 질문]
- 포스코에서 이루고 싶은 꿈은 무엇인가?
- 10년 뒤에 꿈꾸는 자신의 모습에 대해 말해보시오.
- 포스코의 경쟁사는 어디라고 생각하는가? 언급한 경쟁사와 비교했을 때 포스코의 장단점은 무엇인가?
- 자신이 가장 잘할 수 있는 것은 무엇인가?
- 남들과는 다른 자신만의 경쟁력은 무엇인가?
- 최근 1년 동안 자신이 했던 가장 윤리적인 일과 비윤리적인 일을 말해보시오.
- 주인의식이란 무엇인가? 포스코 직원의 주인의식 고취 방안에 대해 말해보시오.
- 기업을 지원하는 기준이 무엇인가?
- 하기 싫었던 일이지만 해야 했던 경험을 말해보시오.
- 자신의 가치관과 그것을 형성하기 위해 어떠한 노력을 했는지 말해보시오.
- 전공을 활용해서 우리 회사에 어떻게 기여할 것인가?
- 철강업에 관심을 갖게 된 계기는 무엇인가?

[ST2(직무적합성평가) 면접 기출 질문]
- 발전회사에 어떻게 관심을 두게 되었는가?
- 발전소와 관련된 전공활동은 무엇이 있는가?
- 철로 만들 수 있는 실생활물건은 무엇이 있는가?
- 제어공학에서 시스템이란 무엇인가?
- 계단함수와 정상상태에 대해 아는 대로 말해보시오.
- Settling Time이란 무엇인가?
- 베르누이 방정식에 대해 말해보시오.
- 무차원수에 대해 말해보시오.
- 후크의 법칙에 대해 말해보시오.
- 제강 공정에 대해 말해보시오.
- 5대 원소에 대해 말해보시오.
- LNG 발전소에 대해 설명해 보시오.
- 전공 과목(기계)을 통해 무엇을 배웠는가?
- 시멘트 규격이 의미하는 바를 알고 있는가?

포스코가 추구하는 인재상에 얼마나 적합한지를 확인하는 단계로, 경영진과의 대면면접으로 진행된다. 지원자의 가치관, 직업관, 인생관, 인성, 생활방식 등에 대한 질의·응답이 이루어지며 이러한 과정에서 지원자의 도전정신, 창의력, 조직 적응성, 윤리성 등을 평가한다.

[기출 질문]
- 자기소개를 해보시오.
- 어느 정도 자신이 있는가? 자신이 있다면 자신의 신조를 영어로 말해보시오.
- 자신이 목표를 설정하여 과제를 수행해 본 경험을 말해보시오.
- 창업이 아니라 취업을 선택한 이유는 무엇인가?
- 철강 산업 분야에 관련된 이슈에 대해 말해보시오.
- 지원한 분야에 가장 필요한 본인의 역량은 무엇이라고 생각하는가?
- 지원한 분야에 대한 준비는 어느 정도 했는가?
- 임진왜란에 대해 아는 대로 말해보시오.
- 우리나라에서 가장 큰 제철소는 어디에 있는가?
- 지방 근무를 하게 될 가능성이 있는데, 이에 대해 어떻게 생각하는가?
- 디자인이 세상을 바꾼다고 하는데, 이에 대해 어떻게 생각하는가?
- 일상생활에서 바꿔보고 싶었던 것을 말해보시오.
- 포스코강판의 핵심 가치를 디자이너의 측면으로 어떻게 생각하는가?
- 마지막으로 하고 싶은 말을 해보시오.

배우기만 하고 생각하지 않으면 얻는 것이 없고,
생각만 하고 배우지 않으면 위태롭다.

- 공자 -

계속 갈망하라. 언제나 우직하게.

- 스티브 잡스 -

앞선 정보 제공! 도서 업데이트

언제, 왜 업데이트될까?

도서의 학습 효율을 높이기 위해 자료를 추가로 제공할 때!
공기업 · 대기업 필기시험에 변동사항 발생 시 정보 공유를 위해!
공기업 · 대기업 채용 및 시험 관련 중요 이슈가 생겼을 때!

01 시대에듀 도서
www.sdedu.co.kr/book
홈페이지 접속

02 상단 카테고리
「도서업데이트」
클릭

03 해당
기업명으로
검색

참고자료, 시험 개정사항 등 정보 제공으로 학습효율을 높여 드립니다.

시대에듀
대기업 인적성검사
시리즈

신뢰와 책임의 마음으로 수험생 여러분에게 다가갑니다.

대기업 인적성 "기본서" 시리즈

대기업 취업 기초부터 합격까지! 취업의 문을 여는
Master Key!

2025
전면개정판

S

판매량 1위
YES24 포스코그룹 부문

PAT
포스코그룹
온라인 인적성검사

정답 및 해설

최신기출유형 + 모의고사 5회
+ 무료PAT특강

편저 | SDC(Sidae Data Center)

유형분석 및 모의고사로
최종합격까지
한 권으로
마무리!

SDC
SDC는 시대에듀 데이터 센터의 약자로
약 30만 개의 NCS · 적성 문제 데이터를
바탕으로 최신 출제경향을 반영하여
문제를 출제합니다.

시대에듀

PART 1

대표기출유형

끝까지 책임진다! 시대에듀!

QR코드를 통해 도서 출간 이후 발견된 오류나 개정법령, 변경된 시험 정보, 최신기출문제, 도서 업데이트 자료 등이 있는지 확인해 보세요! 시대에듀 합격 스마트 앱을 통해서도 알려 드리고 있으니 구글 플레이나 앱 스토어에서 다운받아 사용하세요. 또한, 파본 도서인 경우에는 구입하신 곳에서 교환해 드립니다.

01 | 언어이해

대표기출유형 01   기출응용문제

01

'그날'은 관형사인 '그'와 '자정에서 다음 자정까지 동안'을 뜻하는 명사 '날'이 합쳐져서 만들어진 합성어로 붙여 써야 하며, '밤'은 하나의 단어로 '그날'과 각각의 단어이므로 띄어 써야 한다. 따라서 '그날 밤에'라고 써야 옳다.

02

오답분석
② 냉냉하다 → 냉랭하다
③ 요컨데 → 요컨대
④ 바램 → 바람

03

'데'는 '장소'를 의미하는 의존명사이므로 띄어 쓴다.

오답분석
① 떠난지가 → 떠난 지가 : '지'는 '어떤 일이 있었던 때로부터 지금까지의 동안'을 나타내는 의존명사이므로 띄어 쓴다.
② 있는만큼만 → 있는 만큼만 : '만큼'은 '정도'를 의미하는 의존명사이므로 띄어 쓴다.
④ 목포간에 → 목포 간에 : '간'은 '한 대상에서 다른 대상까지의 사이'를 나타내는 의존명사이므로 띄어 쓴다.

대표기출유형 02   기출응용문제

01

• 수단 : 어떤 목적을 이루기 위한 방법. 또는 그 도구
• 방법 : 어떤 일을 해 나가거나 목적을 이루기 위하여 취하는 수단이나 방식

오답분석
① 수긍 : 옳다고 인정함
② 수요 : 어떤 재화나 용역을 일정한 가격으로 사려고 하는 욕구
③ 사유 : 대상을 두루 생각하는 일

02

정답 ②

• 저속 : 품위가 낮고 속됨
• 저급 : 내용, 성질, 품질 따위의 정도가 낮음

[오답분석]
① 저해 : 막아서 못 하도록 해침
③ 가난 : 살림살이가 넉넉하지 못함. 또는 그런 상태
④ 통쾌 : 아주 즐겁고 시원하여 유쾌함

03

정답 ③

• 원리 : 사물의 근본이 되는 이치
• 응용 : 어떤 이론이나 이미 얻은 지식을 구체적인 개개의 사례나 다른 분야의 일에 적용하여 이용함

[오답분석]
① 통용 : 일반적으로 두루 씀
② 이론 : 사물의 이치나 지식 따위를 해명하기 위하여 논리적으로 정연하게 일반화한 명제의 체계
④ 현상 : 인간이 지각할 수 있는, 사물의 모양과 상태

대표기출유형 03 기출응용문제

01

정답 ④

제시문은 빠른 사회 변화 속 다양해지는 수요에 맞춘 주거복지정책의 예로 예술인을 위한 공동주택, 창업 및 취업을 준비하는 청년을 위한 주택, 의료안심주택을 들고 있다. 따라서 글의 제목으로 적절한 것은 '다양성을 수용하는 주거복지정책'이다.

02

정답 ②

제시문에서는 유명 음악가 바흐와 모차르트에 대해 알려진 이야기들과, 이와는 다르게 밝혀진 사실을 대비하여 이야기하고 있다. 또한 사실이 아닌 이야기가 바흐와 모차르트의 삶을 미화하는 경향이 있으므로 제목으로는 '미화된 음악가들의 이야기와 그 진실'이 가장 적절하다.

03

정답 ④

제시문은 인간은 직립보행을 계기로 후각이 생존에 상대적으로 덜 영향을 주게 되면서, 시각을 발달시키는 대신 후각을 현저히 퇴화시켰다는 사실을 설명하고 있다. 다만 후각은 여전히 감정과 긴밀히 연계되어 있고 관련 기억을 불러일으킨다는 사실을 언급하며 마무리하고 있다. 따라서 인간은 후각을 퇴화시켜 부수적인 기능으로 남겨두었다는 것이 글의 중심 내용이다.

04

정답 ④

(라) 문단에서는 부패를 개선하기 위한 정부의 제도적 노력에도 불구하고 반부패 정책 대부분이 효과가 없었음을 이야기하고 있다. 따라서 부패인식지수의 개선 방안이 아닌 '정부의 부패인식지수 개선에 대한 노력의 실패'가 (라) 문단의 핵심 내용으로 적절하다.

01

정답 ④

주로 보통 활동을 하는 성인 남성의 하루 기초대사량이 1,728kcal라면 하루에 필요로 하는 총 칼로리는 1,728×(1+0.4)= 2,419.2kcal가 된다. 이때, 지방은 전체 필요 칼로리 중 20% 이하로 섭취해야 하므로 하루 2,419.2×0.2=483.84g 이하로 섭취하는 것이 좋다.

[오답분석]

① 신장 178cm인 성인 남성의 표준 체중은 $1.78^2 \times 22 \doteqdot 69.7$kg이 된다.
② 표준 체중이 73kg인 성인의 기초대사량은 1×73×24=1,752kcal이며, 정적 활동을 하는 경우 활동대사량은 1,752×0.2= 350.4kcal이므로 하루에 필요로 하는 총 칼로리는 1,752+350.4=2,102.4kcal이다.
③ 표준 체중이 55kg인 성인 여성의 경우 하루 평균 55×1.13=62.15g의 단백질을 섭취해야 한다.

02

정답 ①

㉠ : 페로몬이 많은 쪽의 경로를 선택하여 이동하는 개미의 특징에 의해 개미 떼가 가장 짧은 경로를 이용해 먹이를 운반하는 것에서 개발된 알고리즘이다. 이는 '각 개체가 다수의 개체들이 선택하는 경로를 이용하여 자신의 이동 방향을 결정하는 특성' 인 정렬성에 해당한다.
㉡ : 각자의 진동수에 따라 빛을 발하던 반딧불이가 상대방의 반짝임에 맞춰 결국에는 하나의 반딧불이처럼 반짝이는 현상에서 착안한 알고리즘으로, 이는 '각 개체가 주변 개체들과 동일한 행동을 하는 특성'인 결합성에 해당한다.

03

정답 ④

현존하는 가장 오래된 실록은 전주 사고에 보관되어 있던 것으로, 강화도 마니산에 봉안되었다가 1936년 병자호란에 의해 훼손된 것을 현종 때 보수하여 숙종 때 강화도 정족산에 다시 봉안했다가 현재 서울대학교에서 보관하고 있다.

[오답분석]

① 원본을 포함해 모두 5벌의 실록을 갖게 되었으므로 재인쇄하였던 실록은 모두 4벌이다.
② 강원도 태백산에 보관하였던 실록은 서울대에 있다.
③ 현재 한반도에 남아 있는 실록은 강원도 태백산, 강화도 정족산, 장서각의 것으로 모두 3벌이다.

01

정답 ①

제시문에서는 인간의 생각과 말은 깊은 관계를 가지고 있으며, 생각이 말보다 범위가 넓고 큰 것은 맞지만 그것을 말로 표현하지 않으면 그 생각이 다른 사람에게 전달되지 않는다고 주장한다. 즉, 생각은 말을 통해서만 다른 사람에게 전달될 수 있다는 것이다. 따라서 이러한 주장에 대한 반박으로 ①이 가장 적절하다.

02

정답 ④

벤담(㉡)은 걸인의 자유를 고려하지 않은 채 대다수의 사람을 위해 그들을 모두 강제 수용소에서 생활하도록 해야 한다고 주장하고 있다. 따라서 개인의 자유를 중시한 롤스(㉠)는 벤담의 주장에 대해 '개인의 자유를 침해하는 것은 정의롭지 않다.'고 비판할 수 있다.

① 벤담은 최대 다수의 최대 행복을 정의로운 것으로 보았으므로 벤담의 입장과 동일하다.
②·③ 벤담은 개인의 이익보다 최대 다수의 이익을 정의로운 것으로 보았으므로 벤담의 입장과 동일하다.

03

정답 ①

제시문은 창조 도시가 가져올 경제적인 효과를 언급하며 창조 도시의 동력을 무엇으로 볼 것이냐에 따라 창조 산업과 창조 계층으로 나누어 각각의 입장을 설명하고 있다. 따라서 창조 도시가 무조건적으로 경제적인 효과를 가져오지 않을 것이라는 논지의 반론을 제시할 수 있다.

오답분석
② 창조 도시에 대한 설명이다.
③·④ 창조 산업을 동력으로 삼는 입장이다.

대표기출유형 06 | 기출응용문제

01

정답 ③

제시문은 우리나라 여성의 고용 비율이 남성보다 낮기 때문에 여성의 고용에 대한 배려가 필요하다는 글이다. 따라서 (다) 우리나라는 남성에 비해 여성의 고용 비율이 현저히 낮음 – (가) 남녀 고용 평등의 확대를 위한 채용 목표제의 강화 필요 – (마) 남성에 대한 역차별이라는 주장과 현실적인 한계 – (나) 대졸 이상 여성의 고용 비율이 OECD 국가 중 최하위인 대한민국의 현실 – (라) 강화된 법규가 준수될 수 있도록 정부의 계도와 감독 기능의 강화 순으로 나열하는 것이 적절하다.

02

정답 ③

먼저 지식에 대한 논리 실증주의자와 포퍼의 의견을 제시하는 (가) 문단이 오는 것이 적절하며, 그들의 가설을 판단하는 과학적 방법에 대한 (다) 문단이 그 뒤에 오는 것이 적절하다. 이어서 논리 실증주의자와 포퍼와 달리 가설만 가지고서 예측을 도출할 수 없다는 콰인의 의견인 (나) 문단이 오는 것이 적절하다. 마지막으로는 이를 통한 콰인의 총체주의적 입장의 (라) 문단이 오는 것이 적절하다.

03

정답 ③

제시문은 1920년대 영화의 소리에 대한 부정적인 견해가 있었음을 이야기하며, 이후 현대에는 소리와 영상을 분리해서 생각할 수 없으며 영화에서의 소리가 어떤 역할을 하는지, 현대 영화에서의 소리의 의의에 대해 서술하고 있다. 따라서 (라) 1920년대 영화의 소리에 대한 부정적인 견해 – (가) 현대 영화에서 분리해서 생각할 수 없는 소리와 영상 – (다) 영화 속 소리의 역할 – (나) 현대 영화에서의 소리의 의의 순으로 나열하는 것이 적절하다.

04

정답 ①

제시된 문단에서 미적 판단에 대한 논쟁이 있었음을 밝히고 있으므로 실재론자 또는 반실재론자의 주장이 이어지는 것이 적절하다. 따라서 (다) 미적 판단의 객관성을 지지하는 실재론자들 – (가) 주장에 대한 실재론자들의 근거 – (나) 실재론자의 주장에 반박하는 반실재론자들 – (라) 주장에 대한 반실재론자들의 근거 순으로 나열하는 것이 적절하다.

02 | 자료해석

대표기출유형 01 기출응용문제

01

정답 ④

각 달의 남자 손님 수를 구하면 다음과 같다.
- 1월 : 56−23=33명
- 3월 : 57−34=23명
- 5월 : 53−32=21명

- 2월 : 59−29=30명
- 4월 : 56−22=34명

따라서 4월에 남자 손님 수가 가장 많았다.

02

정답 ③

매년 A~C동의 버스정류장 개수의 총합은 158개로 일정하다.
따라서 빈칸에 들어갈 수는 158−(63+49)=46이다.

03

정답 ①

하루 평균 총 200잔이 팔렸다면, 카페라테는 전체에서 25%, 에스프레소는 6%이므로 각각 50잔, 12잔이 판매되었다.
따라서 카페라테는 에스프레소보다 50−12=38잔이 더 팔렸다.

04

정답 ③

오늘 판매된 커피 180잔 중 아메리카노는 50%로 90잔이 판매되었고, 매출은 90×2,000=180,000원이다.

01

정답 ②

금형 업종의 경우, 사무소 형태로 진출한 현지 자회사 법인의 비율이 가장 높으므로 옳지 않다.

오답분석

① 단독법인 형태의 소성가공 업체의 수는 $30 \times 0.381 = 11.43$개로 10개 이상이다.

③ 표면처리 업체의 해외 현지 자회사 법인 중 유한회사의 형태인 업체는 $133 \times 0.024 = 3.192$곳으로, 2곳 이상이다.

④ 전체 업체 중 용접 업체의 해외 현지 자회사 법인의 비율은 $\dfrac{128}{387} \times 100 = 33\%$로 30% 이상이다.

02

정답 ④

ㄷ. 2020년 대비 2024년 청소년 비만율의 증가율은 $\dfrac{26.1 - 18}{18} \times 100 = 45\%$이다.

ㄹ. 2024년과 2022년의 비만율 차이를 구하면 다음과 같다.
- 유아 : $10.2 - 5.8 = 4.4\%$p
- 어린이 : $19.7 - 14.5 = 5.2\%$p
- 청소년 : $26.1 - 21.5 = 4.6\%$p

따라서 2024년과 2022년의 비만율 차이가 가장 큰 아동은 어린이임을 알 수 있다.

오답분석

ㄱ. 유아의 비만율은 전년 대비 감소하고 있고, 어린이와 청소년의 비만율은 전년 대비 증가하고 있다.

ㄴ. 2021년부터 어린이 비만율은 유아보다 크고 청소년보다 작지만, 2020년 어린이 비만율은 9.8%로, 유아 비만율인 11%와 청소년 비만율인 18%보다 작다.

03

정답 ④

- 이주임 : 전체 연구기술직 인력 중 기업체 연구기술직 인력이 차지하는 비율은 $\dfrac{3,242}{4,117} \times 100 = 78.7\%$이므로 옳은 설명이다.

- 김대리 : 기타로 분류된 인원은 419명으로, 사무직 인원 1,658명의 25%인 414.5명보다 많으므로 옳은 설명이다.

오답분석

- 김사원 : 기업체의 연구기술직 인원은 3,242명으로 기업체 사무직 인원의 2배인 $1,622 \times 2 = 3,244$명 미만이므로 옳지 않은 설명이다.

- 박주임 : 연구기관의 사무직 인력은 36명으로, 전체 사무직 인력 1,658명 중 차지하는 비율은 $\dfrac{36}{1,658} \times 100 = 2.2\%$이므로 옳지 않은 설명이다.

04

모든 채널의 전체 만족도가 4점 이상인 평가 항목은 없다.

오답분석

①·② 가중치를 적용한 전체 만족도를 구하면 다음과 같다.

구분	채널별 전체 만족도(점)
W TV	$(3.4 \times 0.3) + (4.2 \times 0.2) + (3.5 \times 0.1) + (3.1 \times 0.4) = 3.45$
Y뉴스 TV	$(3.5 \times 0.3) + (3.4 \times 0.2) + (4.5 \times 0.1) + (3.4 \times 0.4) = 3.54$
O TV	$(3.5 \times 0.3) + (3.0 \times 0.2) + (4.3 \times 0.1) + (4.0 \times 0.4) = 3.68$
J방송	$(3.8 \times 0.3) + (3.0 \times 0.2) + (3.1 \times 0.1) + (3.2 \times 0.4) = 3.33$
E방송	$(3.8 \times 0.3) + (4.1 \times 0.2) + (3.8 \times 0.1) + (4.0 \times 0.4) = 3.94$

따라서 E방송의 전체 만족도는 3.94점으로 가장 높으며, J방송의 전체 만족도는 Y뉴스 TV보다 $3.54 - 3.33 = 0.21$점 낮다.

③ 가중치는 전체 집단에서 개별 구성요소가 차지하는 중요도를 수치화한 값을 말한다.

따라서 가중치의 크기로 비교하면 만족도 평가 항목의 중요도는 '편의성 – 유익성 – 내용 – 진행' 순서로 중요하다.

대표기출유형 03 | 기출응용문제

01

판매 비중이 큰 순서대로 판매사 4곳을 나열하면 D사 – W사 – S사 – K사 순이다.

이 중 상위 3개사(D사, W사, S사)의 판매액 합계는 전체 판매액 4조 3천억 원의 40%인 $43,000 \times 0.4 = 17,200$억 원이다.

따라서 D사, W사, S사의 판매액 합계가 $9,100 + 6,800 + 1,300 = 17,200$억 원인 그래프 ③이 옳다.

오답분석

① D사, W사, S사의 판매액 합계가 전체의 40% 미만을 차지한다.

②·④ D사, W사, S사의 판매액 합계가 전체의 40%를 초과한다.

02

중국의 의료 빅데이터 예상 시장 규모의 전년 대비 성장률을 구하면 다음과 같다.

구분	2015년	2016년	2017년	2018년	2019년	2020년	2021년	2022년	2023년	2024년
성장률(%)	–	56.3	90.0	60.7	93.2	64.9	45.0	35.0	30.0	30.0

따라서 바르게 나타낸 그래프는 ②이다.

03

파랑과 빨강의 전체 당첨 횟수($500 \times 6 = 3,000$회) 대비 색상별 당첨 횟수 비율이 바뀌었다. 파랑은 10번대 비율과 같고, 빨강은 20번대 비율과 같다.

- 파랑의 당첨 횟수 비율 : $\frac{606}{3,000} \times 100 = 20.2$

- 빨강의 당첨 횟수 비율 : $\frac{728}{3,000} \times 100 = 24.3$

03 | 문제해결

대표기출유형 01 │ 기출응용문제

01
정답 ②

P사에서 A지점으로 가려면 1호선으로 역 2개를 지난 후 2호선으로 환승하여 역 5개를 더 가야 한다.
따라서 편도로 이동하는 데 걸리는 시간은 $(2 \times 2) + 3 + (2 \times 5) = 17$분이므로 왕복하는 데 걸리는 시간은 $17 \times 2 = 34$분이다.

02
정답 ④

- A지점 : $(900 \times 2) + (950 \times 5) = 6,550$m
- B지점 : $900 \times 8 = 7,200$m
- C지점 : $(900 \times 2) + (1,300 \times 4) = 7,000$m 또는 $(900 \times 5) + 1,000 + 1,300 = 6,800$m
- D지점 : $(900 \times 5) + (1,000 \times 2) = 6,500$m 또는 $(900 \times 2) + (1,300 \times 3) + 1,000 = 6,700$m
따라서 P사로부터 D지점이 이동거리가 가장 짧다.

03
정답 ②

- A지점 : 이동거리가 6,550m이고 기본요금 및 거리비례 추가비용은 2호선 기준이 적용되므로 $1,500 + 100 = 1,600$원이다.
- B지점 : 이동거리가 7,200m이고 기본요금 및 거리비례 추가비용은 1호선 기준이 적용되므로 $1,200 + 50 \times 4 = 1,400$원이다.
- C지점 : 이동거리가 7,000m이고 기본요금 및 거리비례 추가비용은 4호선 기준이 적용되므로 $2,000 + 150 = 2,150$원이다.
  또는 이동거리가 6,800m일 때, 기본요금 및 거리비례 추가비용은 4호선 기준이 적용되므로 $2,000 + 150 = 2,150$원이다.
- D지점 : 이동거리 : 6,500m이고 기본요금 및 거리비례 추가비용은 3호선 기준이 적용되므로 $1,800 + 100 \times 3 = 2,100$원이다.
  또는 이동거리가 6,700m일 때, 기본요금 및 거리비례 추가비용은 4호선 기준이 적용되므로 $2,000 + 150 = 2,150$원이다.
따라서 P사에서 이동하는 데 드는 비용은 B지점이 가장 적다.

[4~5]

W□/L○는 가로축이 □까지, 세로축이 ○까지 있음을 나타낸다. 괄호 앞의 각 문자는 도형의 모양을 의미한다. 즉, C는 원, D는 마름모, R은 사다리꼴, T는 정삼각형이다. 괄호 안의 숫자는 도형의 위치를 나타낸다. 즉, (1, 2)는 가로축에서 1과 세로축에서 2가 만나는 위치이다. 또한 쌍점(:) 뒤에 위치한 문자와 숫자는 도형의 명암과 크기를 알려준다. 즉, F는 도형의 안쪽이 검은색, E는 도형의 안쪽이 흰색이다. 그리고 1은 도형이 가장 작은 형태, 2는 중간 형태, 3은 가장 큰 형태이다.

04
정답 ①

- 가로축이 5까지, 세로축이 5까지 있다. → W5 / L5
- 원(C)은 가로축 3과 세로축 2가 만나는 위치이고, 도형의 안쪽이 흰색이다. 또한 크기가 가장 큰 형태이다. → C(3, 2) : E3
- 마름모(D)는 가로축 1과 세로축 3이 만나는 위치이고, 도형의 안쪽이 검은색이다. 또한 크기가 가장 작은 형태이다.
  → D(1, 3) : F1
- 사다리꼴(R)은 가로축 2와 세로축 1이 만나는 위치이고, 도형의 안쪽이 흰색이다. 또한 크기가 중간 형태이다. → R(2, 1) : E2

- 정삼각형(T)은 가로축 4와 세로축 4가 만나는 위치이고, 도형의 안쪽이 검은색이다. 또한 크기가 가장 작은 형태이다.
  → T(4, 4) : F1

05

정답. ③

D(3, 4) : F1는 마름모가 가로축 3과 세로축 4에서 만나는 위치이고, 도형의 안쪽이 검은색이다. 또한 크기가 가장 작은 형태이다. 그러나 산출된 그래프에서는 가로축 4와 세로축 3이 만나는 위치이다. 따라서 D(4, 3) : F1이 되어야 한다.

대표기출유형 02 기출응용문제

01

정답 ②

- A호텔 예약 시
  - 스위트룸 1실, 2박 : 200만 원 / 디럭스룸 2실, 2박 : 100만 원 / 싱글룸 4실, 2박 : 144만 원
  - 조식요금 4인, 2식 : 28만 원(스위트, 디럭스에 투숙한 4명의 조식 요금 무료)
    총 472만 원
- B호텔 예약 시
  - 스위트룸 1실, 2박 : 171만 원 / 디럭스룸 2실, 2박 : 108만 원 / 싱글룸 4실, 2박 : 108만 원(객실 5개 이상 예약으로 숙박료 10% 할인)
  - 조식 요금 7인, 2식 : 63만 원
    총 450만 원
- C호텔 예약 시
  - 스위트룸 1실, 2박 : 180만 원(스위트룸 2박 이상 연박으로 10% 할인) / 디럭스룸 2실, 2박 : 120만 원 / 싱글룸 4실, 2박 : 96만 원
  - 조식 요금 7인, 2식 : 56만 원
    총 452만 원

02

정답 ③

C부서는 화이트보드가 있는 나, 다 회의실 중 총 7명을 수용할 수 있는 다 회의실을 예약해야 한다.

[오답분석]

① A부서는 빔 프로젝터가 있는 가, 마 회의실 중 하나를 사용할 것이다. 그러나 마 회의실은 오후에 사용이 불가능하므로, A부서는 가 회의실을 예약해야 한다.
② B부서는 화상회의 시스템을 갖춘 나, 라 회의실 중 7명 이상을 수용하고 오후 4시부터 6시까지 이용이 가능한 라 회의실을 예약해야 한다.
④ D부서는 빔 프로젝터를 사용할 수 있고 오전 중 3시간 반 동안 사용이 가능한 회의실인 마 회의실을 예약해야 한다.

03

제시문에서 대안은 선택 가능한 여러 아파트를 의미한다. 속성결합 규칙에 따라 일정한 기준을 충족하지 못하는 대안들을 제거해 나가면 F아파트만 남는다.

[오답분석]

① 주변 소음도에서 소음도가 낮은 A, C, I를 선택하고, 이 가운데 직장까지의 소요시간이 가장 짧은 A아파트를 선택한다.

② 주변 소음도가 상대적으로 미흡한(=높음 또는 보통) B, D, E, F, G, H를 제거하면 A, C, I가 남는다. 남은 것 중에서 방의 개수에서 상대적으로 미흡한(=1개 또는 2개) A, I를 제거하면 C만 남는다. 그런데 여기서 지배 규칙은 각 속성의 값이 가장 큰 경우는 제거하지 않으므로 주변 소음도가 낮은 A, I와 방의 개수가 3개인 D, F를 다시 포함시킨다. 결국 제거되는 대안은 B, E, G, H아파트이다.

③ 월세만을 기준으로 하므로 32만 원으로 가장 저렴한 B아파트를 선택한다.

04

P은행 카드 모바일 간편 결제는 10일 16시부터 11일 02시까지 일시적으로 제한되므로, 10일에 P은행 카드로 모바일 간편 결제를 이용하려면 16시 이전에 결제를 마쳐야 한다.

[오답분석]

① 카드업무 중 체크카드의 이용은 10일부터 12일까지 제한되지만, 신용카드의 경우 물품 결제, 대금 결제 등의 승인은 언제나 가능하다.

② 신용카드의 이용은 제한되지 않으나 P은행 카드 포인트 사용과 같은 승인 외 부수 업무는 9일부터 12일까지 제한되므로 포인트를 사용할 수 없다.

④ 은행업무가 일시 중단될 경우 타 금융기관을 이용한 P은행 계좌의 입금·출금·계좌이체 및 조회도 불가하므로 입금확인을 할 수 없다.

대표기출유형 03 | 기출응용문제

01

최나래, 황보연, 이상윤, 한지혜는 업무성과 평가에서 상위 40%(인원이 10명이므로 4명)에 해당하지 않으므로 대상자가 아니다. 업무성과 평가 결과에서 40% 이내에 드는 사람은 4명까지이지만 B를 받은 사람 4명을 동순위자로 보아 6명이 대상자 후보가 된다. 6명 중 박희영은 통근 거리가 50km 미만이므로 대상자에서 제외된다. 나머지 5명 중에서 자녀가 없는 김성배, 이지규는 우선순위에서 밀려나고, 나머지 3명 중에서는 통근 거리가 가장 먼 순서대로 이준서, 김태란이 동절기 업무시간 단축 대상자로 선정된다.

02

10월 20~21일은 주중이며, 출장 혹은 연수 일정이 없고, 부서 이동 전에 해당되므로 김 대리가 경기본부의 전기 점검을 수행할 수 있는 일정이다.

[오답분석]

① 10월 6~7일은 김 대리의 연수 참석 기간이므로 전기 점검을 진행할 수 없다.

② 10월 11~12일은 주말인 11일을 포함하고 있다.

③ 10월 14~15일 중 15일은 목요일로, 김 대리가 경인건설본부로 출장을 가는 날짜이다.

03

정답 ①

구분	A비행기	B비행기	C비행기	D비행기
한국과의 시차	3−9=−6	0	−8−9=−17	−8−9=−17
비행시간	9시간	2시간 10분	13시간	11시간 15분
출발 시각 기준 현지 도착 시각	+3시간	+2시간 10분	−4시간	−5시간 45분

C비행기와 A비행기는 출발 시각 기준으로 현지 도착 시간이 7시간 차이가 난다. 그러나 두 번째 조건에서 두 비행기가 도착 시 현지 시각이 같다고 했으므로, A비행기는 C비행기보다 7시간 빨리 출발한다. 또한 세 번째 조건에 의해서 B비행기는 A비행기보다 6시간 늦게 출발한다. 네 번째 조건에 의해서 D비행기는 C비행기보다 15분 빨리 출발한다. 즉, A비행기보다 6시간 45분 늦게 출발한다. 따라서 비행기는 A−B−D−C 순서로 출발한다.

04

정답 ②

A씨는 용도에 맞는 축구공이 배송되기를 원한다. 제시된 자료에 따라 초등학교의 경우에는 4호가 적절하며, 중·고등학교는 5호가 적절하다. 따라서 ○○축구사랑재단에서 구매할 축구공의 총액은 $(30,000×300×2)+(35,000×300×4)=6$천만 원이다. 5천만 원 이상 대량 구매 시 10% 할인, 3천만 원 이상 구매 시 무료배송을 제공한다고 하였으므로 총 매출액은 6천만×$(1-0.1)=5,400$만 원이다.

대표기출유형 04 | 기출응용문제

01

정답 ④

모양
위치 (E, 5) (E, 5) (D, 3) (B, 4) (B, 4)

모양
위치 (D, 5) (E, 7) (E, 7) (F, 5) (E, 3) (E, 3)

02

정답 ③

모양
위치 (G, 6) (F, 8) (D, 7) (F, 6) (F, 6)

모양
위치 (E, 4) (E, 4) (C, 5) (E, 6) (F, 4)

01

정답 ①

8시 30분 → ⬚ → 4시 30분 → ⬚ → 4시 10분 → ⬚ → 2시 20분

02

정답 ④

7시 15분 → ◧ → 3시 35분 → ◓ → 1시 15분 → ◒ → 2시 30분

[오답분석]

① 7시 15분 → ◓ → 5시 55분 → ◧ → 7시 5분 → ◒ → 8시 20분

② 7시 15분 → ◧ → 3시 35분 → ◧ → 9시 25분 → ◒ → 10시 40분

③ 7시 15분 → ◒ → 8시 30분 → ◒ → 9시 45분 → ◧ → 3시 15분

04 | 추리

대표기출유형 01 ─ 기출응용문제

01

오작교, 은하수, 칠석을 '견우직녀'로 연관 지을 수 있다.

02

방향, 자석, 항해를 '나침반'으로 연관 지을 수 있다.

03

소나기, 반사, 햇빛을 '무지개'로 연관 지을 수 있다.

대표기출유형 02 ─ 기출응용문제

01

앞의 항에 $\times 4+1$, $\times 4+2$, $\times 4+3$, $\cdots$을 하는 수열이다.
따라서 ( )$=4,549\times 4+6=18,202$이다.

02

제시된 수열의 규칙은 다음과 같다.

$B^2-(A-1)^2=C$
$5^2-(2-1)^2=24$
$4^2-(8-1)^2=-33$
따라서 ( )$=9^2-(10-1)^2=81-81=0$이다.

03

정답 ③

제시된 수열의 규칙은 다음과 같다.

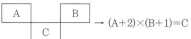

$\rightarrow (A+2) \times (B+1) = C$

$(10+2) \times (7+1) = 96$

$(4+2) \times (3+1) = 24$

따라서 (　)$= (12+2) \times (5+1) = 14 \times 6 = 84$이다.

대표기출유형 03 | 기출응용문제

01

정답 ④

돼지꿈을 꾼 다음 날 복권을 사는 사람들은 모두가 미신을 따르는 사람들이고, 미신을 따르는 사람 중 과학자는 없다. 따라서 빈칸에 들어갈 명제로 '돼지꿈을 꾼 다음 날 복권을 사는 사람이라면 과학자가 아니다.'가 적절하다.

02

정답 ①

먼저 8호 태풍 바비의 이동 경로에 대한 A국과 D국의 예측이 서로 어긋나므로 둘 중 한 국가의 예측만 옳다는 것을 알 수 있다.
• A국의 예측이 옳은 경우
  A국의 예측에 따라 8호 태풍 바비는 일본에 상륙하고, 9호 태풍 마이삭은 한국에 상륙한다. D국의 예측은 옳지 않으므로 10호 태풍 하이선이 중국에 상륙하지 않을 것이라는 C국의 예측 역시 옳지 않음을 알 수 있다. 따라서 B국의 예측에 따라 10호 태풍 하이선은 중국에 상륙하며, 태풍의 이동 경로를 바르게 예측한 나라는 A국과 B국이다.
• D국의 예측이 옳은 경우
  D국의 예측에 따라 10호 태풍 하이선은 중국에 상륙하지 않으며, 8호 태풍 바비가 일본에 상륙한다는 A국의 예측이 옳지 않게 되므로 9호 태풍 마이삭은 한국에 상륙하지 않는다. 따라서 B국이 예측한 결과의 대우인 '태풍 하이선이 중국에 상륙하지 않으면, 9호 태풍 마이삭은 한국에 상륙하지 않는다.'가 성립하므로 B국의 예측 역시 옳은 것을 알 수 있다. 그런데 이때 10호 태풍 하이선은 중국에 상륙하지 않는다는 C국의 예측 역시 성립하므로 두 국가의 예측만이 실제 태풍의 이동 경로와 일치했다는 조건에 어긋난다.
따라서 실제 태풍의 이동 경로를 바르게 예측한 나라는 A국과 B국이다.

03

정답 ③

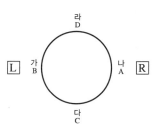

첫 번째·마지막 조건에 의하여 다 직원의 위치는 시계 6시 방향이고, 9시 방향과 12시 방향은 각각 B인턴과 D인턴을 맡은 직원이 앉게 된다.
두 번째 조건에 의하여 A인턴을 맡은 직원은 3시 방향에 앉고, 세 번째 조건에 의하여 라 직원은 12시 방향에 앉아 있으므로 D인턴을 맡은 직원은 라 직원이다.
네 번째 조건에 의하여 나 직원은 3시 방향에, 가 직원은 9시 방향에 앉아 있게 되므로 A인턴을 맡은 직원은 나 직원, B인턴을 맡은 직원은 가 직원이다. 따라서 남은 C인턴은 다 직원이 맡는다.

04

주어진 조건을 정리하면 두 가지 경우로 구분되며, 표로 정리하면 다음과 같다.

• 경우 1

첫 번째 공휴일	두 번째 공휴일	세 번째 공휴일	네 번째 공휴일	다섯 번째 공휴일
A약국	D약국	A약국	B약국	B약국
D약국	E약국	C약국	C약국	E약국

• 경우 2

첫 번째 공휴일	두 번째 공휴일	세 번째 공휴일	네 번째 공휴일	다섯 번째 공휴일
D약국	A약국	A약국	B약국	B약국
E약국	D약국	C약국	C약국	E약국

따라서 네 번째 공휴일에 영업하는 약국은 B와 C이다.

[오답분석]

① A약국은 이번 달 공휴일에 연달아 영업할 수도, 하지 않을 수도 있다.
② 다섯 번째 공휴일에는 B약국과 E약국이 함께 영업한다.
③ B약국은 네 번째, 다섯 번째 공휴일에 영업을 한다.

05

'치킨을 판매하는 푸드트럭이 선정된다.'를 A, '핫도그를 판매하는 푸드트럭이 선정된다.'를 B, '커피를 판매하는 푸드트럭이 선정된다.'를 C, '피자를 판매하는 푸드트럭이 선정된다.'를 D, '솜사탕을 판매하는 푸드트럭이 선정된다.'를 E, '떡볶이를 판매하는 푸드트럭이 선정된다.'를 F라고 할 때, 주어진 명제를 정리하면 다음과 같다.

• A → ~B
• ~C → D
• E → A
• D → ~F or F → ~D
• ~E → F

핫도그를 판매하는 푸드트럭이 최종 선정되었으므로 B → ~A → ~E → F → ~D → C가 성립한다. 따라서 최종 선정되는 푸드트럭은 커피, 핫도그, 떡볶이를 판매한다.

대표기출유형 04 기출응용문제

01

규칙은 가로 방향으로 적용된다.
첫 번째 도형을 시계 반대 방향으로 90° 회전한 것이 두 번째 도형이고, 이를 시계 방향으로 45° 회전한 것이 세 번째 도형이다.

02

규칙은 세로 방향으로 적용된다.
첫 번째 y축 기준으로 대칭 이동한 것이 두 번째 도형, 이를 색 반전한 것이 세 번째 도형이다.

03

규칙은 세로 방향으로 적용된다.
첫 번째 도형을 색 반전한 것이 두 번째 도형이고, 이를 시계 방향으로 270° 회전한 것이 세 번째 도형이다.

대표기출유형 05 | 기출응용문제

01
정답 ②

큰 원 안의 작은 원은 시계 방향으로 이동하고, 전체 도형은 색 반전한다.

02
정답 ④

각 도형이 움직이는 규칙을 정리하면 다음과 같다.
• 작은 정사각형 안의 사선 : 작은 사각형의 내부에서 반시계 방향으로 한 칸씩 옮겨간다.
• 십자가 모양의 도형 : 작은 사각형의 내부에서 시계 방향으로 한 칸씩 옮겨가며 반시계 방향으로 90° 회전한다.
• 꺾은 화살표 모양의 도형 : 작은 사각형의 외부에서 반시계 방향으로 한 변씩 움직이며 반시계 방향으로 90° 회전한다. 또한 이동할 때마다 색이 반전된다.
• 나침반 바늘 모양의 도형 : 작은 사각형의 외부에서 시계 방향으로 한 변씩 움직이며 시계 방향으로 90° 회전한다.

03
정답 ④

각 도형이 움직이는 규칙을 정리하면 다음과 같다.
• 큰 원(◐) : 시계 방향으로 90°씩 회전한다.
• 오각형(△) : 큰 원의 내부에서 시계 방향으로 90°씩 옮겨가는데, 그때마다 색이 반전된다.
• 번개(⚡) 모양의 도형 : 큰 원의 내부에서 반시계 방향으로 90°씩 옮겨가는데, 그때마다 색이 반전된다.
• 전자도면 기호(⊣□⊢) 모양의 도형 : 큰 원의 외부에서 반시계 방향으로 90°씩 옮겨가는데, 그때마다 시계 방향으로 90° 회전한다.
• 나비넥타이(▷◁) 모양의 도형 : 큰 원의 외부에서 반시계 방향으로 90°씩 옮겨가는데, 그때마다 반시계 방향으로 90° 회전한다.

04
정답 ①

각 도형이 움직이는 규칙을 정리하면 다음과 같다.
• 직각삼각형(◣) : 원의 내부에서 중심점을 기준으로 시계 방향으로 45°씩 회전한다.
• 낮은음자리표(𝄢) : 원의 내부에서 반시계 방향으로 90°씩 옮겨가는데, 그때마다 색이 반전된다.
• 소나기 기호(☂) : 원의 내부에서 시계 방향으로 90°씩 옮겨가는데, 그때마다 색이 반전된다.
• 남성 기호(♂) 모양의 도형 : 원의 외부에서 시계 방향으로 90°씩 옮겨가는데, 그때마다 반시계 방향으로 90° 회전한다.
• 시그마(∑) 모양의 도형 : 원의 외부에서 시계 방향으로 90°씩 옮겨가는데, 그때마다 시계 방향으로 90° 회전한다.

대표기출유형 06 | 기출응용문제

01
정답 ②

• ㉠ : 각 도형 180° 회전
• ㉡ : 각 도형 오른쪽으로 세 칸 이동

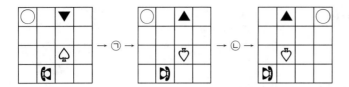

02

정답 ④

- ㉠ : 흰색 도형만 왼쪽으로 한 칸 이동
- ㉡ : 검은색 도형만 시계 방향으로 90° 회전

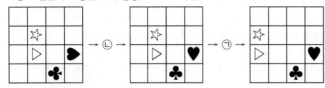

대표기출유형 07 기출응용문제

대표기출유형 07 기출응용문제

01

정답 ④

02

정답 ①

대표기출유형 08 기출응용문제

01

정답 ④

6버튼을 눌렀을 때 적용되는 규칙은 3의 배수를 왼쪽으로 정렬시키는 규칙이다.
따라서 654987123에서 3의 배수를 왼쪽으로 정렬하면 6935487120이다.

02

정답 ④

345967128에서 967128345로 왼쪽에 위치한 숫자 3개가 오른쪽 끝으로 이동하였다.
따라서 왼쪽에 위치한 숫자 3개가 오른쪽 끝으로 이동하는 규칙이 적용되는 0버튼을 눌렀음을 알 수 있다.

03

정답 ①

3버튼을 눌렀을 때는 가장 오른쪽에 위치한 숫자가 왼쪽 끝으로 이동하므로 정렬된 숫자 배열에서 가장 왼쪽에 있는 숫자를 가장
오른쪽으로 이동한 배열이 정렬되기 전의 배열이다.
따라서 ① 167425893의 배열이 동일하므로 정렬되기 전의 배열로 가장 옳다.

대표기출유형 09 기출응용문제

01

정답 ③

백색 퀸은 최소한 3번 움직여야 흑색 킹을 잡을 수 있다.

02

정답 ③

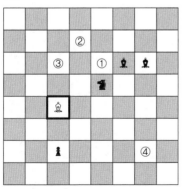

백색 비숍이 4번 움직일 수 있을 때, 최대 3개의 흑색 기물을 잡을 수 있다.

01

정답 ②

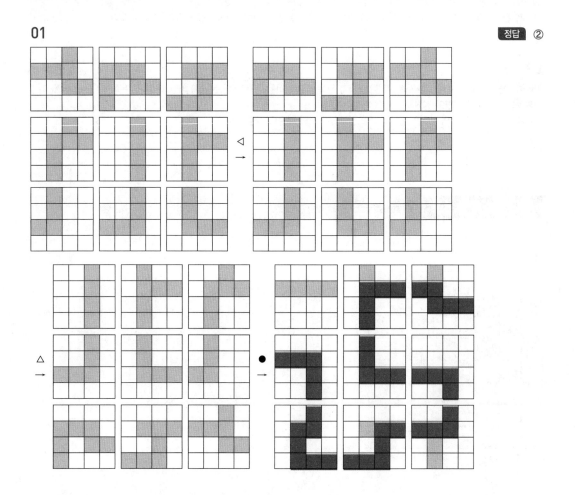

02

조건에 따라 △를 누르면 빈칸의 타일은 1번째 타일로 이동하고, ●에 의해 시계 반대 방향으로 90° 회전한다. 이후 ◁에 의해
3번째 타일로 이동하게 되므로 3번째 타일에 들어갈 모양에서 시계 방향으로 90° 회전한 모양의 타일을 찾으면 된다.

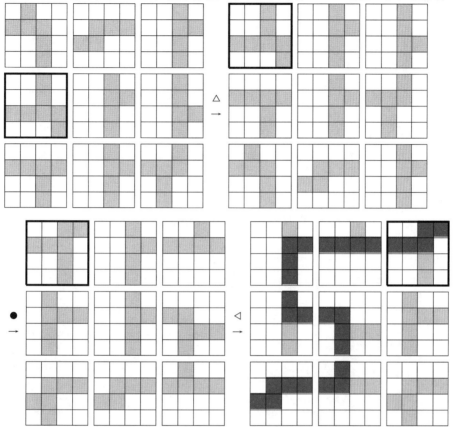

따라서 빈칸에 들어갈 타일은 ①이다.

인생이란 결코 공평하지 않다. 이 사실에 익숙해져라.

- 빌 게이츠 -

PART 2

최종점검 모의고사

01   언어이해

01	02	03	04	05	06	07	08	09	10	11	12	13	14	15					
④	④	③	④	③	④	③	①	①	④	③	②	③	①	④					

01
정답 ④

한글 맞춤법에 따르면 '덮치다'는 '덮다'에 사동 접미사 '-치-'가 결합한 형태로 그 어간을 밝혀 적어야 한다. 따라서 ④의 '덥쳤던'은 '덮쳤던'이 올바른 표기이다.

02
정답 ④

• 본보기 : 본을 받을 만한 대상
• 귀감 : 거울로 삼아 본받을 만한 모범

오답분석
① 조치 : 벌어지는 사태를 잘 살펴서 필요한 대책을 세워 행함 또는 그 대책
② 심문 : 자세히 따져서 물음
③ 방문 : 어떤 사람이나 장소를 찾아가서 만나거나 봄

03
정답 ③

제시문은 사회복지의 역할을 긍정하며 사회복지 찬성론자의 입장을 설명하고 있다. 따라서 사회 발전을 위한 사회복지가 오히려 장애가 될 수 있다는 내용의 ③은 이에 대한 반박으로 가장 적절하다.

오답분석
① 사회복지는 소외문제를 해결하고 예방하기 위하여, 사회 구성원들이 각자의 사회적 기능을 원활하게 수행하게 한다.
② 사회복지는 삶의 질을 향상하는 데 필요한 제반 서비스를 제공하는 행위와 그 과정을 의미한다.
④ 현대 사회가 발전함에 따라 생기는 문제의 기저에는 경제 성장과 사회 분화 과정에서 나타나는 불평등과 불균형이 있다.

04
정답 ④

'스마트시티 전략'은 정보통신기술을 적극적으로 활용하여 도시의 혁신을 이끌고 도시 문제를 해결하는 것으로 볼 수 있다. ④는 물리적 기반시설 확대의 경우로 정보통신기술의 활용과는 거리가 멀다.

05
정답 ③

제시문은 글쓴이가 글을 쓸 때 전략이 있어야 함을 밝히며 구체적인 예를 들어 설명하고, 이에 따라 독자 역시 글을 읽을 때 글쓴이의 의도를 파악해야 함을 그 구체적인 예를 들어 설명하는 글이다. 따라서 (나) 글쓴이가 글을 쓰는 목적에 따라 달라지는 글쓰기

전략 – (나) 글을 쓰는 목적에 따른 글쓰기 전략의 예 – (라) 독자가 글을 읽는 방법 – (가) 독자가 글을 읽는 방법에 내한 구체적인 예시 순으로 나열하는 것이 적절하다.

06

제시문은 변혁적 리더십과 거래적 리더십의 차이를 비교하여 변혁적 리더십의 특징을 효과적으로 설명하고 있다.

07
정답 ③

차로 유지 기능을 작동했을 때 운전자가 직접 운전을 해야 했던 '레벨 2'와 달리 '레벨 3'은 운전자가 직접 운전하지 않아도 긴급 상황에 대응할 수 있는 자동 차로 유지 기능이 탑재되어 있다. 이러한 '레벨 3' 안전기준이 도입된다면, 지정된 영역 내에서 운전자가 직접 운전하지 않고도 주행이 가능해질 것이다. 따라서 빈칸에 들어갈 내용으로 '운전자가 운전대에서 손을 떼고도 차로를 유지하며 자율주행이 가능해진다.'가 가장 적절하다.

[오답분석]
① 레벨 3 부분자율주행차는 운전자 탑승이 확인된 후에만 작동할 수 있다.
②·④ 제시문에서는 레벨 3 부분자율주행차의 자동 차로 유지 기능에 대해 이야기하고 있으며, 자동 속도 조절이나 차량 간 거리 유지 기능에 대해서는 제시문을 통해 알 수 없다.

08
정답 ①

'천문학적 세금이 투입되는 사업이라 누구도 선뜻 나서지 못하는 것이 현 상황이다.'라는 내용에 비추어 볼 때, 우주쓰레기 청소는 고소득 국가에 비해 저소득 국가가 하기 힘든 사업임을 추론할 수 있다.

[오답분석]
② '우주쓰레기가 지상에 떨어지는 경우가 있어 각국에서는 잇따른 피해가 계속 보고되고 있다.'라는 내용으로 보아 우주쓰레기는 우주에서 떠돌 뿐 아니라 지구에도 떨어져 지구 내에서도 피해가 발생함을 알 수 있다.
③ 우주쓰레기 수거 로봇은 스위스에서 개발한 것으로 유럽에서 개발한 것은 맞으나, 2025년에 우주쓰레기 수거 로봇을 발사할 계획이라고 했으므로 성공적인 결과를 얻었다고 할 수 없다.
④ '우주쓰레기들이 서로 충돌하면서 작은 조각으로 부서지기도 한다.'라는 내용으로 보아 개수는 이전보다 더 많아질 것임을 추론할 수 있다.

09
정답 ①

보기는 소송에서의 '입증'이라는 용어를 정의한 것이므로 제시문에서 '입증'이라는 용어가 가장 먼저 나온 곳의 바로 뒤에 나와야 하고, (가) 뒤에서는 법관의 확신에 대해 이야기하고 있다. 따라서 보기의 문장이 들어갈 위치로 (가)가 가장 적절하다.

10
정답 ④

갑은 두 번째 발언에서 '필연적인 행동이 자유롭지 않은 이유는 다른 행동을 할 가능성이 차단되었기 때문'이라고 하였으나, 을은 이에 대하여 행위자의 판단에 의해 행동이 행해지므로 '어떤 행동이 필연적인지의 여부는 그 행동이 자유로운 것인지의 여부를 가리는 데 결정적인 게 아니다.'라고 하였다. 따라서 갑과 을의 견해에 대한 분석으로 ④가 가장 적절하다.

11
정답 ③

색깔을 구별할 수 있게 해주는 것은 간상세포가 아닌 원추세포이다.

12

정답 ②

두 번째 문단에 따르면 희미한 빛을 인식하는 간상세포는 황반 위에 있지 않고 주변부에 있기 때문에 어두운 곳에서 물체를 인식하기 위해서는 직접 겨냥해 보는 것보다 곁눈질로 보는 것이 중요하다고 하였으므로 물체에 초점을 맞춰야 하는 것은 적절하지 않다.

오답분석

① 첫 번째 문단에서 간상세포 외절에 들어 있는 로돕신이 빛에 의해 분해되면서 나오는 분해에너지가 시세포를 흥분시켜 뇌에 자극을 전달해 시각이 성립된다고 하였으므로 적절하다.
③ 세 번째 문단에서 원추세포에 있는 적추체·녹추체·청추체가 적색·녹색·청색의 가시광선을 인식해 여러 색깔을 구별하는 것이 컬러TV가 적색·녹색·청색을 적당한 비율로 섞어서 온갖 색깔을 만들어내는 것과 같은 원리라고 하였으므로 적절하다.
④ 마지막 문단에서 세 가지 원추세포에 모두 이상이 생긴 경우 오직 빛의 밝기만 느낄 수 있는 간상세포에 의해 보기 때문에 명암의 구분만 존재하는 회색 톤으로 보게 된다고 하였으므로 적절하다.

13

정답 ③

점묘법은 색을 섞지 않고 순색을 점을 찍어 표현함으로써 멀리서 그림을 보는 대상의 망막에서 색이 섞여 혼합된 색으로 인식하도록 하는 방법이다.

14

정답 ①

• 비약적(飛躍的) : 지위나 수준 따위가 갑자기 빠른 속도로 높아지거나 향상되는 것
• 급진적(急進的) : 변화나 발전의 속도가 급하게 이루어지는 것

오답분석

② 체계적(體系的) : 일정한 원리에 따라서 낱낱의 부분이 짜임새 있게 조직되어 통일된 전체를 이루는 것
③ 규칙적(規則的) : 일정한 질서가 있거나 규칙을 따르는 것
④ 지속적(持續的) : 어떤 상태가 오래 계속되는 것

15

정답 ④

제시문의 마지막 문장에서 '무엇인가를 상상하고 그것을 만들어가는 기술을 개발하는' 것은 과거의 시대들이고, 21세기는 '상상하는 것을 곧 이루어낼 수 있는 시대'라고 이야기하고 있다.

---

02   자료해석

01	02	03	04	05	06	07	08	09	10	11	12	13	14	15					
①	①	③	④	③	③	①	③	③	③	③	①	④	①	④					

01

정답 ①

• 2017년 대비 2024년 건강보험 수입의 증가율 : $\frac{58-33.6}{33.6} \times 100 ≒ 72.6\%$

• 2017년 대비 2024년 건강보험 지출의 증가율 : $\frac{57.3-34.9}{34.9} \times 100 ≒ 64.2\%$

따라서 차이는 $72.6-64.2=8.4\%$p이므로 15%p 이하이다.

② 건강보험 수지율이 전년 대비 감소하는 2018년, 2019년, 2020년, 2021년 모두 정부지원 수입이 전년 대비 증가했다.

③ 2022년 보험료 등이 건강보험 수입에서 차지하는 비율은 $\frac{45.3}{52.4} \times 100 ≒ 86.5\%$로 75% 이상이다.

④ 건강보험 수입과 지출은 매년 전년 대비 증가하고 있으므로 전년 대비 증감 추이는 2018~2023년까지 동일하다.

02 〔정답〕①

ㄱ. 자체 재원조달금액 중 국내투자에 사용되는 금액이 차지하는 비중은 $\frac{2,682}{4,025} \times 100 ≒ 66.6\%$이므로 옳은 설명이다.

ㄴ. 해외재원은 국내투자와 해외투자로 양분되나 국내투자분이 없으므로 옳은 설명이다.

ㄷ. 국내재원 중 정부조달금액이 차지하는 비중은 $\frac{2,288}{6,669} \times 100 ≒ 34.3\%$이므로 40% 미만이다.

ㄹ. 국내재원 중 해외투자금액 대비 국내투자금액의 비율은 $\frac{5,096}{1,573} \times 100 ≒ 323.9\%$이므로 3배 이상이다.

03 〔정답〕③

국문학과 합격자 수를 학교별로 구하면 다음과 같다.
- A고 : 700×0.6×0.2=84명
- B고 : 500×0.5×0.1=25명
- C고 : 300×0.2×0.35=21명
- D고 : 400×0.05×0.3=6명

따라서 합격자 수가 많은 학교 순으로 나열하면 A – B – C – D의 순서가 된다.

- 영이 : B고의 경제학과 합격자 수는 500×0.2×0.3=30명, D고의 경제학과 합격자 수는 400×0.25×0.25=25명으로 B고의 합격자 수가 더 많다.
- 재인 : A고의 법학과 합격자는 700×0.2×0.3=42명으로 40명보다 많고, C고의 국문학과 합격자는 300×0.2×0.35=21명으로 20명보다 많다.

04 〔정답〕④

광고경기 체감도가 80~99점이라고 답한 수도권 업체 수는 5,128×0.305≒1,564개이다.
체감도가 120점 이상이라고 답한 경상권 업체 수는 1,082×0.118≒128개이다.
따라서 광고경기 체감도가 80~99점이라 답한 수도권 업체 수는 체감도가 120점 이상이라 답한 경상권 업체 수의 1,564÷128≒12배이다.

05 〔정답〕③

P의 식단을 끼니별로 나누어 칼로리를 계산하면 다음과 같다. 이때, 주어진 칼로리 정보를 고려하여 g에 비례하여 칼로리를 계산하여야 하는 것에 주의한다.

끼니	식단
아침	유유식빵 280kcal, 사과잼 110kcal, 블루베리 30kcal
점심	현미밥 360kcal, 갈비찜 597kcal, 된장찌개 88kcal, 버섯구이 30kcal, 시금치나물 5kcal
저녁	현미밥 180kcal, 미역국 176kcal, 고등어구이 285kcal, 깍두기 50kcal, 연근조림 48kcal

따라서 P가 하루에 섭취하는 총 열량은 280+110+30+360+597+88+30+5+180+176+285+50+48=2,239kcal이다.

06

총 전입자 수는 서울이 가장 높지만, 총 전입률은 인천이 가장 높으므로 옳지 않다.

오답분석

① 서울의 총 전입자 수는 전국의 총 전입자 수의 $\frac{132,012}{650,197} \times 100 ≒ 20.3\%$이므로 옳다.

② 대구의 총 전입률이 1.14%로 가장 낮다.

④ 부산의 총 전입자 수는 광주의 총 전입자 수의 $\frac{42,243}{17,962} ≒ 2.35$배이므로 옳다.

07

2021년도의 전년 대비 가격 상승률은 $\frac{230-200}{200} \times 100 = 15\%$이고, 2024년도의 전년 대비 가격상승률은 $\frac{270-250}{250} \times 100 = 8\%$

이므로 옳지 않다.

오답분석

② 재료비의 상승폭은 2023년도에 11(99 → 110)만 원으로 가장 크고 제품 가격의 상승폭도 35(215 → 250)만 원으로 가장 크다.

③ 인건비는 55 → 64 → 72 → 85 → 90으로 꾸준히 증가했다.

④ 재료비와 수익 모두 '증가 – 감소 – 증가 – 증가'이므로 증감 추이는 같다.

08

육우의 총계인 66,966마리의 절반 이상이 3등급을 받았으므로, D등급을 포함한 3등급 이하 판정은 당연히 50%를 넘는다.

오답분석

① 육우가 1++등급을 받는 비율은 $\frac{144}{66,966} \times 100 ≒ 0.22\%$이고, 한우가 D등급을 받는 비율은 $\frac{3,634}{144,208} \times 100 ≒ 2.52\%$이므로 한우가 D등급을 받는 비율이 더 높다.

② 한우가 1등급을 받는 비율은 $\frac{39,817}{144,208} \times 100 ≒ 27.61\%$이고, 육우가 2등급을 받는 비율은 $\frac{23,399}{66,966} \times 100 ≒ 34.94\%$이므로 육우가 2등급을 받는 비율이 더 높다.

④ 젖소가 1등급 이상을 받는 비율은 대략 $\frac{1+27+189}{25,884} \times 100 ≒ 0.84\%$이고, 육우가 1++등급을 받는 비율은 $\frac{144}{66,966} \times 100 ≒ 0.22\%$이므로 젖소가 1등급 이상을 받는 비율이 더 높다.

09

산업별 지구온난화 유발 확률을 고려한 대기 배출량을 구하면 다음과 같다.

• 농업, 임업 및 어업

$$\left(10,400 \times \frac{30}{100}\right) + \left(810 \times \frac{20}{100}\right) + \left(12,000 \times \frac{40}{100}\right) = 8,082 CO_2 \, eq$$

• 석유, 화학 및 관련제품

$$\left(6,350 \times \frac{30}{100}\right) + \left(600 \times \frac{20}{100}\right) + \left(4,800 \times \frac{40}{100}\right) + \left(0.03 \times \frac{10}{100}\right) = 3,945.003 CO_2 \, eq$$

• 전기, 가스, 증기 및 수도사업

$$\left(25,700 \times \frac{30}{100}\right) + \left(2,300 \times \frac{20}{100}\right) + \left(340 \times \frac{40}{100}\right) = 8,306 CO_2 \, eq$$

- 건설업

$$\left(3,500 \times \frac{30}{100}\right) + \left(13 \times \frac{20}{100}\right) + \left(24 \times \frac{40}{100}\right) = 1,062.2\,CO_2\,eq$$

대기 배출량이 가장 많은 부문의 대기 배출량을 줄여야 지구온난화 예방에 효과적이므로 '전기, 가스, 증기 및 수도사업' 부문의 대기 배출량을 줄여야 한다.

10 정답 ③

영업팀별 연간 매출액을 구하면 다음과 같다.
- 영업 A팀 : $50 \times 0.1 + 100 \times 0.1 + 100 \times 0.3 + 200 \times 0.15 = 75$억 원
- 영업 B팀 : $50 \times 0.2 + 100 \times 0.2 + 100 \times 0.2 + 200 \times 0.4 = 130$억 원
- 영업 C팀 : $50 \times 0.3 + 100 \times 0.2 + 100 \times 0.25 + 200 \times 0.15 = 90$억 원
- 영업 D팀 : $50 \times 0.4 + 100 \times 0.5 + 100 \times 0.25 + 200 \times 0.3 = 155$억 원

따라서 연간 매출액이 큰 순서로 팀을 나열하면 D−B−C−A이고, 이때 매출 1위인 영업 D팀의 연 매출액은 155억 원이다.

11 정답 ③

- 2020년 대비 2021년 사고 척수의 증가율 : $\frac{2,400 - 1,500}{1,500} \times 100 = 60\%$
- 2020년 대비 2021년 사고 건수의 증가율 : $\frac{2,100 - 1,400}{1,400} \times 100 = 50\%$

12 정답 ①

연도별 사고 건수당 인명피해의 인원수를 구하면 다음과 같다.
- 2020년 : $\frac{700}{1,400} = 0.5$명/건
- 2021년 : $\frac{420}{2,100} = 0.2$명/건
- 2022년 : $\frac{460}{2,300} = 0.2$명/건
- 2023년 : $\frac{750}{2,500} = 0.3$명/건

따라서 사고 건수당 인명피해의 인원수가 가장 많은 연도는 2020년이다.

13 정답 ④

최고 기온이 17℃ 이상인 지점은 춘천, 강릉, 충주, 서산이다. 이 중 최저 기온이 7℃ 이상인 지점은 강릉과 서산으로 두 관측지점의 강수량을 합하면 $1,464 + 1,285 = 2,749$mm이다.

14 정답 ①

동해의 최고 기온과 최저 기온의 평균은 $\frac{16.8 + 8.6}{2} = 12.7$℃이다.

오답분석
② 속초는 관측지점 중 평균 기온이 세 번째로 높고, 강수량은 두 번째로 많다.
③ 최고 기온과 최저 기온의 차이가 가장 큰 지점은 $17.7 - 5.9 = 11.8$℃인 충주이다.
④ 강릉은 평균 기온과 최저 기온이 가장 높고, 강수량도 가장 많다. 그러나 최고 기온은 충주가 가장 높다.

15

그래프의 제목은 'TV+스마트폰 이용자의 도시 규모별 구성비'인 것에 반해 그래프에 있는 수치들을 살펴보면, TV에 대한 도시 규모별 구성비와 같은 것을 알 수 있다. 따라서 그래프의 제목과 내용이 서로 일치하지 않음을 알 수 있다.
TV+스마트폰 이용자의 도시 규모별 구성비는 다음과 같이 구할 수 있다.

(단위 : %)

구분	TV	스마트폰
사례 수(명)	7,000	6,000
대도시	45.3	47.5
중소도시	37.5	39.6
군지역	17.2	12.9

- 대도시 : $45.3\% \times \dfrac{7,000}{13,000} + 47.5\% \times \dfrac{6,000}{13,000} \fallingdotseq 46.32\%$

- 중소도시 : $37.5\% \times \dfrac{7,000}{13,000} + 39.6\% \times \dfrac{6,000}{13,000} \fallingdotseq 38.47\%$

- 군지역 : $17.2\% \times \dfrac{7,000}{13,000} + 12.9\% \times \dfrac{6,000}{13,000} \fallingdotseq 15.22\%$

03 문제해결

01	02	03	04	05	06	07	08	09	10	11	12	13	14	15					
②	④	①	④	④	①	④	①	④	④	④	③	③	④	②					

01

주어진 조건을 모두 만족하는 어린이는 김바다이다.

[오답분석]
① 어린이도서관 대출 도서 수가 2권이므로 교내 도서관 대출 수는 2권 이상이어야 참가가 가능하다.
③ 교내 도서관 대출 도서 수가 2권이므로 어린이 도서관 대출 수는 2권 이상이어야 참가가 가능하다.
④ 어린이도서관 대출 도서 수가 1권이므로 교내 도서관 대출 수는 4권 이상이어야 참가가 가능하다.

02

오늘이 9월 4일 수요일 오전 9시라는 점을 유의하며 문제를 푼다.
- D고객 : 9월 6일 금요일 오후에 배송을 하면, 금요일 오후나 토요일 오전 사이에 도착하므로 희망 배송 시기인 토요일 오후에 어긋난다.
- E고객 : △△동은 장거리 배송으로 1일이 추가되기 때문에 9월 6일 금요일 오전에 배송을 해야 토요일 오후에 배송된다.

[오답분석]
① 금일(수요일) 오전에 배송을 하면 금일(수요일) 오후에 배송되므로 A고객의 희망 배송 시기에 맞출 수 있다.
② 배송 물품 집하장은 지하 1층 고객만족센터 우측 보관소이므로 옳다.
③ 9월 5일 목요일 오후에 배송하면 목요일 오후에서 금요일 오전에 배송되므로 금요일 오전 배송을 희망하는 C고객을 위한 것이다.

03

정답 ①

[오답분석]
② 용도가 선박이므로 적절하지 않다.
③ 재질이 티타늄, 용도가 일반이므로 적절하지 않다.
④ 재질이 크롬 도금, 직경이 12mm이므로 적절하지 않다.

04

정답 ④

사원 수를 a명, 사원 1명당 월급을 b만 원이라고 가정하면 월급 총액은 $(a \times b)$가 된다.
두 번째 조건에서 사원 수는 10명이 늘어났고, 월급은 100만 원 작아졌다. 또한 월급 총액은 기존의 80%로 줄었다고 하였으므로, 이에 따라 방정식을 세우면 다음과 같다.
$(a+10) \times (b-100) = (a \times b) \times 0.8 \cdots \bigcirc$
마지막 조건에서 사원이 20명이 줄었으며, 월급은 동일하고 월급 총액은 60%로 줄었다고 하였으므로 사원 20명의 월급 총액은 기존 월급 총액의 40%임을 알 수 있으므로 식은 다음과 같다.
$20b = (a \times b) \times 0.4 \cdots \bigcirc$
ⓛ에서 사원 수 a를 구하면 $20b = (a \times b) \times 0.4 \rightarrow 20 = a \times 0.4$
$\therefore \ a = \dfrac{20}{0.4} = 50$
ⓐ에 사원 수 a를 대입하여 월급 b를 구하면 $(a+10) \times (b-100) = (a \times b) \times 0.8 \rightarrow 60 \times (b-100) = 40b \rightarrow 20b = 6,000$
$\therefore \ b = 300$
따라서 P사의 사원 수는 50명이며, 월급 총액은 $(a \times b) = 50 \times 300 = 1$억 5천만 원이다.

05

정답 ④

전 직원이 이미 확정된 스케줄의 변동 없이 1시간을 사용할 수 있는 시간은 $10:00 \sim 11:00$와 $14:00 \sim 15:00$의 두 시간대이다. 전무이사는 가능한 빨리 완료할 것을 지시하였으므로 자기진단을 실시할 시간으로는 $10:00 \sim 11:00$가 가장 적절하다.

06

정답 ①

이동 수단 결정식에 따라 이동 수단별 시간 지수와 가격 지수를 곱한 값을 계산하면 다음과 같다.
• 기차 : $1 \times 1 = 1.0$
• 고속버스 : $2 \times 0.7 = 1.4$
• 자가용 : $2.5 \times 0.8 = 2.0$
• 비행기 : $0.6 \times 1.8 = 1.08$
따라서 기차가 가장 효율적인 이동 수단이다.

07

정답 ④

인원 추가에 따른 가격 지수가 추가되므로 이동 수단 결정식에 따라 이동 수단별 시간 지수와 가격 지수를 곱한 값을 계산하면 다음과 같다.
• 기차 : $1 \times (1+1) = 2.0$
• 고속버스 : $2 \times (0.7+0.4) = 2.2$
• 자가용 : $2.5 \times (0.8+0.7) = 3.75$
• 비행기 : $0.6 \times (1.8+1.2) = 1.8$
따라서 비행기가 가장 효율적인 이동 수단이다.

08

정답 ①

G~D까지 갈 수 있는 경로별 이동 거리를 구하면 다음과 같다.

- G → B → C → D : 11+6+2=19km
- G → B → F → D : 11+8+6=25km
- G → A → B → C → D : 15+3+6+2=26km
- G → B → F → C → D : 11+8+5+2=26km
- G → B → C → F → D : 11+6+5+6=28km

따라서 출발 지점에서 도착 지점까지의 최소 이동 거리는 'G → B → C → D'로 19km이다.

09

정답 ④

세 번째 조건에 의해 G정거장을 거치지 않고, 두 번째·네 번째 조건에 의해 F정거장까지 정거장을 거치는 순서는 'A → B → C → F'이다. 이후 첫 번째와 두 번째 조건에 의해 J까지 정거장을 거치는 전체 순서는 'A → B → C → F → D → E → J'이다. 따라서 전체 이동 거리는 3+6+5+6+3+10=33km이고, 시속 30km로 정속 주행하므로 A정류장에서 J정류장까지 가는 데 걸리는 시간은 $\frac{33}{30}$=1.1(1시간 6분)이다.

[10~11]

H□ / W○는 가로축이 ○까지, 세로축이 □까지 있음을 나타낸다. 괄호 앞의 각 문자는 도형의 모양을 나타낸다. 즉, A는 원, B는 삼각형, C는 사다리꼴, D는 마름모이다. 괄호 안의 숫자는 도형의 위치를 나타낸다. 즉, (1, 2)는 가로축에서 1과 세로축에서 2가 만나는 위치이다.

10

정답 ④

- 가로축이 5까지, 세로축이 6까지 있다. → H6 / W5
- A는 가로축 1과 세로축 1이 만나는 위치이다. → A(1, 1)
- B는 가로축 1과 세로축 5가 만나는 위치이다. → B(1, 5)
- C는 가로축 4와 세로축 3이 만나는 위치이다. → C(4, 3)
- D는 가로축 3과 세로축 4가 만나는 위치이다. → D(3, 4)

따라서 L : H6 / W5, C : A(1, 1) / B(1, 5) / C(4, 3) / D(3, 4)가 답이다.

11

정답 ④

D(6, 1)는 가로축 6과 세로축 1이 만나는 위치에 있음을 나타낸다. 그러나 산출된 그래프에서는 D가 (1, 6)에 위치해 있다.

12

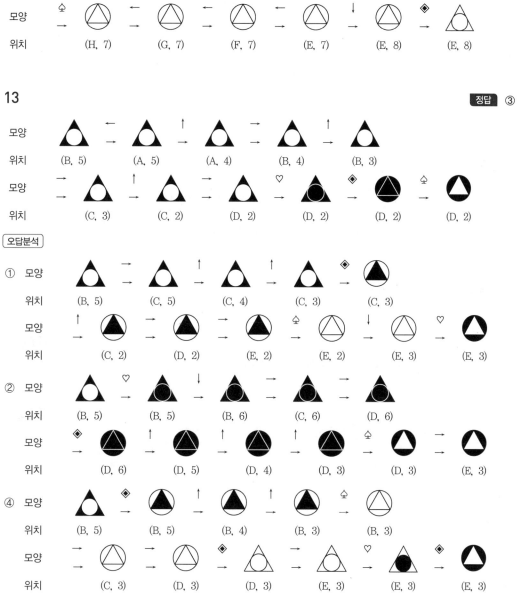

13 정답 ③

오답분석

제1회 최종점검 모의고사 · **33**

14

정답 ④

4시 정각 → ◣ → 4시 20분 → ◢ → 2시 10분 → ◣ → 2시 30분

오답분석

① 4시 정각 → ◢ → 2시 30분 → ◣ → 2시 50분 → ◤ → 10시 10분
② 4시 정각 → ◥ → 3시 정각 → ◢ → 3시 30분 → ◢ → 3시 정각
③ 4시 정각 → ◥ → 3시 정각 → ◣ → 3시 20분 → ◥ → 2시 20분

15

정답 ②

8시 정각 → ◣ → 8시 20분 → ◥ → 7시 20분 → ◤ → 4시 35분

04   추리

01	02	03	04	05	06	07	08	09	10	11	12	13	14	15					
④	④	④	③	③	①	②	③	④	①	④	①	③	③	③					

01

정답 ④

멀미, 바퀴, 엔진을 '자동차'로 연관 지을 수 있다.

02

정답 ④

영업, 인사, 마케팅은 일반적인 회사에 공통으로 있는 '부서'로 연관 지을 수 있다.

03

정답 ④

−32, −16, −8, −4, −2, −1, …인 수열이다.
따라서 ( )=55−4=51이다.

04

정답 ③

제시된 수열의 규칙은 다음과 같다.

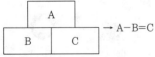

$\rightarrow A-B=C$

따라서 ( )=17−8=9이다.

05

정답 ③

제시된 수열의 규칙은 다음과 같다.

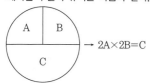

$\rightarrow 2A \times 2B = C$

따라서 ( ) $= 2 \times 5 \times 2 \times 6 = 10 \times 12 = 120$이다.

06

정답 ①

삼단논법이 성립하려면 '호감을 못 얻으면 타인에게 잘 대하지 않은 것이다.'라는 명제가 필요한데 명제의 대우는 항상 참이다. 따라서 빈칸에 들어갈 명제로 적절한 것은 ①이다.

07

정답 ②

주어진 명제를 정리하면 다음과 같다.
• A : 의류를 판매한다.
• B : 핸드백을 판매한다.
• C : 구두를 판매한다.
• D : 모자를 판매한다.
이를 기호화하면 A → ~B, B → ~C, ~A → D, D → ~C이다. D → ~C의 대우는 C → ~D이고, ~A → D의 대우는 ~D → A이므로 C → ~D → A라는 명제가 성립된다. 따라서 ② C → A가 빈칸에 들어갈 명제로 적절하다.

08

정답 ③

주어진 조건을 다음과 같이 정리하면 쉽게 접근할 수 있다.
• 두 번째 조건 : 홍보팀은 5실에 위치한다.
• 첫 번째 조건 : 홍보팀이 5실에 위치하므로, 마주보는 홀수실인 3실 또는 7실에 기획조정 1팀과 미래전략 2팀이 각각 위치한다.
• 네 번째 조건 : 보안팀은 남은 홀수실인 1실에 위치하고, 이에 따라 인사팀은 8실에 위치한다.
• 세 번째 조건 : 7실에 미래전략 2팀, 3실에 기획조정 1팀이 위치한다.
• 마지막 조건 : 2실에 기획조정 3팀, 4실에 기획조정 2팀이 위치하고, 남은 6실에는 자연스럽게 미래전략 1팀이 위치함을 알 수 있다.
이를 종합하여 주어진 조건에 따라 팀과 사무실을 배치하면 다음과 같다.

1실 – 보안팀	2실 – 기획조정 3팀	3실 – 기획조정 1팀	4실 – 기획조정 2팀
복도			
5실 – 홍보팀	6실 – 미래전략 1팀	7실 – 미래전략 2팀	8실 – 인사팀

따라서 기획조정 1팀(3실)은 기획조정 2팀(4실)과 3팀(2실) 사이에 위치한다.

[오답분석]
① 인사팀은 8실에 위치한다.
② 미래전략 2팀과 기획조정 3팀은 복도를 사이에 두고 위치한다.
④ 미래전략 1팀은 6실에 위치한다.

09

규칙은 세로 방향으로 적용된다.
첫 번째 도형을 시계 방향으로 270° 회전한 것이 두 번째 도형이고, 이를 y축 기준으로 대칭 이동한 것이 세 번째 도형이다.

10

정답 ①

규칙은 가로 방향으로 적용된다.
첫 번째 도형을 x축 기준으로 대칭 이동한 것이 두 번째 도형, 이를 시계 방향으로 90° 회전한 것이 세 번째 도형이다.

11

정답 ④

◇도형이 오른쪽의 도형으로 변할 때 도형들은 각각의 규칙을 가지고 이동하는데 ★은 시계 방향으로 한 칸 이동, ○은 시계 반대 방향으로 한 칸 이동, ▶은 상하로 이동을 하며, □은 제자리에 고정이다. 또한 도형의 자리가 겹쳐질 경우, 해당 도형은 색 반전을 하게 된다. 따라서 주어진 마지막 도형을 기준으로 ?에 들어갈 도형에 ★은 시계 방향으로 한 칸, ○은 시계 반대 방향 한 칸, ▶은 위로 한 칸 이동하게 되고, □은 제자리이다.

12

정답 ①

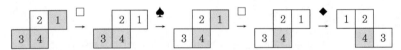

13

정답 ③

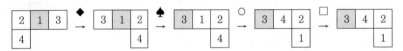

14

정답 ③

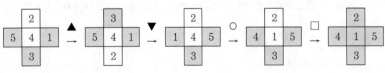

15

정답 ③

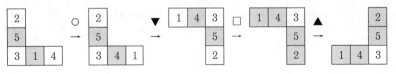

최종점검 모의고사

01 언어이해

01	02	03	04	05	06	07	08	09	10	11	12	13	14	15					
④	①	③	③	②	③	③	②	④	①	②	④	④	④	③					

01
정답 ④

밑줄 친 '맞닥뜨리다'는 '좋지 않은 일 따위에 직면하다.'라는 의미를 가진다. 따라서 '어떤 처지나 상태에 부닥침'이라는 뜻을 가진 '④ 봉착'이 유의어이다.

오답분석
① 충돌(衝突) : 서로 맞부딪침
② 직진(直進) : 곧게 나아감
③ 구면(舊面) : 알고 지낸 지 오래된 처지

02
정답 ①

'시간적인 사이를 두고서 가끔씩'이라는 의미의 어휘는 '간간이'가 적절하다.

오답분석
② 왠지 : 왜 그런지 모르게, 또는 뚜렷한 이유도 없이
③ 박이다 : 손바닥, 발바닥 따위에 굳은살이 생기다.
④ -든지 : 나열된 동작이나 상태, 대상 중에서 어느 것이든 선택될 수 있음을 나타내는 연결 어미

03
정답 ③

제시문은 아이들이 어른에게서 보다 어려운 문제 해득력이나 추상력을 필요로 하지 않는 텔레비전을 통해서 더 많은 것을 배우므로 어린이나 젊은이들에게서 어른에 대한 두려움이나 존경을 찾기 어렵다고 주장한다. 이러한 주장에 대한 반박으로는 아이들은 텔레비전보다 학교의 선생님이나 친구들과 더 많은 시간을 보내고, 텔레비전이 아이들에게 부정적 영향만 끼치는 것은 아니며, 아이들의 그러한 행동에 영향을 미치는 다른 요인이 있다는 것이 적절하다. 따라서 '텔레비전이 인간의 필요성을 충족시킨다.'는 주장에 대한 반박으로 적절하지 않다.

04
정답 ③

제시문은 테레민이라는 악기를 두 손을 이용해 어떻게 연주하는가에 대한 내용이다. 두 번째 문단에서 '오른손으로는 수직 안테나와의 거리에 따라 음고를 조절하고, 왼손으로는 수평 안테나와의 거리에 따라 음량을 조절한다.'고 하였고, 마지막 문단에서는 이에 따라 오른손으로 음고를 조절하는 방법에 대해 설명하고 있다. 따라서 뒤에 이어질 내용은 왼손으로 음량을 조절하는 방법이 나오는 것이 가장 적절하다.

05

보기의 문장은 우리나라 작물의 낮은 자급률을 보여주는 구체적인 수치이다. 따라서 우리나라 작물의 낮은 자급률을 이야기하는 '하지만 실상은 벼, 보리, 배추 등을 제외한 많은 작물의 종자를 수입하고 있어 그 자급률이 매우 낮다고 한다.'의 뒤인 (나)에 위치하는 것이 가장 적절하다.

06

제시된 예화는 인생의 길을 신중하게 선택하라는 의미를 담고 있으므로, 적극적으로 잠재 능력을 발휘하라는 보기의 내용과 일치하지 않는다.

07

빈칸 뒤 '철학은 이처럼 단편적인 사실들이 서로 어떤 관계에 있는가를 주목하는 겁니다.'라는 문장을 통해 '단편적인 사실'이 '나무'를 의미한다는 것과, '나무' 사이의 관계를 주목하는 것이 '철학'이라는 것을 알 수 있다.

08

기사에 의하면 고대 지구가 주황색이었던 이유는 '탄화수소 안개' 때문으로, 이 안개는 자외선을 막아주는 역할을 했을 뿐 아니라 산소가 부족했던 지구에서의 호흡 자원으로 활용되기도 했다. B대리는 탄화수소의 이점을 언급하고 있는 A사원의 말에 동조하고 있으므로, B대리 역시 A사원과 같은 맥락의 이야기를 하고 있음을 유추할 수 있다. 또한 B대리 다음으로 이어지는 C주임의 대화 내용이 메탄 호흡과 관련되므로, 빈칸에는 메탄의 호흡 자원 활용에 대한 내용이 들어가는 것이 적절하다.

09

근시안적인 자세를 가지고 행동하는 것, 즉 '나무는 보되 숲은 보지 못하는' 관점의 관리 문화는 현재 우리나라의 관리 문화를 말하고 있는 것이다. 따라서 ④는 제시문에서 말하고 있는 뉴로리더십에 대한 설명으로 적절하지 않다.

10

치매 환자 공공후견제도가 시행되면 후견인이 치매 환자를 대신해 진단이나 치료 등 의료적인 결정은 물론, 재산이나 경제적 관리에 보다 적극적으로 개입할 수 있는 법적인 보장이 강화되어 독거 치매 어르신이 방임, 학대에 노출되는 상황을 방지할 수 있다.

11

여러 용기로 물을 사용할 경우 용기로 인하여 물이 오염될 수 있다. 이 경우에는 물을 양동이와 같은 곳에 보관하고, 만능 수도꼭지를 사용하여 오염원에 노출되지 않도록 하는 것이 중요하다.

[오답분석]
① 길어온 물이 오염되어 있으므로 세라믹 진흙 정수기가 적합하다. 라이프 스트로는 휴대용 정수기로 다량의 물을 정수하는 데 적합하지 않다.
③ 물을 확보하는 데 어려움을 겪고 있으므로 쉽게 물을 손쉽게 길어올 수 있는 기술인 히포 롤러가 적합하다.
④ 이동이 잦은 부족이 깨끗한 물을 확보하기 위해서는 정수기가 필요하며 휴대성이 높아야 하므로 라이프 스트로가 적합하다.

12

공유경제는 제품을 여럿이 함께 공유하며 경제활동을 하는 것을 의미하므로 단순히 사진을 업로드하고 자신의 일상을 여러 사람들과 공유하는 소셜네트워크 서비스를 공유경제의 사례로 보기는 어렵다.

①은 쉐어링, ②는 협력적 커뮤니티, ③은 물물교환의 공유경제 거래형태이다.

13

빈칸 뒤의 내용을 보면 공유경제에서는 기존 기업과 달리 거래 당사자들이 이익을 취할 뿐만 아니라 거래를 통해 사회 전체에 기여한다고 하였으므로 빈칸에는 공유경제는 모두에게 이익이 되는 구조를 지향한다는 내용이 들어가는 것이 가장 적절하다.

14

첫 번째 문단에 따르면 제진구조는 신기술을 통해 지진에 능동적으로 대처하고자 하는 설계 기법이며, 면진구조는 지진파의 강한 에너지 대역으로부터 도피하여 지진에 대항하지 않고자 하는 설계 기법이다. 따라서 면진구조는 수동적, 제진구조는 능동적인 설계 기법으로 볼 수 있다.

15

두 번째 문단에 따르면 제진구조물이란 구조물 자체에서 구조물의 진동과 반대되는 방향으로 인위적인 힘을 가하여 진동을 제어하는 설비를 갖춘 구조물을 의미한다. 따라서 제진구조의 삼각형 구조는 지진의 진동과 같은 방향이 아닌 반대되는 방향의 제어력을 가함으로써 진동을 줄인다.

02	자료해석

01	02	03	04	05	06	07	08	09	10	11	12	13	14	15					
③	④	②	②	④	①	④	②	①	③	④	④	④	①	③					

01

• 20 ~ 30대 청년들 중에서 자가에 사는 비중 : $\frac{5,657}{80,110} \times 100 ≒ 7.1\%$

• 20대 청년 중에서 자가의 비중 : $\frac{537+795}{13,874+15,258} \times 100 = \frac{1,332}{29,132} \times 100 ≒ 4.6\%$

따라서 전체 청년 인원 대비 자가 비중보다 20대 청년 중에서 자가가 차지하는 비중이 더 낮다.

① 20 ~ 24세 전체 가구 수 중 월세 비중은 $\frac{5,722}{13,874} \times 100 ≒ 41.2\%$이고, 자가는 $\frac{537}{13,874} \times 100 ≒ 3.9\%$이다.

② 20 ~ 24세를 제외한 연령대 청년 중에서 무상이 차지하는 비중은 $\frac{13,091-5,753}{80,110-13,874} \times 100 = \frac{7,338}{66,236} \times 100 ≒ 11.1\%$로 월세

비중 $\frac{45,778-5,772}{80,110-13,874} \times 100 = \frac{40,056}{66,236} \times 100 ≒ 60.5\%$보다 낮다.

④ 연령대가 높아질수록 자가를 가진 청년들은 늘어나지만 30 ~ 34세에서 자가 비율은 $\frac{1,836}{21,383} \times 100 ≒ 8.6\%$로 35 ~ 39세의

자가 비율 $\frac{2,489}{29,595} \times 100 ≒ 8.4\%$보다 높다.

또한 월세 비중은 다음과 같으므로 연령대가 높아질수록 계속 낮아진다고 볼 수 없다.

- $20 \sim 24$세 : $\dfrac{5,722}{13,874} \times 100 \fallingdotseq 41.2\%$

- $25 \sim 29$세 : $\dfrac{7,853}{15,258} \times 100 \fallingdotseq 51.5\%$

- $30 \sim 34$세 : $\dfrac{13,593}{21,383} \times 100 \fallingdotseq 63.6\%$

- $35 \sim 39$세 : $\dfrac{18,610}{29,595} \times 100 \fallingdotseq 62.9\%$

02 　　　　　　　　　　　　　　　　　　　　　　　　　　　　정답 ④

1인당 GDP 순위는 E>C>B>A>D이다. 그런데 1인당 GDP가 가장 큰 E국은 1인당 GDP가 2위인 C국보다 1% 정도밖에 높지 않은 반면, 인구는 C국의 $\dfrac{1}{10}$ 이하이므로 총 GDP 역시 C국보다 작다.

따라서 1인당 GDP 순위와 총 GDP 순위는 서로 일치하지 않는다.

[오답분석]

① 경제성장률이 가장 큰 나라는 D국이며, 1인당 GDP와 총인구를 고려하면 D국의 총 GDP가 가장 작은 것을 알 수 있다.

② 1인당 GDP와 총인구를 고려하였을 때 총 GDP가 가장 큰 나라는 C국, 가장 작은 나라는 D국이다.

　　- D국의 총 GDP : 25,832×46.1=1,190,855.2백만 달러

　　- C국의 총 GDP : 55,837×321.8=17,968,346.6백만 달러

　　따라서 총 GDP가 가장 큰 나라와 가장 작은 나라는 10배 이상의 차이를 보인다.

③ 수출 및 수입 규모에 따른 순위는 C>B>A>D>E이므로 서로 일치한다.

03 　　　　　　　　　　　　　　　　　　　　　　　　　　　　정답 ②

㉠ • 2024년 전체 업종 대비 상위 2개 업종이 차지하는 비율 : $\dfrac{40,223+5,949}{51,019} \times 100 \fallingdotseq 90.5\%$

　 • 2023년 전체 업종 대비 상위 2개 업종이 차지하는 비율 : $\dfrac{40,874+6,047}{51,556} \times 100 \fallingdotseq 91.0\%$

　 따라서 2023년에 비해 낮아졌다.

㉢ 외국인 근로자의 수는 2022년까지 증가했다가 이후 감소하는 것을 확인할 수 있다.

㉣ $\dfrac{3,079}{38,481} \times 100 \fallingdotseq 8.0\%$이므로 전체 외국인 근로자의 6% 이상이다.

[오답분석]

㉡ 서비스업에 종사하는 외국인 근로자 수는 2024년에 2019년보다는 증가했지만 2023년보다는 오히려 감소하였다.

㉤ 주어진 자료만으로는 알 수 없다.

04 　　　　　　　　　　　　　　　　　　　　　　　　　　　　정답 ②

- 평균 통화시간이 $6 \sim 9$분인 여자의 수 : $400 \times \dfrac{18}{100} = 72$명

- 평균 통화시간이 12분 이상인 남자의 수 : $600 \times \dfrac{10}{100} = 60$명

∴ $\dfrac{72}{60} = 1.2$배

05 　　　　　　　　　　　　　　　　　　　　　　　　　　　　정답 ④

- (가)=723-(76+551)=96

- (나)=824-(145+579)=100

- (다)=887-(137+131)=619

- (라)=114+146+688=948

따라서 (가)+(나)+(다)+(라)=96+100+619+948=1,763이다.

06

정답 ①

각 파일 종류에 따라 필요한 용량을 구하면 다음과 같다.

구분	용량	개수	용량 합계
한글	120KB	16개	1,920KB
	300KB	3개	900KB
엑셀	35KB	24개	840KB
PDF	2,500KB	10개	25,000KB
파워포인트	1,300KB	4개	5,200KB

따라서 총용량은 $1,920+900+840+25,000+5,200=33,860$KB이며, 총용량을 단위 MB로 환산하면 $\frac{33,860}{1,020} \fallingdotseq 33.2$MB의 공간이 필요함을 알 수 있다.

07

정답 ④

과일 종류별 무게를 가중치로 적용한 4개 과일의 가중평균은 42만 원이다. 라 과일의 가격을 a만 원이라 가정하고 가중평균에 대한 방정식을 구하면 다음과 같다.

$25\times0.4+40\times0.15+60\times0.25+a\times0.2=42$

$\rightarrow 10+6+15+0.2a=42$

$\rightarrow 0.2a=42-31=11$

$\therefore a=\dfrac{11}{0.2}=55$

따라서 라 과일의 가격은 55만 원이다.

08

정답 ②

유통업의 경우 9점을 받은 현지의 엄격한 규제 요인이 가장 강력한 진입 장벽으로 작용하므로 유통업체인 P사가 몽골 시장으로 진출할 경우, 해당 요인이 시장의 진입을 방해하는 요소로 작용할 가능성이 가장 큰 것을 알 수 있다.

[오답분석]

① 초기 진입 비용 요인의 경우 유통업(5점)보다 식·음료업(7점)의 점수가 더 높다. 유통업은 현지의 엄격한 규제 요인(9점)이 가장 강력한 진입 장벽으로 작용하므로 옳지 않다.

③ 몽골 기업의 시장 점유율 요인의 경우 제조업(5점)보다 유통업(7점)의 점수가 더 높으며, 제조업은 현지의 엄격한 규제 요인(8점)이 가장 강력한 진입 장벽으로 작용하므로 옳지 않다.

④ 문화적 이질감이 가장 강력한 진입 장벽으로 작용하는 업종은 해당 요인에 가장 높은 점수를 부여한 서비스업(8점)이다.

09

정답 ①

교통 할인을 제공하는 A카드는 동종 혜택을 제공하는 카드의 개수가 가장 많으므로 시장에서의 경쟁이 가장 치열할 것이라 예상할 수 있다.

[오답분석]

② B카드를 출시하는 경우에 비해 연간 예상필요자본 규모가 더 작은 D카드를 출시하는 경우가 자본 동원에 더 수월할 것이다.

③ 제휴 레스토랑 할인을 제공하는 C카드의 신규가입 시 혜택 제공가능 기간은 18개월로, 24개월인 B카드와 D카드보다 짧다.

④ A카드와 B카드를 비교해 보면, 신규가입 시 혜택 제공가능 기간은 B카드가 2배 더 길지만, 동종 혜택을 제공하는 타사 카드 개수는 A카드가 가장 많다. 따라서 신규 가입 시 혜택 제공가능 기간이 길수록 동종 혜택 분야에서의 현재 카드사 간 경쟁이 치열하다고는 볼 수 없다.

10

2019 ~ 2024년까지 전년도에 비해 하루 평균 판매량이 증가한 연도는 2020년, 2021년, 2023년, 2024년이며, 연도별 증가율은 다음과 같다.

- 2020년 : $\frac{120-105}{105} \times 100 = 14.3\%$
- 2021년 : $\frac{150-120}{120} \times 100 = 25\%$
- 2023년 : $\frac{180-130}{130} \times 100 = 38.5\%$
- 2024년 : $\frac{190-180}{180} \times 100 = 5.6\%$

따라서 2023년이 전년 대비 하루 평균 판매량 증가율이 가장 높음을 알 수 있다.

11

정답 ④

연도마다 총비율은 100%이므로 취업률의 변화율은 취업률 또는 비취업률의 증감률을 구하여 비교하면 된다. 선택지에 해당되는 비취업률의 증감률을 구하면 다음과 같다.

- 2005년 : $\frac{71-71.5}{71.5} \times 100 = -0.7\%$
- 2015년 : $\frac{65.5-69.2}{69.2} \times 100 = -5.3\%$
- 2018년 : $\frac{66-65.5}{65.5} \times 100 = 0.8\%$
- 2021년 : $\frac{71.1-66}{66} \times 100 = 7.7\%$

따라서 조사한 직전 연도 대비 노인 취업률의 변화율이 가장 큰 연도는 2021년이다.

12

정답 ④

ㄴ. 2023년도에 문화예술행사를 관람한 70대 이상의 사람의 수는 1,279×0.531 ≒ 679명이며, 2024년도에 문화예술행사를 관람한 70대 이상의 사람의 수는 1,058×0.499 ≒ 528명이다.

ㄷ. 2023년도에 소득이 100 ~ 300만 원인 사람의 총 수는 3,007명이다. 문화예술행사를 관람한 사람의 수는 1,204×0.416 + 1,803×0.241 = 500.9 + 434.5 ≒ 935명으로 관람 비율은 935÷3,007×100 ≒ 31.1%이고, 2024년도 소득이 100 ~ 200만 원인 사람 중 문화예술행사를 관람하지 않은 사람의 비율은 39.6%이다.

ㄹ. 2024년도 문화예술행사를 관람한 40대인 사람의 수는 1,894×0.891 ≒ 1,688명, 50대인 사람의 수는 1,925×0.808 ≒ 1,555명이다.

오답분석

ㄱ. 2023년도에 가구소득이 100만 원 미만이면서 문화예술행사를 관람한 사람의 수는 869×0.575 ≒ 500명이며, 가구소득이 100 ~ 200만 원이면서 문화예술행사를 관람한 사람의 수는 1,204×0.416 ≒ 501명이다.

13

정답 ④

④는 2024년 가구소득별 문화예술행사 관람 비율이 아닌 관람자 수가 제시된 그래프이므로 옳지 않다.

14

- 2023년 3개 기관의 전반적 만족도의 합 : 6.9+6.7+7.6=21.2
- 2024년 3개 기관의 임금과 수입 만족도의 합 : 5.1+4.8+4.8=14.7

따라서 2023년 3개 기관의 전반적 만족도의 합은 2024년 3개 기관의 임금과 수입 만족도의 합의 $\frac{21.2}{14.7}$ ≒ 1.4배이다.

15

2024년에 기업, 공공연구기관의 임금과 수입 만족도는 전년 대비 증가하였으나, 대학의 임금과 수입 만족도는 감소했으므로 옳지 않은 설명이다.

오답분석

① 2023년, 2024년 현 직장에 대한 전반적 만족도는 대학 유형에서 가장 높은 것을 확인할 수 있다.
② 2024년 근무시간 만족도에서는 공공연구기관과 대학의 만족도가 6.2로 동일한 것을 확인할 수 있다.
④ 사내분위기 측면에서 2023년과 2024년 공공연구기관의 만족도는 5.8로 동일한 것을 확인할 수 있다.

03 문제해결

01	02	03	04	05	06	07	08	09	10	11	12	13	14	15					
④	①	②	②	③	④	④	③	③	③	①	②	②	④	①					

01

공정별 순서는
$$A \to B$$
$$\qquad\qquad C \to F$$
$$D \to E$$
이고, C공정을 시작하기 전에 B공정과 E공정이 선행되어야 하는데 B공정까지 끝나려면 4시간이 소요되고 E공정까지 끝나려면 3시간이 소요된다. 선행 작업이 완료되어야 이후 작업을 할 수 있으므로, 가장 긴 경로가 끝난 후에 C를 시작할 수 있다. 따라서 C공정을 진행하기 위해서는 최소 4시간이 걸리며, 완제품은 F공정이 완료된 후 생산되므로 최소 소요 시간은 9시간이다.

02

두 빵집은 서로의 결정에 대해 알 수 없으므로 각자 최고의 이익을 얻을 수 있는 최선의 선택을 할 것이다. 따라서 A빵집과 B빵집은 모두 가격을 인하할 가능성이 높으므로 가격을 유지하는 것은 옳지 않다.

03

제품번호 'IND23Q03D9210'을 항목에 따라 구분하면 다음과 같다.
[IND] – [23] – [Q03] – [D92] – [10]
따라서 인도네시아에서 생산되었고, 2023년에 생산되었으며, 생산 분기는 3분기이고, 의류에 해당되며, 일반운송 대상임을 알 수 있다.

04

ⓒ 고객이 당장 오늘 내로 문제 해결방법을 알려달라는 강한 불만을 제기했으므로 긴급하면서도 중요한 문제이다. 그러므로 제1사분면에 위치하는 것이 가장 적절하다.

ⓐ 다음 주에 상부에 보고해야 하는 업무는 중요하지만, 아직 시간이 조금 남아있는 상태이므로 긴급한 업무는 아니다. 그러므로 제2사분면에 위치하는 것이 가장 적절하다.

ⓑ 친구와의 약속은 업무에서 중요하지 않고 긴급한 일이 아니다. 그러므로 제4사분면에 위치하는 것이 가장 적절하다.

05

B안의 가중치는 전문성인데 자원봉사제도는 (−)이므로 적절하지 않은 판단이다.

[오답분석]

① 전문성 면에서는 유급법률구조제도가 (+), 자원봉사제도가 (−)이므로 적절한 설명이다.

② A안에 가중치를 적용할 경우 접근용이성과 전문성에 가중치를 적용하므로 두 정책목표 모두에서 (+)를 보이는 유급법률구조제도가 가장 적절하다.

④ B안에 가중치를 적용할 경우 전문성에 가중치를 적용하므로 (+)를 보이는 유급법률구조제도가 가장 적절하며, A안에 가중치를 적용할 경우에도 유급법률구조제도가 가장 적절하다. 따라서 어떤 것을 적용하더라도 결과는 같다.

06

고객팀은 경력 사항을 중요시하되, 남성보다 여성을 선호하므로 고객팀에 배치할 신입사원으로는 여성이면서 5년의 경력을 지닌 이현지가 가장 적절하다.

[오답분석]

① 회계팀에 배치할 신입사원으로는 회계학을 전공한 장경인이 가장 적절하다.

② 영업팀은 일본어 능통자를 선호하므로 이유지와 이현지를 고려할 수 있다. 이때, 영업팀은 면접 점수를 중요시하므로 면접 점수가 더 높은 이유지가 영업팀에 배치되는 것이 가장 적절하다.

③ 인사팀에 배치할 신입사원으로는 컴퓨터학을 전공한 김리안이 가장 적절하다.

07

부서별로 배치될 수 있는 신입사원을 정리하면 다음과 같다.

- 회계팀 : 장경인(회계학 전공)
- 영업팀 : 이유지(면접점수 88점)
- 고객팀 : 이현지(경력 5년), 강주환(경력 7년)
- 제조팀 : 이유지, 강주환
- 인사팀 : 이현지(필기점수 90점), 강주환(필기점수 88점)

따라서 어느 부서에도 배치될 수 없는 신입사원은 김리안이다.

08

[오답분석]

① W3은 (3, 5)와 (10, 2)에 위치해 있다.

② B3은 (2, 2)와 (9, 4)에 위치해 있다.

④ B6은 (6, 6)와 (13, 6)에 위치해 있다.

09

W6(13, 6)이 아닌 B6(13, 6) 또는 W6(12, 4)이거나 W6(2, 8)이다.

10

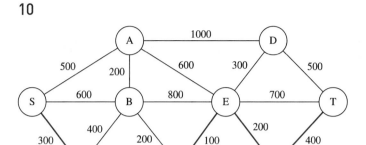

최단 경로는 굵은 선으로 표시된 S → C → F → E → G → T이다.
최단 경로의 이동 거리는 300+400+100+200+400=1,400m이다.
따라서 최소 수도관 재료비용은 1,400m×1만 원=1,400만 원이다.

11

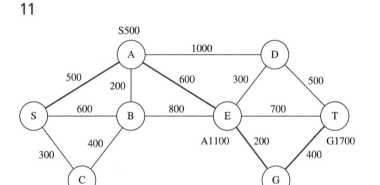

종전 최단 경로의 이동 거리는 1,400m이고, 수도관 재료비용은 1,400만 원이다.
새로운 최단 경로는 굵은 선으로 표시된 S → A → E → G → T이다. 새로운 최단 경로의 이동 거리는 1,700m이고, 수도관
재료비용은 1,700만 원이다. 최단 경로를 찾는 방법은 복잡해 보이지만, 그림의 A에 표시된 S500, E에 표시된 A1100, T에 표시된
G1700과 같이 표시하면서 경로를 찾으면 혼동 없이 최단 경로를 찾을 수 있다. 여기서 S5000이란 S → A의 500m가 최단 경로라는
뜻이고, A1100은 S → A → E의 1,100m가 최단 경로라는 뜻이다. 이런 식으로 중간 중간 표시를 하면 빠뜨리지 않고 경로를
좀 더 쉽게 찾을 수 있다.
따라서 추가되는 수도관 재료비용은 1,700-1,400=300만 원이다.

12

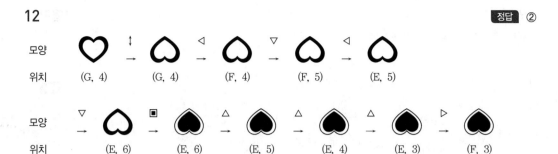

13

나올 수 있는 도형만 찾으므로 도형의 이동 위치는 고려하지 않고, 도형의 색 및 모양의 변화만 고려한다.
안에 있는 도형과 밖에 있는 도형의 색은 서로 같으므로, ■단추에 의한 안과 밖의 색 변화는 없고, ↕단추에 의해 모양은 2번 바뀐다. 따라서 얻을 수 있는 도형은 처음 도형과 처음 도형에서 180° 뒤집은 도형뿐이다.

14

11시 10분 → ▐ → 1시 50분 → ◓ → 2시 5분 → ▌ → 1시 10분

15

1시 10분 → ⊡ → 5시 20분 → ⊡ → 7시 40분 → ⊡ → 7시 20분

(오답분석)

② 1시 10분 → ⊡ → 4시 10분 → ⊡ → 8시 50분 → ⊡ → 8시 30분
③ 1시 10분 → ⊡ → 11시 50분 → ⊡ → 1시 10분 → ⊡ → 4시 10분
④ 1시 10분 → ⊡ → 5시 20분 → ⊡ → 7시 40분 → ⊡ → 10시 40분

01	02	03	04	05	06	07	08	09	10	11	12	13	14	15					
③	④	④	②	④	③	③	④	②	②	④	②	④	②	②					

01

정답 ③

책, 서가, 사서는 '도서관'과 연관 지을 수 있다.

02

정답 ④

모니터, 키보드, 하드디스크는 '컴퓨터 하드웨어'로 연관 지을 수 있다.

03

정답 ④

홀수 항은 1을 뺀 후 2를 곱하는 수열이고, 짝수 항은 3씩 나누는 수열이다.
따라서 (　)=(238−1)×2=474이다.

04

정답 ②

굵은 선으로 이루어진 도형 안의 숫자의 합이 22로 같다.
따라서 (　)=22−22+9+8=17이다.

05

정답 ④

제시된 수열의 규칙은 다음과 같다.

	A
B	A+B

따라서 (　)=16+10=26이다.

06

정답 ③

'바람이 분다.'를 A, '별이 회색이다.'를 B, '사과가 떨어진다.'를 C라고 한다면 전제는 'A → B'이다. '~B → ~C'라는 결론을 얻기 위해서는 'C → A' 또는 '~A → ~C'라는 명제가 필요하다. 따라서 빈칸에 들어갈 명제로 '바람이 불지 않으면 사과가 떨어지지 않는다.'가 적절하다.

07

- 두 번째, 세 번째, 여섯 번째 조건 : A는 주황색, B는 초록색(C와 보색), C는 빨간색 구두를 샀다.
- 일곱 번째 조건 : B와 D는 각각 노란색 / 남색 또는 남색 / 노란색(B와 D는 보색) 구두를 샀다.
- 다섯 번째 조건 : 남은 구두는 파란색과 보라색 구두인데 A가 두 켤레를 구매하였으므로 C와 D는 각각 한 켤레씩 샀다.
- 네 번째 조건 : A는 파란색, B는 보라색 구두를 샀다.

이 사실을 종합하여 주어진 조건을 표로 정리하면 다음과 같다.

A	B	C	D
주황색	초록색	빨간색	남색 / 노란색
파란색	노란색 / 남색		
	보라색		

따라서 A는 주황색과 파란색 구두를 구매하였다.

08

C, D, F지점의 사례만 고려하면 F지점에서 마카롱과 쿠키를 함께 먹었을 때 알레르기가 발생하지 않았으므로 마카롱은 알레르기 발생 원인이 될 수 없으며, 빵 또는 케이크가 알레르기 발생 원인이 될 수 있다. 따라서 ④는 반드시 거짓이 된다.

[오답분석]
① 빵과 마카롱을 함께 먹은 경우에는 알레르기가 발생하지 않았으므로, 케이크가 알레르기 발생 원인이 된다.
② 케이크와 쿠키를 함께 먹은 경우에는 알레르기가 발생하지 않았으므로, 빵이 알레르기 발생 원인이 된다.
③ 빵과 마카롱 또는 마카롱과 쿠키를 함께 먹은 경우에 알레르기가 발생하지 않았으므로, 케이크가 알레르기 발생 원인이 된다.

09

도형이 오른쪽의 도형으로 변할 때 도형들은 각각의 규칙을 가지고 이동하는데, ◖은 아래로 두 칸 이동, ◣은 시계 반대 방향으로 두 칸 이동, ◥은 제자리에서 시계 반대 방향으로 90° 회전을 하며, ◖은 제자리에서 시계 방향으로 90° 회전한다. 또한 도형의 자리가 겹쳐질 경우, 해당 도형은 색 반전을 하고, 꼭짓점의 개수가 적은 도형은 삭제되며 이후 도형 변화에 그대로 이어진다. 그러므로 ?에 들어갈 도형은 마지막 도형을 기준으로 ◖은 위로 한 칸 이동, ◥은 색 반전된 채로 시계 반대 방향으로 총 90° 회전해야 한다. 이때, ◥은 세 번째 과정에서 ◣과 자리가 겹쳐져 색 반전이 되었으며, ◣은 삭제되었고, ◖은 두 번째 과정에서 ◣과 겹쳐져 삭제되었음을 알 수 있다.

10

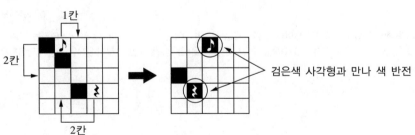

검은색 사각형은 아래로 2칸씩 이동한다. 16분음표는 오른쪽으로 한 칸, 4분쉼표는 왼쪽으로 두 칸씩 이동한다. 16분음표와 4분쉼표가 검은색 사각형을 만나면 그 색이 반전된다.

11

정답 ④

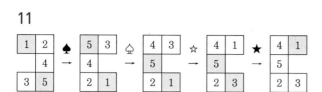

12

정답 ②

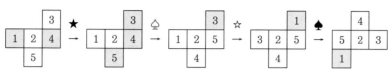

13

정답 ④

14

정답 ②

15

정답 ②

2버튼을 눌렀을 때 적용되는 규칙은 가운데 위치한 숫자가 왼쪽 끝으로 이동하는 규칙이다.
따라서 364178952에서 가운데 위치한 숫자가 왼쪽 끝으로 이동하면 7364189520이다.

제**3**회 최종점검 모의고사

01 언어이해

01	02	03	04	05	06	07	08	09	10	11	12	13	14	15					
④	②	④	④	④	①	②	④	④	③	④	④	④	③	②					

01
정답 ④

'바라다'의 명사형으로, '바람'이라고 쓰는 것이 옳다.
• 바라다 : 생각이나 바람대로 어떤 일이나 상태가 이루어지거나 그렇게 되었으면 하고 생각하다. 또는 어떤 것을 향하여 보다.
• 바래다 : 볕이나 습기를 받아 색이 변하다.

02
정답 ②

• 대게 → 대개
따라서 제시문에서 틀린 단어의 개수는 1개이다.

03
정답 ④

제시문은 위계화의 개념을 설명하고, 이러한 불평등의 원인과 구조에 대해 풀어쓴 글이다.

04
정답 ④

제시문에서는 호랑이 카멜레온이 세이셸 제도에 살게 된 이유를 대륙의 분리 및 이동으로 설명하고 있으므로 이를 반증하는 사례를 통해 반박해야 한다. 만약 아프리카 동부의 카멜레온과 호랑이 카멜레온의 가장 가까운 공동 조상이 마다가스카르의 카멜레온과 호랑이 카멜레온의 가장 가까운 공동 조상보다 더 나중에 출현했다면, 세이셸 제도가 속했던 본래의 곤드와나 초대륙에서는 마다가스카르가 먼저 분리되어야 한다. 그러나 제시문에 따르면 아프리카가 마다가스카르보다 먼저 분리되어 나왔으므로 이는 글의 논지를 약화하는 사례가 된다.

오답분석
①・②・③ 대륙 이동의 증거가 되는 내용이므로 글의 논지를 약화하지 않는다.

05
정답 ④

GR이 많으면 코르티솔 민감성을 낮아지게 하는 되먹임회로가 강화되므로 스트레스에 덜 반응하게 된다. 또한 어미에게 많이 핥인 새끼는 그렇지 않은 새끼보다 GR이 더 많이 생겨난다. 따라서 많이 핥인 새끼가 GR이 더 많으므로 그렇지 않은 새끼보다 스트레스에 더 무디게 반응한다.

① GR 유전자가 아닌 GR 유전자의 발현 정도에 따라 나타나는 GR의 수가 스트레스 반응 정도와 관련이 있다.
② 어미의 보살핌 정도에 따라 GR 유전자 자체의 차이가 발생하는 것이 아니라 그 발현 정도에 차이가 발생하는 것이다. 또한 빈칸의 앞 문장에서는 스트레스와 GR의 관계를 이야기하고 있으므로 ①은 적절하지 않다.
③ 스트레스 반응 정도는 코르티솔 민감성에 따라 결정되고, 이러한 코르티솔 민감성은 GR이 많을수록 낮아지게 된다.

06 정답 ①

제시문은 안전띠를 제대로 착용하지 않은 경우, 사고가 났을 때 일어날 수 있는 상해 가능성을 제시하며 안전띠의 중요성을 언급하고 있다.

07 정답 ②

구강 대 구강 법 처치 시 주의사항에 따르면 출혈이 심한 경우, 지혈을 먼저 한 후 인공호흡을 실시해야 하므로 적절하지 않은 설명이다.

① 구강 대 구강 법 5번 항목에 따르면 사고자의 흉부가 팽창된 것을 확인하고 입을 떼야하므로 적절한 설명이다.
③ 전기화상 사고의 응급조치 6번 항목에 따르면 진통제는 의사의 처방에 의하지 않고는 사용하지 말아야 하므로 적절한 설명이다.
④ 심장 마사지 4 ~ 5번 항목에 따르면 심장 마사지는 인공호흡과 함께 실시하도록 되어 있으므로 적절한 설명이다.

08 정답 ④

무인 자동화 시스템인 AI 로봇이나 키오스크(Kiosk)를 영업점에 도입하면 인건비 등의 비용을 절감할 수 있다. 그러나 이는 인력을 기계로 대체하는 방안일 뿐, 공간을 변화시키는 카멜레존의 활용 방안으로 볼 수 없다.

①·② 카멜레존의 유형 중 협업을 통해 하나의 공간이 두 가지 기능을 수행하는 유형에 해당한다.
③ 카멜레존의 유형 중 이전 공간의 특성과 구조를 간직한 채 다른 용도로 사용하는 공간 재생 유형에 해당한다.

09 정답 ④

먼저 정신과 물질의 관계에 대한 이원론과 동일론을 언급하며 동일론의 문제점을 이야기하는 (다) 문단이 오는 것이 적절하다. 다음으로는 그러한 동일론의 문제점을 해결할 수 있는 기능론에 대해 설명하는 (나) 문단이 오는 것이 적절하고, 그 뒤를 이어 기능론을 비판하는 이원론의 입장에서 감각질과 관련한 사고 실험에 대해 설명하는 (라) 문단이 오는 것이 적절하다. 마지막으로는 그러한 사고 실험에서 감각질이 뒤집혀도 겉으로 드러난 행동과 말이 똑같은 이유를 설명하는 (가) 문단의 순으로 나열하는 것이 적절하다.

10 정답 ③

제시문은 외래어가 국어에 들어오면 국어의 음운적 특징을 띠게 되어 발음이나 운율적 자질에 따라 외국어 원래의 모습을 잃어버린 다고 하였으나, 우리말의 로마자 표기를 실제 우리말 발음과 다르게 읽어야 함을 암시하는 대목은 없다.

11

정답 ④

베너그랜이 개발한 알베그식 모노레일은 1957년에 완성되었고, 사페즈식 모노레일은 1950년 말에 개발되어 1960년에 시험선이 건설되었으므로 알베그식 모노레일이 사페즈식 모노레일 시험선보다 먼저 완성되었다.

오답분석

① 세 번째 문단에서 '1958년에는 기존의 강철레일·강철바퀴 방식에서 콘크리트 빔·고무타이어 방식으로 개량하여'라고 말하고 있으므로 1960년대까지 개발되지 않았다는 것은 적절하지 않다.
② 두 번째 문단에서 1901년에 등장한 현수장치를 사용하는 모노레일이 독일 부퍼탈시의 본격적인 운송수단으로서의 역할을 하였다고 말하고 있으므로 1950년대부터라는 것은 적절하지 않다.
③ 첫 번째 문단에서 '빔 위에 다시 레일을 고정하고, 그 위를 강철바퀴 차량이 주행하는 모노레일도 있다.'고 하였으므로 강철바퀴 여부에 따라 철도와 모노레일이 구분되는 것은 아니다.

12

정답 ④

'왜 애초에 오른손이 먹는 일에, 그리고 왼손이 배변 처리에 사용되었는지 설명해 주지 못한다.'에서 적절하지 않은 내용임을 추론할 수 있다.

오답분석

① 제시문에서 배변 처리를 왜 왼손으로 하게 되었는지에 대한 추론을 막연히 할 뿐, 그 문헌적 근거는 언급되어 있지 않다.
② 개념적·논리적 사고 같은 좌반구 기능이 오른손잡이를 낳게 되었으므로 적절한 내용임을 추론할 수 있다.
③ '사람이 오른손을 즐겨 쓰듯 다른 동물들도 앞발 중에 더 선호하는 쪽이 있는데, 포유류에 속하는 동물들은 대개 왼발을 즐겨 쓰는 것으로 나타났다.'에서 추론할 수 있다.

13

정답 ④

읽기와 쓰기, 개념적·논리적 사고 같은 좌반구 기능이 무시된 인류의 성패 사실이 있다면 제시문의 핵심 논점인 '뇌의 좌반구가 인간의 행동을 지배하는 권력을 갖게 되었기 때문에 오른손 선호에 이르렀다.'는 주장을 정면으로 반박할 수 있다.

오답분석

① 오스트랄로피테쿠스가 어느 손을 즐겨 썼는지에 대한 통계는 인간의 손의 사용 빈도의 보충 자료이므로 관계가 없다.
② '왼쪽'에 대한 반감의 정도와 오른손잡이의 상관관계가 이미 밝혀졌으므로 적절한 논거가 아니다.
③ 뇌의 해부학적 구조에서 유의미한 차이를 보이지 않는다는 사실이 오른손잡이가 80% 이상을 차지한다는 사실을 뒤집을 수 있는 논거가 되지는 못한다.

14

정답 ③

랑겔한스 세포와 멜라닌 세포는 피부 표피에 존재하지만 그중에서도 어느 층에 위치하는지는 언급되지 않았으므로 알 수 없다.

15

정답 ②

피부색이 밝은 사람은 멜라닌 소체가 더 작고, 각질형성 세포에서 무리를 이루고 있다. 반면, 피부색이 어두운 사람은 멜라닌 소체가 더 크고, 각질형성 세포 내에서 개별적으로 산재해 있다.

02 자료해석

01	02	03	04	05	06	07	08	09	10	11	12	13	14	15					
③	④	②	④	④	④	①	②	③	②	③	②	③	②	④					

01

정답 ③

특수학교뿐 아니라 초등학교와 고등학교도 정규직 영양사보다 비정규직 영양사가 더 적다.

오답분석
① 급식인력은 4개의 학교 중 초등학교가 34,184명으로 가장 많다.
② 중학교 정규직 영양사는 626명이고, 고등학교 비정규직 영양사는 603명이므로 중학교 정규직 영양사가 고등학교 비정규직 영양사보다 626-603=23명 더 많다.
④ 초등학교, 중학교, 고등학교의 영양사와 조리사는 천 단위의 수인 데 반해 조리보조원은 만 단위이고, 특수학교도 조리보조원이 211명으로 가장 많으므로 조리보조원이 차지하는 비율이 가장 높다는 것을 알 수 있다.

02

정답 ④

2023년 관광수입이 가장 많은 국가는 44,400백만 달러인 중국이며, 가장 적은 국가는 17,300백만 달러인 한국이다. 각 국가의 2024년 관광지출 대비 관광수입 비율은 다음과 같다.

- 한국 : $\frac{13,400}{30,600} \times 100 = 43.8\%$

- 중국 : $\frac{32,600}{257,700} \times 100 = 12.7\%$

따라서 두 국가의 비율 차이는 43.8-12.7=31.1%p이다.

03

정답 ②

승용차의 경우 부산은 34.7km/대이며, 세종은 38.1km/대로 세종이 더 길지만 합계 일평균 주행거리는 40.1km/대로 동일하다.

오답분석
① 세종을 제외한 일평균 주행거리 최댓값을 갖는 차종은 특수차이고, 최솟값은 승용차이다. 특수차와 승용차의 주행거리 차이와 승합차의 주행거리를 비교하면 다음과 같다.

(단위 : km/대)

구분	서울	부산	대구	인천	광주	대전	울산
차이	60.6-31.7 =28.9	196.6-34.7 =161.9	92.5-33.7 =58.8	125.6-39.3 =86.3	114.2-34.5 =79.7	88.9-33.5 =55.4	138.9-32.5 =106.4
승합차	54.6	61.2	54.8	53.9	53.2	54.5	62.5

따라서 최솟값의 차이는 승합차의 일평균 주행거리보다 긴 지역은 '부산, 대구, 인천, 광주, 대전, 울산' 6곳으로 5곳 이상이다.
③ 세종은 특수차종의 일평균 주행거리는 39.9km/대로 가장 짧고, 승합차는 울산과 부산 다음으로 세 번째로 길다. 따라서 8개 지역 중 상위 40%(8×0.4=3.2위)이다.
④ 부산의 차종별 일평균 주행거리 순위는 다음과 같다.

차종	순위
승용차	인천 > 세종 > 부산 > 광주
승합차	울산 > 부산 > 세종 > 대구
화물차	광주 > 대전 > 부산 = 서울
특수차	부산 > 울산 > 인천 > 광주

따라서 부산의 모든 차종은 4위안에 포함되므로 상위 50%이다.

04

스스로 탐색하여 독서프로그램 정보를 획득한 남성의 수는 $137 \times 0.22 ≒ 30$명이며, 관공서, 도서관 등의 안내에 따라 독서프로그램 정보를 획득한 여성의 수는 $181 \times 0.205 ≒ 37$명이다.

따라서 관공서, 도서관 등의 안내에 따라 독서프로그램 정보를 획득한 여성의 수 대비 스스로 탐색하여 독서프로그램 정보를 획득한 남성의 수의 비율은 $\frac{30}{37} \times 100 ≒ 81.1\%$이다.

05

사고 전·후 이용 가구 수의 차이가 가장 큰 것은 생수이며, 가구 수의 차이는 $140-70=70$가구이다.

[오답분석]

① 수돗물과 약수를 이용하는 가구 수가 감소했다.

② 식수 조달원을 변경한 가구 수는 전체 가구 수의 $\frac{230}{370} \times 100 ≒ 62\%$이므로 60% 이상이다.

③ 사고 전에 정수를 이용하던 가구 수는 100가구이며, 사고 후에도 정수를 이용하는 가구 수는 50가구이다. 나머지 50가구는 사고 후 다른 식수 조달원을 이용한다.

06

5년 동안 전체 사고 발생 수는 $262,814+270,646+284,286+273,097+266,051=1,356,894$건이고, 자전거사고 발생 수는 $6,212+4,571+7,498+8,529+5,330=32,140$건이다.

따라서 전체 사고 발생 수 중 자전거사고 발생 수의 비율은 $\frac{32,140}{1,356,894} \times 100 ≒ 2.37\%$로 3% 미만이다.

[오답분석]

① 환경오염사고 발생 수는 2022년부터 2024년까지 전년보다 감소하므로 옳지 않다.

② 환경오염사고 발생 수는 2023년부터 가스사고 발생 수보다 적다.

③ 연도별 화재사고 발생 수의 5배와 도로교통사고 발생 수를 비교하면 다음과 같다.

구분	화재사고 발생 수의 5배	도로교통사고 발생 수
2020년	40,932건×5=204,660건	215,354건
2021년	42,135건×5=210,675건	223,552건
2022년	44,435건×5=222,175건	232,035건
2023년	43,413건×5=217,065건	220,917건
2024년	44,178건×5=220,890건	216,335건

따라서 2024년에는 화재사고 발생 수의 5배가 도로교통사고 발생 수보다 많으므로 옳지 않은 설명이다.

07

• 2024년 일본 수입 : $647,989-812,222=-164,233$백만 불
• 2024년 미국 수입 : $2,241,663-2,347,684=-106,021$백만 불
• 2023년 미국 수출 : $1,620,483-1,578,429=42,054$백만 불
• 2022년 한국 수출 : $559,625-547,861=11,764$백만 불

따라서 전년 대비 2024년 일본 수입액의 증감 폭이 가장 크다.

08

정답 ②

2024년 일본 무역액은 647,989+624,801=1,272,790백만 불이므로 2025년 일본의 무역액은 1,272,790×(1-0.12)=1,120,055.2백만 불이다.

따라서 2025년 일본의 무역액은 약 1,120,055백만 불이다.

09

정답 ③

미국 수입액의 증감추세는 '증가 - 감소 - 증가 - 감소'이고, 일본 수입액의 증감추세는 '증가 - 감소 - 감소 - 감소'로 동일하지 않다.

오답분석

① 전년 대비 2024년 한국 수입의 증감액과 전년 대비 2023년 미국 수입의 증감액은 비슷하지만, 증감률을 구할 때 분모에 들어갈 전년도 수입액은 미국이 훨씬 크다. 따라서 전년 대비 2024년 한국 수입액의 증감률은 전년 대비 2023년 미국 수입의 증감률보다 크다.

② 미국의 수입액과 수출액의 합인 무역액은 한국과 일본의 무역액보다 매년 많다.

④ 일본의 수출액은 매년 감소하고 있다.

10

정답 ②

조사 기간 동안 한 번도 0%를 기록하지 못한 곳은 '강원, 경남, 대전, 부산, 울산, 충남' 6곳이다.

오답분석

① 광주가 7.37%p로 가장 적다.

③ 자료를 통해 쉽게 확인할 수 있다.

④ 조사 기간 동안 가장 높은 예산 비중을 기록한 지역은 2022년 수도권으로 비중은 23.71%이다.

11

정답 ③

2020년부터 2024년까지 유출된 예산 비중의 총합이 가장 큰 지역은 강원 지역으로, 총합은 43.33%이다.

따라서 평균은 $\frac{43.33}{5}$≒8.7%이다.

12

정답 ②

ㄱ. 자료를 통해 쉽게 확인할 수 있다.

ㄹ. 2020년 강원의 유출된 예산 비중은 21.9%로 다른 모든 지역의 비중의 합인 18.11%보다 높다.

오답분석

ㄴ. 지역별로 유출된 예산 비중의 총합이 가장 높은 연도는 76.37%인 2022년이다.

ㄷ. 2022년에 전년 대비 유출된 예산 비중이 1%p 이상 오르지 못한 곳은 경남, 광주, 대전 총 3곳이다.

13

정답 ③

커피전문점은 치킨집보다는 5%p 낮고, 그 비율은 30% 이상(32%)을 차지하고 기타 업종이 5% 미만(3%)을 차지하므로 옳은 그래프이다.

오답분석

① 기타의 비중이 5% 이상이다.

② 커피전문점이 치킨집보다 3%p 작다.

④ 커피전문점의 비중이 30% 미만이다.

14

부산광역시와 인천광역시는 2019년 대비 2024년에 어가인구가 각각 약 23%, 27% 감소하였으므로 옳은 설명이다.

[오답분석]

① 2024년 울산광역시, 충청남도, 경상북도, 제주특별자치도에서는 어가인구 중 여성이 남성보다 많았으므로 옳지 않은 설명이다.

③ 2019년과 2020년 모두 강원도의 어가 수는 경기도 어가 수의 4배 미만이다.

2019년 : $\frac{3,039}{844}$ ≒ 3.6배, 2024년 : $\frac{2,292}{762}$ ≒ 3.0배

④ 2019년에 어가 수가 두 번째로 많은 지역은 충청남도이며, 어가인구가 두 번째로 많은 지역은 경상남도이다.

15

ⓒ 대전광역시의 경우 어가가 소멸하였으므로 옳지 않은 내용이다.
ⓔ 서울특별시만 어가인구가 증가하였으므로 옳지 않은 내용이다.

[오답분석]

㉠ 2019년 해수면어업 종사 가구가 가장 많은 구역은 전라남도이므로 옳은 내용이다.
ⓒ 가구 수가 가장 적은 행정구역은 대전광역시이며 가구, 인구 측면에서 모두 최저를 기록하였다.

03　문제해결

01	02	03	04	05	06	07	08	09	10	11	12	13	14	15					
③	②	②	②	③	②	④	③	②	③	④	④	③	②	①					

01

각 문화생활에 신청한 직원의 수와 정원을 비교하면 다음과 같다.

(단위 : 명)

구분	연극 '지하철 1호선'	영화 '컨저링'	음악회 '차이코프스키'	미술관 '마네·모네'
신청인원	14	26	13	4
정원	20	30	10	30

음악회의 신청인원이 정원 3명을 초과하여 다시 신청을 해야 한다. 자료에서 정원이 초과된 인원은 1인당 금액이 비싼 문화생활 순서로 남은 정원을 채운다고 했으므로 그 순서는 '음악회 – 연극 – 미술관 – 영화' 순서다. 그러므로 3명은 정원이 남은 연극을 신청하게 되어 연극의 신청인원은 14+3=17명이 된다.

문화생활 정보의 기타 사항을 보면 연극과 영화는 할인 조건에 해당되므로 할인 적용을 받는다. 따라서 이번 달 문화생활 티켓 구매에 필요한 예산은 (17×20,000×0.85)+(26×12,000×0.5)+(10×50,000)+(4×13,000)=997,000원이다.

02

정답 ②

서울 지점의 B씨에게 배송할 제품과 경기남부 지점의 P씨에게 배송할 제품에 대한 기호를 모두 기록해야 한다.

- B씨 : MS11EISS
  - 재료 : 연강(MS)
  - 판매량 : 1box(11)
  - 지역 : 서울(E)
  - 윤활유 사용 : 윤활작용(I)
  - 용도 : 스프링(SS)
- P씨 : AHSS00SSST
  - 재료 : 초고강도강(AHSS)
  - 판매량 : 1set(00)
  - 지역 : 경기남부(S)
  - 윤활유 사용 : 밀폐작용(S)
  - 용도 : 타이어코드(ST)

03

정답 ②

A능력수준의 업무능력지수를 a, B능력수준의 업무능력지수를 b라고 하면, 과업 1과 과업2의 업무량은 다음과 같이 나타낼 수 있다.

- 과업 1의 업무량 : $3a+2b=7$ … ㉠
- 과업 2의 업무량 : $4a+b=9$ … ㉡

㉠과 ㉡을 연립하면 다음과 같다.

∴ $a=2.2$, $b=0.2$

따라서 A능력지수는 2.2, B능력지수는 0.2이다.

04

정답 ②

사진과 함께 댓글로 구매평을 남길 경우 3,000원 할인 쿠폰이 지급되며, 이는 기존 원가인 3만 원의 10%에 해당한다.

[오답분석]

① 오픈형 성경리품의 가격은 기존의 20% 할인 가격인 2만 4천 원이다.
③ 30,000×0.1+3,000(쿠폰)=6,000원이므로 적절하다.
④ 30,000×0.3+1,000(쿠폰)=10,000원이므로 적절하다.

05

정답 ③

조건에 맞춰 약을 복용하면 다음과 같다.
1순위인 B를 하루 중 가장 이른 식후 시간대인 아침 식후에 복용하기 시작하고, 2순위이며 B와 혼용 불가능한 C를 점심 식전에 복용하며, 3순위인 A는 혼용 불가능 약을 피해 저녁 식후에 복용하기 시작한다. 4순위 E는 남은 시간 중 가장 빠른 식후인 점심 식후에 복용을 시작하며, 5순위인 D는 가장 빠른 시간인 아침 식전에 복용한다.

식사	시간	1일 차	2일 차	3일 차	4일 차	5일 차
아침	식전	D	D	D	D	D
	식후	B	B	B	B	
점심	식전	C	C	C		
	식후	E	E	E	E	
저녁	식전					
	식후	A	A	A	A	

따라서 5일 차 아침에 모든 약의 복용이 완료된다.

06

ㄱ. 혼용이 불가능한 약들을 서로 피해 복용하더라도 하루에 A ~ E를 모두 복용할 수 있다.
ㄷ. 최단 시일 내에 모든 약을 복용하기 위해서는 A는 혼용이 불가능한 약들을 피해 저녁에만 복용하여야 한다.

[오답분석]
ㄴ. D는 아침에만 복용한다.
ㄹ. C와 A를 동시에 복용하는 날은 총 3일이다.

07

정답 ④

지연이 근무하는 P회사 본부보다 새봄이 근무하는 P회사 지부의 출근 시간이 더 늦다.

08

정답 ③

M아파트에서 P회사 본부까지 경로 B를 통해서는 30분이 소요되므로, 8시 50분까지 도착하기 위해서는 8시 20분에 출발해야한다.

09

정답 ②

경호는 퇴근 후 25분(D경로로 지부에서 본부로 오는 경우) 혹은 40분(C경로로 지부에서 본부로 오는 경우)을 기다려야 준일이와함께 퇴근할 수 있다.

[10~11]

H□ / W○는 가로축이 ○까지, 세로축이 □까지 있음을 나타낸다. 괄호 앞의 각 문자는 도형의 모양을 나타낸다. 즉, A는 클로버, B는 마름모, C는 원이다. 괄호 안의 숫자는 도형의 위치를 나타낸다. 즉, (1, 2)는 가로축에서 1과 세로축에서 2가 만나는 위치이다. 또한 쌍점(:) 뒤에 위치한 문자는 도형의 명암을 알려준다. 즉, F는 도형의 안쪽이 검은색, E는 도형의 안쪽이 흰색이다.

10

정답 ③

• 가로축이 3까지, 세로축이 5까지 있다. → H5 / W3
• A는 가로축 1과 세로축 5가 만나는 위치이고 도형의 안쪽이 흰색이다. → A(1, 5) : E
• B는 가로축 2와 세로축 3이 만나는 위치이고 도형의 안쪽이 검은색이다. → B(2, 3) : F
• C는 가로축 2와 세로축 5가 만나는 위치이고 도형의 안쪽이 흰색이다. → C(2, 5) : E
따라서 L : H5 / W3, C : A(1, 5) : E / B(2, 3) : F / C(2, 5) : E가 답이다.

11

정답 ④

C(4, 1) : F는 가로축 4와 세로축 1이 만나는 위치에 있고 도형의 안쪽이 검은색을 나타낸다. 그러나 산출된 그래프에서는 C(4, 2) : F에 위치해 있다.

12

모양

위치   (B, 7)   (C, 7)   (D, 7)   (E, 7)   (F, 7)

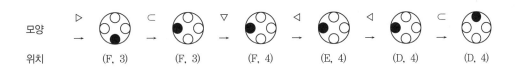

모양

위치   (F, 6)   (F, 6)   (F, 5)   (F, 4)   (F, 3)   (E, 3)

13

정답 ③

모양

위치   (H, 2)   (H, 2)   (G, 2)   (F, 2)   (E, 2)   (E, 3)

모양

위치   (F, 3)   (F, 3)   (F, 4)   (E, 4)   (D, 4)   (D, 4)

모양

위치   (C, 4)   (C, 4)   (B, 4)

14

정답 ②

2시 15분 → ◑ → 1시 15분 → ◉ → 3시 5분 → ○ → 9시 35분

15

정답 ①

3시 20분 → ≫ → 6시 20분 → ≪ → 6시 10분 → ■ → 6시 50분

[오답분석]

② 3시 20분 → ◈ → 3시 10분 → ≪ → 3시 정각 → ≫ → 6시 정각
③ 3시 20분 → ≪ → 3시 10분 → ◈ → 3시 20분 → ■ → 9시 40분
④ 3시 20분 → ≫ → 6시 20분 → ◈ → 12시 10분 → ■ → 12시 50분

PART 2

01	02	03	04	05	06	07	08	09	10	11	12	13	14	15					
②	①	③	②	③	②	③	①	④	③	④	①	③	①	④					

01
정답 ②

습기, 강, 얼음은 물과 연관 지을 수 있다.

02
정답 ①

제시된 수열은 홀수 항은 +10, 짝수 항은 ÷6인 수열이다.
따라서 (   )=6이다.

03
정답 ③

제시된 수열은 +7, −5, +3이 반복되는 수열이므로 B는 25−5=20, A는 15−7=8이다.
따라서 B−A=20−8=12이다.

04
정답 ②

3	10	6	15
a	8	b	1
16	5	9	4
c	11	d	14

4차 마방진은 가로, 세로, 대각선 등의 합이 34가 된다. 각각의 빈칸을 a, b, c, d라 하면 a+8+b+1=34, c+11+d+14=34이다.
따라서 a+b=25, c+d=9이므로 a+b+c+d는 25+9=34이다.

05
정답 ③

──→ : 양의 제곱근   ------▶ : ×4   --·--▶ : −2

$\therefore$ A=8, B=50
따라서 3A+2B=3×8+2×50=124이다.

06

하루살이는 인생보다 짧고, 인생은 예술보다 짧다. 따라서 하루살이는 인생과 예술보다 짧다.

07

가장 먼저 물건을 고를 수 있는 동성이가 세탁기를 받을 경우와 컴퓨터를 받을 경우 두 가지로 나누어 생각해 볼 수 있다.
ⅰ) 동성이가 세탁기를 받을 경우 : 현규는 드라이기를 받게 되고, 영희와 영수는 핸드크림 또는 로션을 받게 되며, 미영이는 컴퓨터를 받게 된다.
ⅱ) 동성이가 컴퓨터를 받을 경우 : 동성이의 다음 순서인 현규가 세탁기를 받을 경우와 드라이기를 받을 경우로 나누어 생각해 볼 수 있다.
  – 현규가 세탁기를 받을 경우 : 영희와 영수는 로션 또는 핸드크림을 각각 가지게 되고, 미영이는 드라이기를 받게 된다.
  – 현규가 드라이기를 받을 경우 : 영희와 영수는 로션 또는 핸드크림을 각각 가지게 되고, 미영이는 세탁기를 받게 된다.
따라서 미영이가 드라이기를 받는 경우도 존재한다.

08

- ㉠ : 검은색 도형만 색 반전
- ㉡ : 각 도형 위쪽으로 한 칸 이동

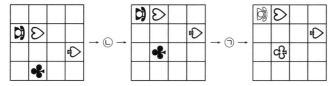

09

- ㉠ : 각 도형 시계 방향으로 90° 회전
- ㉡ : 전체 시계 방향으로 90° 회전

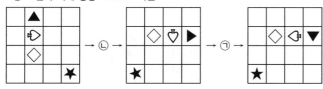

10

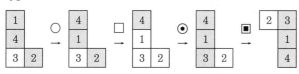

11

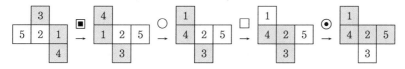

12

따라서 백색 룩은 최소한 3번 움직여야 흑색 킹을 잡을 수 있다.

13

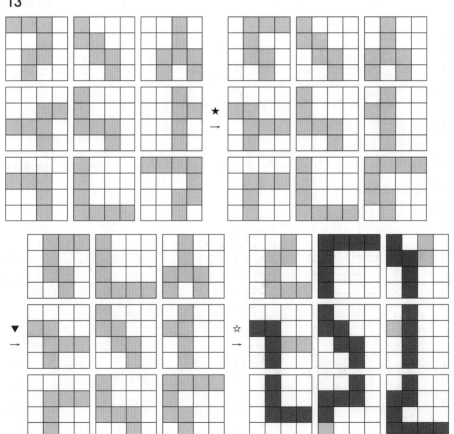

14

정답 ①

5버튼을 눌렀을 때 적용되는 규칙은 모든 홀수를 오른쪽으로 정렬시키는 규칙이다.
따라서 549831267에서 홀수인 5,9,3,1,7을 오른쪽으로 그대로 이동시키면 482659317이다.

15

정답 ④

647895231에서 123456789로 왼쪽에 정렬한 수가 오름차순으로 정렬되었다.
따라서 오름차순으로 정렬하는 규칙이 적용되는 7버튼을 눌렀음을 알 수 있다.

성공한 사람은 대개 지난번 성취한 것보다 다소 높게,
그러나 과하지 않게 다음 목표를 세운다.
이렇게 꾸준히 자신의 포부를 키워간다.

– 커트 르윈 –

포스코그룹 PAT 온라인 적성검사 답안카드

언어이해

문번	1	2	3	4
1	①	②	③	④
2	①	②	③	④
3	①	②	③	④
4	①	②	③	④
5	①	②	③	④
6	①	②	③	④
7	①	②	③	④
8	①	②	③	④
9	①	②	③	④
10	①	②	③	④
11	①	②	③	④
12	①	②	③	④
13	①	②	③	④
14	①	②	③	④
15	①	②	③	④

자료해석

문번	1	2	3	4
1	①	②	③	④
2	①	②	③	④
3	①	②	③	④
4	①	②	③	④
5	①	②	③	④
6	①	②	③	④
7	①	②	③	④
8	①	②	③	④
9	①	②	③	④
10	①	②	③	④
11	①	②	③	④
12	①	②	③	④
13	①	②	③	④
14	①	②	③	④
15	①	②	③	④

문제해결

문번	1	2	3	4
1	①	②	③	④
2	①	②	③	④
3	①	②	③	④
4	①	②	③	④
5	①	②	③	④
6	①	②	③	④
7	①	②	③	④
8	①	②	③	④
9	①	②	③	④
10	①	②	③	④
11	①	②	③	④
12	①	②	③	④
13	①	②	③	④
14	①	②	③	④
15	①	②	③	④

추리

문번	1	2	3	4
1	①	②	③	④
2	①	②	③	④
3	①	②	③	④
4	①	②	③	④
5	①	②	③	④
6	①	②	③	④
7	①	②	③	④
8	①	②	③	④
9	①	②	③	④
10	①	②	③	④
11	①	②	③	④
12	①	②	③	④
13	①	②	③	④
14	①	②	③	④
15	①	②	③	④

고사장

성 명

수 험 번 호

⓪	①	②	③	④	⑤	⑥	⑦	⑧	⑨
⓪	①	②	③	④	⑤	⑥	⑦	⑧	⑨
⓪	①	②	③	④	⑤	⑥	⑦	⑧	⑨
⓪	①	②	③	④	⑤	⑥	⑦	⑧	⑨
⓪	①	②	③	④	⑤	⑥	⑦	⑧	⑨
⓪	①	②	③	④	⑤	⑥	⑦	⑧	⑨
⓪	①	②	③	④	⑤	⑥	⑦	⑧	⑨

감독위원 확인

(인)

포스코그룹 PAT 온라인 적성검사 답안카드

고사장

성 명

수 험 번 호						
⓪	⓪	⓪	⓪	⓪	⓪	⓪
①	①	①	①	①	①	①
②	②	②	②	②	②	②
③	③	③	③	③	③	③
④	④	④	④	④	④	④
⑤	⑤	⑤	⑤	⑤	⑤	⑤
⑥	⑥	⑥	⑥	⑥	⑥	⑥
⑦	⑦	⑦	⑦	⑦	⑦	⑦
⑧	⑧	⑧	⑧	⑧	⑧	⑧
⑨	⑨	⑨	⑨	⑨	⑨	⑨

감독위원 확인

(인)

언어이해

문번	1	2	3	4
1	①	②	③	④
2	①	②	③	④
3	①	②	③	④
4	①	②	③	④
5	①	②	③	④
6	①	②	③	④
7	①	②	③	④
8	①	②	③	④
9	①	②	③	④
10	①	②	③	④
11	①	②	③	④
12	①	②	③	④
13	①	②	③	④
14	①	②	③	④
15	①	②	③	④

자료해석

문번	1	2	3	4
1	①	②	③	④
2	①	②	③	④
3	①	②	③	④
4	①	②	③	④
5	①	②	③	④
6	①	②	③	④
7	①	②	③	④
8	①	②	③	④
9	①	②	③	④
10	①	②	③	④
11	①	②	③	④
12	①	②	③	④
13	①	②	③	④
14	①	②	③	④
15	①	②	③	④

문제해결

문번	1	2	3	4
1	①	②	③	④
2	①	②	③	④
3	①	②	③	④
4	①	②	③	④
5	①	②	③	④
6	①	②	③	④
7	①	②	③	④
8	①	②	③	④
9	①	②	③	④
10	①	②	③	④
11	①	②	③	④
12	①	②	③	④
13	①	②	③	④
14	①	②	③	④
15	①	②	③	④

추리

문번	1	2	3	4
1	①	②	③	④
2	①	②	③	④
3	①	②	③	④
4	①	②	③	④
5	①	②	③	④
6	①	②	③	④
7	①	②	③	④
8	①	②	③	④
9	①	②	③	④
10	①	②	③	④
11	①	②	③	④
12	①	②	③	④
13	①	②	③	④
14	①	②	③	④
15	①	②	③	④

포스코그룹 PAT 온라인 적성검사 답안카드

언어이해

문번	1	2	3	4
1	①	②	③	④
2	①	②	③	④
3	①	②	③	④
4	①	②	③	④
5	①	②	③	④
6	①	②	③	④
7	①	②	③	④
8	①	②	③	④
9	①	②	③	④
10	①	②	③	④
11	①	②	③	④
12	①	②	③	④
13	①	②	③	④
14	①	②	③	④
15	①	②	③	④

자료해석

문번	1	2	3	4
1	①	②	③	④
2	①	②	③	④
3	①	②	③	④
4	①	②	③	④
5	①	②	③	④
6	①	②	③	④
7	①	②	③	④
8	①	②	③	④
9	①	②	③	④
10	①	②	③	④
11	①	②	③	④
12	①	②	③	④
13	①	②	③	④
14	①	②	③	④
15	①	②	③	④

문제해결

문번	1	2	3	4
1	①	②	③	④
2	①	②	③	④
3	①	②	③	④
4	①	②	③	④
5	①	②	③	④
6	①	②	③	④
7	①	②	③	④
8	①	②	③	④
9	①	②	③	④
10	①	②	③	④
11	①	②	③	④
12	①	②	③	④
13	①	②	③	④
14	①	②	③	④
15	①	②	③	④

추리

문번	1	2	3	4
1	①	②	③	④
2	①	②	③	④
3	①	②	③	④
4	①	②	③	④
5	①	②	③	④
6	①	②	③	④
7	①	②	③	④
8	①	②	③	④
9	①	②	③	④
10	①	②	③	④
11	①	②	③	④
12	①	②	③	④
13	①	②	③	④
14	①	②	③	④
15	①	②	③	④

고사장

성 명

수험번호

⓪	①	②	③	④	⑤	⑥	⑦	⑧	⑨
⓪	①	②	③	④	⑤	⑥	⑦	⑧	⑨
⓪	①	②	③	④	⑤	⑥	⑦	⑧	⑨
⓪	①	②	③	④	⑤	⑥	⑦	⑧	⑨
⓪	①	②	③	④	⑤	⑥	⑦	⑧	⑨
⓪	①	②	③	④	⑤	⑥	⑦	⑧	⑨
⓪	①	②	③	④	⑤	⑥	⑦	⑧	⑨

감독위원 확인

인

포스코그룹 PAT 온라인 적성검사 답안카드

고사장

성 명

수 험 번 호

⑩	⑩	⑩	⑩	⑩	⑩	⑩	
①	①	①	①	①	①	①	
②	②	②	②	②	②	②	
③	③	③	③	③	③	③	
④	④	④	④	④	④	④	
⑤	⑤	⑤	⑤	⑤	⑤	⑤	
⑥	⑥	⑥	⑥	⑥	⑥	⑥	
⑦	⑦	⑦	⑦	⑦	⑦	⑦	
⑧	⑧	⑧	⑧	⑧	⑧	⑧	
⑨	⑨	⑨	⑨	⑨	⑨	⑨	

감독위원 확인

(인)

언어이해

문번	1	2	3	4
1	①	②	③	④
2	①	②	③	④
3	①	②	③	④
4	①	②	③	④
5	①	②	③	④
6	①	②	③	④
7	①	②	③	④
8	①	②	③	④
9	①	②	③	④
10	①	②	③	④
11	①	②	③	④
12	①	②	③	④
13	①	②	③	④
14	①	②	③	④
15	①	②	③	④

자료해석

문번	1	2	3	4
1	①	②	③	④
2	①	②	③	④
3	①	②	③	④
4	①	②	③	④
5	①	②	③	④
6	①	②	③	④
7	①	②	③	④
8	①	②	③	④
9	①	②	③	④
10	①	②	③	④
11	①	②	③	④
12	①	②	③	④
13	①	②	③	④
14	①	②	③	④
15	①	②	③	④

문제해결

문번	1	2	3	4
1	①	②	③	④
2	①	②	③	④
3	①	②	③	④
4	①	②	③	④
5	①	②	③	④
6	①	②	③	④
7	①	②	③	④
8	①	②	③	④
9	①	②	③	④
10	①	②	③	④
11	①	②	③	④
12	①	②	③	④
13	①	②	③	④
14	①	②	③	④
15	①	②	③	④

추리

문번	1	2	3	4
1	①	②	③	④
2	①	②	③	④
3	①	②	③	④
4	①	②	③	④
5	①	②	③	④
6	①	②	③	④
7	①	②	③	④
8	①	②	③	④
9	①	②	③	④
10	①	②	③	④
11	①	②	③	④
12	①	②	③	④
13	①	②	③	④
14	①	②	③	④
15	①	②	③	④

포스코그룹 PAT 온라인 적성검사 답안카드

문번	언어이해				문번	자료해석				문번	문제해결				문번	추리			
	1	2	3	4		1	2	3	4		1	2	3	4		1	2	3	4
1	①	②	③	④	1	①	②	③	④	1	①	②	③	④	1	①	②	③	④
2	①	②	③	④	2	①	②	③	④	2	①	②	③	④	2	①	②	③	④
3	①	②	③	④	3	①	②	③	④	3	①	②	③	④	3	①	②	③	④
4	①	②	③	④	4	①	②	③	④	4	①	②	③	④	4	①	②	③	④
5	①	②	③	④	5	①	②	③	④	5	①	②	③	④	5	①	②	③	④
6	①	②	③	④	6	①	②	③	④	6	①	②	③	④	6	①	②	③	④
7	①	②	③	④	7	①	②	③	④	7	①	②	③	④	7	①	②	③	④
8	①	②	③	④	8	①	②	③	④	8	①	②	③	④	8	①	②	③	④
9	①	②	③	④	9	①	②	③	④	9	①	②	③	④	9	①	②	③	④
10	①	②	③	④	10	①	②	③	④	10	①	②	③	④	10	①	②	③	④
11	①	②	③	④	11	①	②	③	④	11	①	②	③	④	11	①	②	③	④
12	①	②	③	④	12	①	②	③	④	12	①	②	③	④	12	①	②	③	④
13	①	②	③	④	13	①	②	③	④	13	①	②	③	④	13	①	②	③	④
14	①	②	③	④	14	①	②	③	④	14	①	②	③	④	14	①	②	③	④
15	①	②	③	④	15	①	②	③	④	15	①	②	③	④	15	①	②	③	④

고사장

성명

수험번호

⓪	①	②	③	④	⑤	⑥	⑦	⑧	⑨
⓪	①	②	③	④	⑤	⑥	⑦	⑧	⑨
⓪	①	②	③	④	⑤	⑥	⑦	⑧	⑨
⓪	①	②	③	④	⑤	⑥	⑦	⑧	⑨
⓪	①	②	③	④	⑤	⑥	⑦	⑧	⑨
⓪	①	②	③	④	⑤	⑥	⑦	⑧	⑨
⓪	①	②	③	④	⑤	⑥	⑦	⑧	⑨

감독위원 확인

(인)

※ 절취선을 따라 분리하여 실제 시험과 같이 사용하면 더욱 효과적입니다.

포스코그룹 PAT 온라인 적성검사 답안카드

※ 절취선을 따라 분리하여 실제 시험과 같이 사용하면 더욱 효과적입니다.

교시장

성명

수험번호

	⓪	⓪	⓪	⓪	⓪	⓪	⓪
	①	①	①	①	①	①	①
	②	②	②	②	②	②	②
	③	③	③	③	③	③	③
	④	④	④	④	④	④	④
	⑤	⑤	⑤	⑤	⑤	⑤	⑤
	⑥	⑥	⑥	⑥	⑥	⑥	⑥
	⑦	⑦	⑦	⑦	⑦	⑦	⑦
	⑧	⑧	⑧	⑧	⑧	⑧	⑧
	⑨	⑨	⑨	⑨	⑨	⑨	⑨

감독위원 확인

(인)

언어이해

문번	1	2	3	4
1	①	②	③	④
2	①	②	③	④
3	①	②	③	④
4	①	②	③	④
5	①	②	③	④
6	①	②	③	④
7	①	②	③	④
8	①	②	③	④
9	①	②	③	④
10	①	②	③	④
11	①	②	③	④
12	①	②	③	④
13	①	②	③	④
14	①	②	③	④
15	①	②	③	④

자료해석

문번	1	2	3	4
1	①	②	③	④
2	①	②	③	④
3	①	②	③	④
4	①	②	③	④
5	①	②	③	④
6	①	②	③	④
7	①	②	③	④
8	①	②	③	④
9	①	②	③	④
10	①	②	③	④
11	①	②	③	④
12	①	②	③	④
13	①	②	③	④
14	①	②	③	④
15	①	②	③	④

문제해결

문번	1	2	3	4
1	①	②	③	④
2	①	②	③	④
3	①	②	③	④
4	①	②	③	④
5	①	②	③	④
6	①	②	③	④
7	①	②	③	④
8	①	②	③	④
9	①	②	③	④
10	①	②	③	④
11	①	②	③	④
12	①	②	③	④
13	①	②	③	④
14	①	②	③	④
15	①	②	③	④

추리

문번	1	2	3	4
1	①	②	③	④
2	①	②	③	④
3	①	②	③	④
4	①	②	③	④
5	①	②	③	④
6	①	②	③	④
7	①	②	③	④
8	①	②	③	④
9	①	②	③	④
10	①	②	③	④
11	①	②	③	④
12	①	②	③	④
13	①	②	③	④
14	①	②	③	④
15	①	②	③	④

2025 최신판 시대에듀 All-New 포스코그룹 PAT 온라인 인적성검사 최신기출유형 + 모의고사 5회 + 무료PAT특강

개정18판1쇄 발행	2025년 02월 20일 (인쇄 2024년 12월 26일)
초 판 발 행	2015년 09월 25일 (인쇄 2015년 08월 28일)
발 행 인	박영일
책 임 편 집	이해욱
편 저	SDC(Sidae Data Center)
편 집 진 행	안희선 · 윤지원
표지디자인	박수영
편집디자인	김경원 · 장성복
발 행 처	(주)시대고시기획
출 판 등 록	제10-1521호
주 소	서울시 마포구 큰우물로 75 [도화동 538 성지 B/D] 9F
전 화	1600-3600
팩 스	02-701-8823
홈 페 이 지	www.sdedu.co.kr
I S B N	979-11-383-8470-4 (13320)
정 가	24,000원

PAT

포스코그룹

온라인 인적성검사

최신기출유형+모의고사 5회
+무료PAT특강

최신 출제경향 전면 반영

대기업 인적성 "기출이 답이다" 시리즈

역대 기출문제와 주요기업 기출문제를 한 권에! 합격을 위한

Only Way!

대기업 인적성 "모의고사" 시리즈

실제 시험과 동일하게 마무리! 합격으로 가는

Last Spurt!

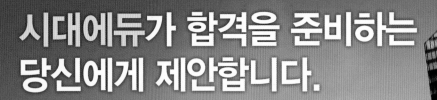

시대에듀가 합격을 준비하는 당신에게 제안합니다.

결심하셨다면 지금 당장 실행하십시오.
시대에듀와 함께라면 문제없습니다.

성공의 기회!
시대에듀를 잡으십시오.

NEXT STEP!

기회란 포착되어 활용되기 전에는 기회인지조차 알 수 없는 것이다. — 마크 트웨인 —